依人

回望周作人

资料索引

孙郁　黄乔生　主编

河南大学出版社

图书在版编目(CIP)数据

资料索引/孙郁,黄乔生主编. —开封:河南大学出版社,2004.4
(回望周作人丛书)
ISBN 7-81091-201-1

Ⅰ.资… Ⅱ.①孙…②黄… Ⅲ.①周作人(1885~1967)—年谱
Ⅳ.K825.6

中国版本图书馆 CIP 数据核字(2004)第 027202 号

回望周作人
资料索引

出 版 人	王刘纯
特约编辑	孟会祥
责任编辑	张　胜
责任校对	霍红琴
责任印制	苗　卉
装帧设计	张　胜

出　　版	河南大学出版社
	地址:河南省开封市明伦街 85 号　邮编:475001
	电话:0378-2864669(行管部)　0378-2825001(营销部)
	网址:www.hupress.com　E-mail:bangong@hupress.com
经　　销	河南省新华书店
排　　版	河南第一新华印刷厂
印　　刷	河南第一新华印刷厂
版　　次	2004 年 4 月第 1 版　　印　次　2004 年 4 月第 1 次印刷
开　　本	640mm × 960mm　1/16　印　张　29.25
字　　数	256 千字　　　　　　　　印　数　1—3000 册

ISBN 7-81091-201-1/K·359　　　定　价　30.00 元

(本书如有印装质量问题请与河南大学出版社营销部联系调换)

沈尹默所书"苦雨斋"

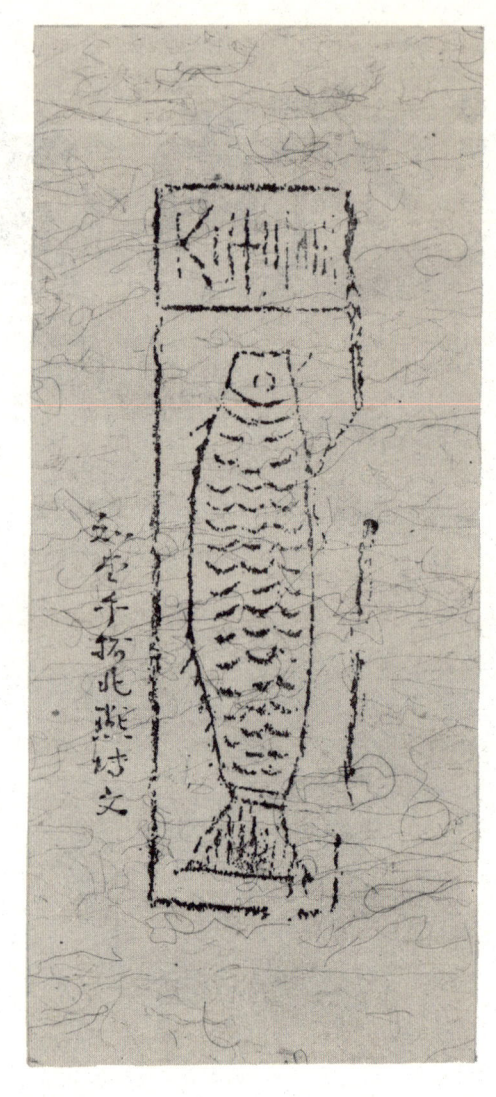

周作人用封

手拓北燕砖文　鲍耀明在香港代制

十六日陰上午小雨寄子渊快信下午章鳴熙君家斌江澤函三君来訪澤武者小説至晚了

夜凉池上来診遂睡

十七日陰上午池上来診下午寄荷凡函件集菊隱王楼連三君函七月小説月报收到得玄同函

十八日陰上午得荷凡函丹那函夜雨

十九日陰上午得斐然函寄荷凡鳳举函魯迅函世界語舎函下午馬吴伯君来訪訖坪内兜

童剝了夜大雷雨

二十日陰上午得黄辉鈞徐玉諾二君函识長与小説西行下午伏園来得日田片鳳举函芳子赤子

發热池上来診大雨

廿一日陰上午寄日田片徐玉諾費来訪得荷凡寄書二本下午晴池上来診訖前稿了理髮入浴

得振鐸快信

廿二日晴上午寄荷凡函件黄女士函得素深函

山居亦自有佳趣　山色葱茏山
月高　掩关卧听乡邻一声又一声　独
自听狼嗥鹫号日阋门趑趄长
才时临水羡鱼游听朝枝杖入
城市但见居人相向愁
　辛丑春日寻癸未年十月所作
　尝活二年
　知堂年七十七

周作人手书自作诗

资料索引

提　要

　　本卷包括"周作人生平简表"、"周作人著译篇目系年目录"、"周作人著译简目"、"周作人研究专著和论文集目录"四部分,供周作人研究者参考。

　　目录就像是脉络。喜欢读点周作人作品,或者对周作人生平有兴趣的读者,循着目录的顺序,也可能获益良多。不论一个人如何不平凡,其平生事业,都是一个旅程。看他一步步的痕迹,不是可以获得很多启示吗?

序言

周作人研究是一个富有挑战性的领域。"五四"以后,人们谈白话文创作,自然要写到他。不过因好恶不同,价值观有别,其形象忽高忽低,捧之者视若神明,贬之者弃若粪土。周作人一生以旁观者身份冷视尘世,写了诸多文字,文本的价值自不必言,而当他成为别人叙述的对象,变为"被看"的对象时,话题之多也许仅次于鲁迅。所以周作人的看世与被看,是文学史的一道景观,我们今天窥视这一渐渐远去的风景,自然会有诸多感慨。

新文化运动初期,周作人名气之大,有时在鲁迅之上。那时二人被合称为周氏兄弟,其思想状态与文章风格,多有相似的一面。陈独秀与胡适对周氏兄弟评价很高,以为白话文的魅力在二人笔下被呈现出来,是新文学真正实绩的代表。看那时二人的著述,文字老到深沉,学识渊博,且又有深切的现实情怀,所以每有篇章问世,辄被人们争阅,影响之大,现在看旧时文献,依然可以感受到的。周氏兄弟虽不是新文化运动的发起者和主帅,却起到了别人起不到的作用。比如译介弱小国家的富有反抗精神的作品,创造了新式小说与随笔。其文激越沉着,深情远致,为许多旧文学的信徒所不及。说白话文在二人手中诞生,又在其笔下成熟,并非夸大其词。

周作人的丰富性、复杂性与难解性有时并不亚于鲁迅。他同代的人与后辈,对其看法也五花八门。浏览形形色色描述周氏的文章,能窥测到现代文化接受史的侧面。文人的心态与价值取舍亦历历在目。了解周作人,固然要看他的著述,那是一个驳杂的世界,走进其间并不容易。另一方面,又不能不了解人们对他的看法。这构成了他的形象的立体性。周氏的同代人中,像他那样杂览群书者不多,知识谱系里有着后人难及之处,所以能与其精神真正对话者不是很多。后代人有必要努力去了解他。我们在这些文字里可以体味到现代意识流变的过程。周氏的投影中有我们现代文人的隐痛,惟有了解其创伤者,才可说触摸到了那个鲜活机体的一部分。

史家眼里的周作人与批评家眼里的形象不同,直面血色的热血青年和书斋里的学人有各自的周作人观。我们看废名、曹聚仁、何其芳、胡风、郭沫若、俞平伯等人的文章,便知道个体阅读的差异。这差异构成了现代批评史与学术史的斑驳的面容。一个不倦的书写者和他的周围世界,就构成了这样一种复杂的关系。破译它们,也并非一件易事。人在历史中扮演的红与黑的角色,有时是反逻辑的。周作人就是在这个反逻辑的叙述里,和千千万万个读者相逢了。

晚年的时候,周作人曾在遗嘱中说,自己一生所写的文字不足为道,这并不是自谦的话。他对生命与人间有着无量的哀凉感。有时想想,理解这个人,不懂其内心的苦楚,大约总有点隔膜的。所以我们相信,看待周氏,当和理解鲁迅一样,不可以世俗的尺度简单为之。他存活于中国,有时又不属于中国。一个读书人在深刻与茫然之间,有时是游移的。辉煌的背后也许恰是大的空虚。周作人的著述生涯,也未能逃脱这样的命运。那是现代文化的一个漩涡。

鲁迅对周作人的影响很大,对他的感情之深,连周氏自己也承认的。但自1923年二人分手之后,各奔东西。一个成了荒漠中走来走去的斗士,一个躲在了"苦雨斋"里做了人间的看客。周作人由先前的朗然、明快,渐渐变得清冷、灰色。他以消极的方式入世,谈古往今来轶事,言中外野史杂著,将思想内敛于生命体验之中,走了一条不为外人轻易理解的道路。一边翻译介绍域外学术,一边借当下经验叙述历史,和激进文人的走向街头、溅血的呐喊渐渐远离了。直至后来,日本侵略军占领北平后,他出山做了伪华北教育督办,晚节不保,落得骂名。以其学识之深,本可以成为学界的前导式的人物,但在历史的错位中,滑向鲁迅的反面,其震动之大,在文坛是少见的。惋惜与诅咒,哀怜与批判,至今余音未绝。

但周作人和鲁迅的恩怨似乎还没有尽,而且恐怕永远也不会尽。无论有何种冲突,有多大的矛盾,无论怎样互相指责,无论怨恨有多大,鲁迅,在周作人心目中是一个巨大的存在。有很多恩恩怨怨的事实,读者耳熟能详。他解放后一个很重要的工作就是写作大量关于鲁迅的文字,无论动机如何,提供的资料是极有益于鲁迅研究的,这也可以反过来说,鲁迅研究在某种程度上离不开周作人。我们从当时与他有过接触的人士的回忆录中就能了解不少这方面的情况,例如在人民文学出版社工作的《鲁迅传》的作者王士菁和鲁迅博物馆的工作人员叶淑穗去访问他,都与鲁迅研究有关,他在接待时提供资料,在那样一种无人过问的境遇中,显示着他存在的价值,同时也不能没有对鲁迅怀有的一种感情,这感情也许是复杂的,我们不便猜测他产生了悔恨之意,但总不能没有一点感激之情吧。他本人也说过:"我很自幸能够不俗,对于鲁迅研究供给了两种资料,也可以说对得起他(鲁迅)的了。"这些材料,我们在鲁迅研究工作中常常参考,因为正如他所说,差不多是海内孤本,别人所不知道的。他后来因为生活困难,将前半生日记卖给鲁迅博物馆,其中当然记录着鲁迅的大量活动(1923年失和以前)。可以说,一部鲁迅研究史与周作人的关系颇深。早年的合作著译,发表作品互相署名,周作人为鲁迅的作品写评论,翻译鲁迅作品为日文,等等,等等,不烦缕述,我们对他这方面的贡献的评价,还显得远远不够。

周作人研究更离不开鲁迅和鲁迅研究。本来,在他附逆以前,周作人研究已经成为一门学问,研究的文章已经很不少,甚至还有了专门的评论集《周作人论》(陶明志编,上海北新书局1934年版)。其时,有关鲁迅的研究著作也并没有多少种,关于胡适的就更少。但在抗日战争爆发以后,这门学问几乎消失了。只是到了改革开放以后,人们经过了思想偏激极端的教训和文化毁灭运动的震动后,在整理文化传统时,才逐步给了周作人以应有的评价。但因为他的汉奸身份,很难把他提升到以前曾经有过的高度。所谓"出土文物"中,即便是资产阶级文人,曾经攻击过共产党政权,解放后被历次运动整肃过的,也比汉奸卖国贼的名声好——他的地位低到不能再低。20世纪80年代,有人试图为他的投敌的动机和其间的行为辩护,寻找证据,希望翻案,引起舆论注意。当时很闹了一场风波。在那种情况下,鲁迅博物馆召开了一个"敌伪时期周作人思想、创作研讨会",这应该是有关周作人的第一个会议。虽然没有为他的附逆翻案,而且弄明白了历史原本清楚,此案绝不能翻,但这场讨论起到的作用远非这些,它唤起人们注意这样一个人物,他既有过也有功,他应该接受审判,应该被严厉批判,但却不应该被忽视被忘却。与会者在重新认定他确实有罪于中华民族的同时,也都实事求是地谈到他的功绩,用鲁迅评价刘半农的话说,是"以愤火照出他的功绩"。功绩是历史,是客观存在,不容抹煞,禁止研究是没有必要的,甚至是愚蠢的行为,因为它不会妨碍我们对中国文化史上一个光辉灿烂的时代进行全面的研究。不过,那个时候,因为人们的思想解放还在试探阶段,中国传统中根深蒂固的因人废言的习惯还在起作用,印行他的著作,进行研究仍然是一个——至少是半个——禁区。

当时大量阅读周作人著作的感受,我们至今还记忆犹新。岳麓书社出版了他的著作,几部文集合成一册,精装本,显得很厚实。原来我们在大学里文学史上读到的介绍和评价是太简单也太片面了,他的著作同鲁迅著作一样浩博,虽然文风有差异,但一种气度,一种情调,一种眼光,其中文化修养的蕴涵,语言的独特风味,幽默的格调,和鲁迅多有近似之处,为现代很多作家所不及。

第二次有关周作人的讨论会,也同鲁迅、而且同鲁迅博物馆有关。那就是1987年10月在鲁迅博物馆召开的"鲁迅、周作人比较研究学术讨论会"。周作人研究的全面开始,也就在此前后。当时已经出现了多篇有关的回忆文字,刊登在《鲁迅研究动态》上。此前出版的舒芜的《周作人概观》比较全面地向读者介绍了周作人的功过,也提出了研究的一些思路,产生了相当大的影响。在这次讨论会上,两兄弟比较的文章当然是主要的,但也出现不少专门对周作人的回忆和评论。比较文章虽然仍摆脱不了高扬鲁迅而痛贬周作人的主旋律,但周作人研究总算依附在鲁迅研究这门"显学"上而越来越得到人们的重视,在今后的日子里更有蓬勃之势。鲁迅博物馆、鲁迅研究室及《鲁迅研究动态》(后来改名《鲁迅研究月刊》)应该说对周作人研究学科的建立和发展立了功。鲁迅博物馆编辑出版的另一种刊物《鲁迅研究资料》上,其实很早就发表了这方面的材料,如周作人的前期日记,周作人的信件和他人致周作人的信件,等等。在《鲁迅研究月刊》的"鲁迅与同时代人研究"栏目中,也以周作人研究的文章为多。

研究新文化运动,研究鲁迅,都不能回避对周作人的研究。对鲁迅博物馆来说,研究周作人正是题中应有之义。

当我们起意要编辑这样一套资料集时,我们在编辑计划中所阐述的想法就如上述。出齐基础资料是深化研究的第一步。在与河南大学出版社的负责人商量后,确立了一个比较大的出版计划。2003年11月,河大出版社和鲁迅博物馆联合召开了"周作人研究的历史、现状及出版工作座谈会",请来了国内外几十位专家学者。这应该是关于周作人的第三个会议了,又是在鲁迅博物馆举行!然而,距上一次会议已有十几年,其间周作人研究取得了长足进展,也风风雨雨闹了不少争论。现在看来,争论也不是坏事,有助于这门学问的繁荣和发展。与会专家学者都很激动,说这是第一次以周作人名字独立命名的会,似乎在说他终于摆脱了鲁迅的遮掩。但我们并不愿特别强调这种象征意义。我们除了讲周作人研究应该从鲁迅研究的附属和补充,发展成一门独立的学问之外,仍然讲了这样的意思:周作人不但为鲁迅研究提供了有价值的资料,而且他的人生道路、思想发展历程、文学业绩与鲁迅有密切的关系,深入开展周作人研究必然有助于深化鲁迅研究。周作人研究的历史、现状和发展方向及其与鲁迅研究的深层关系,有待我们做全面的梳理和深入的讨论。与会专家主要讲了周作人研究资料的出版,因为这已经成为这门学科中一个关键问题。大家提了很多好的建议,例如国内外研究资料的搜集、翻译和出版,周作人书信(包括来往书信)、日记和文集的出版,等等,项目相当庞大,需要一一实现。河南大学出版社关注文化建设,热心扶植学术研究著作的出版,早有出版周作人相关资料的意向,与我们的想法几乎完全相同。会后我们立即动手,整理已经稍有基础的材料,加快了工作进度,终于在2004年编就研究资料汇编8卷和周作人书信1卷(即《周作人与鲍耀明通信集》)并付梓。

这套"回望周作人"丛书,就是8卷资料汇编,分别如次:

卷一,有关周作人的描述和回忆文字,编为《知堂先生》。

因为与周作人有过交往的人陆续谢世,有价值的回忆周作人的文章可能不会大量出现了。现有的回忆文字,有同时代人对他的描绘,有与他有交往的后辈对他的追忆和评价,是难得的第一手材料——尽管还需要进行细致的辨别。本卷有两个遗憾,一是现存周作人亲属的回忆文字极少,也许是回忆惨痛,不忍重提旧事吧。二是与周作人有过交往的一些日本人写的回忆文章,本来想单编为一卷的。就我们所知,有一本日文的《周作人先生的事》,但翻译颇费时间。我们请人译了几篇,附在卷末。希望以后有机会实现原计划。

卷二,有关鲁迅、周作人兄弟关系的文字,编为《周氏兄弟》。

两兄弟关系在周作人研究中所占地位十分重要,多年来研究成果引人注目,最近几年也有新材料的发现和新解说的提出。周氏兄弟早年怡怡,中岁失和,而身后又不同。比较周氏兄弟的文字,也总是隐隐分得出阵营,不免多了些感情的色彩。随着岁月流逝,时代悬隔,人们可能站得远一点,看得更客观一些。而关于周氏兄弟的比较研究,也将成为思想史、文学史的永远课题。

卷三,有关周作人在日本侵略军占领期间的表现,及前后因果的材料和研究成果,编为《国难声中》。

周作人参加傀儡政府,是文化界的一件大事,引起舆论震动。当时一片声讨之声,也有些人表达了惋惜、哀悼之意,更有些人撰文分析了其中原因。从投敌到受审,周作人的思考、辩解,种种行为,复杂心态,实在具有文化史的深远意义,值得我们深入研究。中国的历史上——惭愧得很——这种现象、这种人物也可谓层出不穷:李陵、秦桧、钱谦益……舆论给这些人一个很丑恶的名号:汉奸。曾经有人站在似乎更高的立场,试图为事敌者说辞。殊不知只要民族还存在着,大是大非就不会降低为小是小非,更不会降低为无所谓。且不说甘心情愿,另有隐衷也好,委曲求全也罢,事敌即应觍颜,无以辩解。我们一面祈祷世界和平,一面必须吸取教训,使这样的惨景再不要发生,一面也有必要整理和研究一番这几页不光彩的历史档案。

卷四,选取他人致周作人的信,编为《致周作人》。

这些信看似与周作人研究远一点,实际上也正是基础材料的一部分。当然最好是出版往来书信,但在不能收全和一一对应的情况下,先这么编出来,供研究者使用,也是一个权宜之计。相信读者读完这一卷,一定会有所收获,且不说里面有很多独特而珍贵的材料,至少能让我们感受一下那个时代的文化氛围。

卷五,对于周作人的著译的评论,编为《其文其书》。

里面的文字,有些类似现在的书评,是著作和翻译出版后得到的反应,可见他的著作在当时所引起的注意。也有一部分是后来各种选本的序跋之类,还有一些有关版本的介绍和研究文字。周作人学问渊博,著述宏富,这里选取的当然不足以概括他的整个著述情况。我们很愿意有更多的研究者加意于他的著作的整理、校勘和解说。虽然他的文字以平易著称,但也不能说"老妪都解"。易懂的是文字,他的一些思想,因为种种原因,也还并非人人都能了解。

卷六,对于周作人的论争的文字,编为《是非之间》。

在社会大变动、文化大转型的时代,一个人,特别是一个文学家和思想者,总不免要卷入这样那样的争论,很有可能成为所谓有争议的人物。鲁迅如此,周作人也不例外。我们在编辑"回望鲁迅"丛书时,就曾拟过"围剿集"的名目,现在轮到周作人了。从女师大风潮时的"闲话",到《五十自寿诗》,再到出任伪职,以至身后,周作人总是处于一个又一个旋涡的中心,似未能实现他寒斋苦茶的夙志。周作人"不辩解",然而还是参与了不少论辩,正所谓"予岂好辩哉?予不得已也"。围绕他的论辩,当然更纷纭,而且随着言说的自由,近来愈发不可收。该卷相当一部分是现代人就周作人研究发表的论辩文字。我们希望不同的看法不至于影响辩论者各自的生存状态和思考自由。

卷七,对于周作人的研究、评论,编为《研究述评》。

对周作人的评论和研究,最近若干年取得很大进展。周作人与宗教,周作人与民俗,周作人的文艺观,周作人与外国文化,周作人的思想和作品,周作人与同时代人的比较,等等,许多好的论文,实在不是一卷的篇幅所能载得下的,因此,选择就显得十分困难了。我们还是把大部分篇幅给了评论,而较少选择研究论文,废名等人的评论文字也许在科学性和客观性上不如研究论文,但能抓住一些特点立论,也能给研究者相当的启发。此外,我们选入的著名周作人研究专家的文章不是很多,是希望多拿出一些篇幅给青年研究者和外国研究者,虽然也因为好文章太多,这想法并不能完全实现。

卷八是周作人著译索引等工具性的资料集,名之为《资料索引》。

除了一个生平年表简编外,将周氏著译逐年逐月逐日列出,编成"著译系年篇目",以便于研究者检索。"著译系年篇目"收录的是单篇文章条目,它的后面有一个周氏著译文集的目录,及他人编辑的各种文集和选本目录,借此可略见周作人著作的流布情况。至于历来的周作人研究论著和论文集,编了一个"研究论著目录"。这目录有一个用意:因为资料丛书的篇幅有限,很多优秀的论文不能收录,因此将研究专著和论文集列出来,便于研究者查找。应该说明的是,因为时间仓促,这一卷里有不少遗憾:因为我们掌握的资料有限,遗漏肯定不少,这是要敬请作者和读者原谅的。这里还缺少一个周作人著作外文译本书目,港台周作人著作的出版情况也很不完整。这是要在适当时候加以弥补的。此外,因为篇幅所限,"研究论文索引"就只好留待以后再来做了。这里要感谢日本东京大学的伊藤德也君,他给我们寄来了近年来日本周作人研究论著目录,因为种种原因未能在这里刊出,遗憾之余,我们却又有一个更大的奢望,就是伊藤君有朝一日能写出日本周作人研究综述,并编出一个完整的研究论著目录,全面反映日本周作人研究的历史和现状,使我们的资料更加完备。

丛书所收文字,时间跨度近一世纪,语言习惯变化甚大。我们无力做到一本原貌,当然更不能为规范计,恣意改篡前人的著作。这里只力所能及地订正了一些原出版物的手民误植和明显的脱误,其他则仍旧。

在编辑过程中,得到了很多前辈、同行和朋友的帮助。曾与晚年周作人通信的鲍耀明老人,从香港寄来很多资料,足资参考,我们表示衷心的感谢。王世家先生、张杰先生、王惠敏女士,高远东君、赵龙江君、刘思源君,或惠借书刊,或帮助查找材料,高情厚谊,令我们感动;向梅女士复印、打印稿件,校对著译编目,种种辛苦,自当铭感。

河南大学出版社社长王刘纯先生,是一位热心扶植学术著作的很有眼光的出版家,他和我们不约而同,早在酝酿着出版周作人著作和研究资料的计划。在联合召开了座谈会后,仰仗他的魄力,编辑工作进度大大加快了。这套丛书还多亏了两位年青编辑的高昂的热情、辛勤的劳动和耐心细致的编辑作风。一位是张胜君,做事干练投入,他对周氏兄弟文字的热爱乃至沉醉令我们感动不已,这是我们合作的坚实基础。他作为王社长的得力助手,策划联络,对这套丛书的面世倾注了大量心血;一位是孟会祥君,工作态度诚恳认真,文字上又颇为讲究,为丛书提出不少好的意见。几个月来,我们反复来往电子邮件商量编排事宜,但却更喜欢接读他以一笔好字写在雅致的笺纸上的信函。虽然时间紧迫,但由于我们的共同努力,这套丛书居然编成出版了。现在轮到对他们说感谢的话时,却分明地觉得有些见外了。

至于丛书中存在的问题,一定不少,我们殷切期待着读者的批评。

孙郁　黄乔生
2004年4月于北京

目次

周作人生平简表 …………………………………… 001
周作人著译篇目系年目录 …………………………… 021
周作人著译简目 ……………………………………… 431
周作人研究专著和论文集目录 ……………………… 447

编后记 ………………………………………………… 453

周作人生平简表

1885 年(清光绪十一年,乙酉,1 岁)

1月16日,出生于浙江省绍兴城内东昌坊口周家,名櫆寿,字星杓。父亲周伯宜,母亲鲁瑞。

本年,长兄樟寿(周树人、鲁迅)4岁。

1888 年(清光绪十四年,戊子,4 岁)

本年,妹端姑生,因患天花夭折。弟松寿(周建人)生。

1893 年(清光绪十九年,己丑,9 岁)

2月,曾祖母病逝,祖父从北京回绍兴奔丧。

上半年,跟一位同族的叔辈读书。

7月,弟椿寿生。

秋后,祖父因科场舞弊,被捕入狱。与鲁迅一起被送往亲戚家避难。

1895 年(清光绪二十一年,乙未,11 岁)

年初,开始在三味书屋从寿洙邻先生读书。

秋,父亲病重。

1896 年(清光绪二十二年,丙申,12 岁)

10月,父亲病逝,年37岁。

1897 年(清光绪二十三年,丁酉,13 岁)

2月,去杭州陪侍坐牢的祖父;在祖父指导下读书。

1898 年(清光绪二十四年,戊戌,14 岁)

2月18日,开始记日记,至逝世很少中断。

本年,鲁迅赴南京,进江南水师学堂学习。

6月,从杭州回绍兴,为科举考试做准备。

年底,与从南京回乡的鲁迅一同参加县考。四弟椿寿夭折。

1899 年(清光绪二十五年,己亥,15 岁)

继续在三味书屋读书。
参加院考,未中。

1901 年(清光绪二十七年,辛丑,17 岁)

4 月,到杭州接祖父出狱回绍兴。
9 月 18 日,离开绍兴到南京,入江南水师学堂,进管轮班,改名周作人。

1902 年(清光绪二十八年,壬寅,18 岁)

3 月,鲁迅赴日本留学。

1904 年(清光绪三十年,甲辰,20 岁)

在《女子世界》上发表文章。

1905 年(清光绪三十一年,乙巳,21 岁)

所译小说《侠女奴》、《玉虫缘》等,被杂志或书局采用。
年底,到北京应练兵处考试,准备赴日本留学。

1906 年(清光绪三十二年,丙午,22 岁)

留学考试及格,因近视不能学习海军,改学土木建筑。由两江督练公所派往日本。
夏秋之间,鲁迅奉母命回国完婚,与鲁迅一同到日本东京,居于东京本乡汤岛伏见馆。

1907 年(清光绪三十三年,丁未,23 岁)

从伏见馆迁居本乡东竹町中越馆。学习俄文,未成。

本年,翻译小说《红星佚史》(与鲁迅合译)、《劲草》等。与鲁迅等一起创办《新生》杂志,因缺少资本,未成。

本年,进法政大学预科学习日文、历史等科目。

1908年(清光绪三十四年,戊申,24岁)

夏,在民报社听章太炎讲文字学,同学有钱玄同、许寿裳、龚未生、朱希祖、鲁迅等。

秋,进立教大学,学习古希腊文。

1909年(清宣统元年,己酉,25岁)

3月,得到一位同乡商人的资助,与鲁迅合译的《域外小说集》第一集出版。本年7月出版第二集。

3月18日,与日本女子羽太信子结婚。

5月,与章太炎一起学习梵文,两堂课而止。

8月,因经济状况拮据,鲁迅结束留学生活回国。

1911年(清宣统三年,辛亥,27岁)

9月,结束6年日本留学生活,携妻子返回绍兴。在家闲居、读书近一年,发表时评多篇。

1912年(中华民国元年,壬子,28岁)

5月,长子丰丸出生,后改名丰一。

6月,赴杭州,任浙江省军政府教育司本省视学职,不久因病辞职,返回绍兴。作《童话研究》等。

1913年(中华民国2年,癸丑,29岁)

3、4月间,被选举为绍兴县教育会会长。任浙江省第五中学英文教员。参加学术研究团体尨社,为名誉会员。

9月,主编《绍兴县教育会月刊》,发表很多著译文字。

年底,发表《丹麦诗人安兑尔然(安徒生)传》。

1914年(中华民国3年,甲寅,30岁)

7月,长女静子出生。
年底,校阅鲁迅编辑的《会稽郡故书杂集》,次年出版,署名周作人。

1915年(中华民国4年,乙卯,31岁)

年初,整理所收集绍兴儿歌。
10月,次女若子出生。

1916年(中华民国5年,丙辰,32岁)

1月,修订《周氏宗谱列传》。
12月,与鲁迅、周建人为母亲六十寿辰设宴并请戏班庆贺。

1917年(中华民国6年,丁巳,33岁)

经鲁迅介绍,到北京大学任教。4月初到北京,与鲁迅同住绍兴会馆。初拟教授希腊文学史和古英文。4月5日,蔡元培来访,告以学校规定,学期中不能添加新课,拟请改任预科国文教员。

4月10日,去北大,访蔡元培校长,坚辞预科国文课。

4月中旬,得蔡元培信,邀暂任北大国史编纂处编纂员,月薪130元。接受。

7月,张勋复辟,与鲁迅一起避难。

8月,钱玄同常到会馆访问。

9月,被北京大学聘为文科教授,兼国史编纂处编纂员,月薪240元。

1918年(中华民国7年,戊午,34岁)

开始为《新青年》撰稿。
1月,参加北京大学进德会。

2月15日,在《新青年》上发表用白话翻译的《古诗今译》,是他第一篇白话作品。

5月15日,在《新青年》上发表译作《贞操论》,引起极大反响。

10月,由北京大学授课讲义整理而成的《欧洲文学史》,由商务印书馆出版。

11月,与同人商议创办《每周评论》。

12月,发表《人的文学》,提倡个人主义的人间本位主义。被称为"关于改革文学内容的一篇最重要的宣言"。

1919年(中华民国8年,己未,35岁)

1月,作新诗《小河》等。

2月,辞去编纂员兼职,被北京大学派任为国语统一筹备会会员。

3月,发表《思想革命》等文章,为文学革命理论建设做出重要贡献。

3月,在《新青年》上发表《日本的新村》,介绍新村运动。

4月,携妻子儿女赴日本东京探亲。

5月,得知五四运动爆发,匆匆离开日本回国。

6月3日,慰问被捕学生。

7月,赴日本东京接妻及子女回国。其间访问武者小路实笃,并到九州石河内村新村参观,后作《访日本新村记》,对新村颇致赞词。8月回到北京。

11月,全家与鲁迅迁居八道湾11号。

12月,母亲、朱安和周建人全家到京,住进八道湾。

年底,与国语统一筹备会同事合署《请颁行新式标点符号议案》呈教育部。

1920年(中华民国9年,庚申,36岁)

年初,参与发起组织工读互助团。

3月,北京新村支部成立,支部地址即周作人住宅。

4月7日,湖南青年毛泽东来访。

8月,所译短篇小说集《点滴》出版。
11月28日,作《文学研究会宣言》,为文学研究会的发起人之一。
12月,参加北京大学歌谣研究会。
本月,患肋膜炎。

1921年(中华民国10年,辛酉,37岁)

病中仍坚持写作。
3月底,病情加重,住院治疗。
6月,到香山碧云寺养病。作《山居杂诗》、《山中杂信》等,并发表多篇译作。
9月,返回八道湾。

1922年(中华民国11年,壬戌,38岁)

年初,在《晨报副刊》上开设"自己的园地"专栏。
2月,发表《文艺上的宽容》,认为宽容是文艺发达的必要条件。
2月,受聘于北京大学的俄国盲诗人爱罗先珂住进八道湾,日常生活由周家照顾,到各处演讲由周作人担任向导和翻译。
3月19日,发表《〈阿Q正传〉》,高度评价作品的思想性和艺术性。
3月26日,发表《〈沉沦〉》,对郁达夫的创作给予肯定。
3月底,与钱玄同、沈兼士、沈士远、马裕藻等共同署名,在《晨报》上发表《主张信教自由宣言》,与陈独秀等就宗教自由问题展开论战。
5月,与鲁迅、周建人合译的《现代小说译丛》由上海商务印书馆出版,署周作人译。
8月,参与发起组织妇女问题研究会。
12月,为北京大学《歌谣周刊》撰写发刊词。
本年,担任《文艺季刊》、《国学季刊》编委。

1923年(中华民国12年,癸亥,39岁)

5月10日,与鲁迅、周建人共饮,孙伏园在座,这是三兄弟的最后一次聚饮。后不久,建人即到上海工作,大家庭开始分散。

7月14日,鲁迅在日记中记:"是夜始改在自室吃饭,自具一肴,此可记也。"兄弟之间产生矛盾。

7月18日,写绝交信,次日亲自送给鲁迅,其中有"以后请不要再到后边院子里来"等语。

8月2日,鲁迅夫妇迁出八道湾11号。

9月,《自己的园地》出版。

1924年(中华民国13年,甲子,40岁)

5月底,赴济南讲学,6月初返京。

6月11日,与回八道湾取物品的鲁迅发生冲突。

11月,参与发起《语丝》周刊,拟发刊词。实际为该刊主编。

年底,发表给出宫的清朝末代皇帝的信,劝其到外国留学,研究希腊文学。

1925年(中华民国14年,乙丑,41岁)

2月,发表《抱犊谷通信》和《十字街头的塔》。

4月,发表《与友人论性道德书》。

5月21日,参加女师大学生自治会召集的校务维持讨论会。同月,在《关于北京女子师范大学风潮宣言》上签名,支持学生。

9月,中日教育会成立,被选为会长。

12月,开始与章士钊论战。

12月,《雨天的书》由北新书局出版。

本年,任北京大学东方文学系筹备主任、教授。在孔德学校兼作文读书课。

1926年(中华民国15年,丙寅,42岁)

1月,开始与陈源(西滢)论战。

3月18日,发生政府枪杀请愿学生惨案。19日,作《为三月十八日国务院残杀事件忠告国民军》；22日，作《关于三月十八日的死者》。

3月25日，参加在"三一八"惨案中牺牲的女师大学生刘和珍、杨德群追悼大会。

8月，发表《"谢本师"》，批评章太炎。

12月，发表演讲《希腊闲话》，赞扬古希腊文明。

1927年（中华民国16年，丁卯，43岁）

4月，李大钊被捕，随后被杀害。参与掩护其子女，后送往日本留学。

9月，《泽泻集》由上海北新书局出版。

10月《语丝》周刊被迫停刊，移交上海北新书局接办。外出避难。

12月，《谈龙集》出版。

1928年（中华民国17年，戊辰，44岁）

1月，发表演讲《文学的贵族性》。《谈虎集》由上海北新书局出版。

6月，作《妇女问题与东方文明》，指出，青年必须打破东方文明观念。

9月，发表《历史》，说："我读了中国历史，对于中国民族和我自己失了九成以上的信仰与希望。"

1929年（中华民国18年，己巳，45岁）

3月，发表《娼妇礼赞》。

5月，《永日集》由北新书局出版。

8月，审读《清史稿》。

11月20日，次女若子病逝。26日作《若子的死》

11月，诗集《过去的生命》由上海北新书局出版。

12月，在《世界日报》发表致北平市卫生局呈文，要求取消山本医师开业许可证，并在头版连续两天刊登"山本大夫误诊杀人"广告。山本大夫系为若子诊病的日本医生。

1930年(中华民国19年,庚午,46岁)

3月,发表《中年》。
5月,《骆驼草》周刊创刊,为主要撰稿人。发表《论八股文》。
11月底,到保定河北大学讲演。

1931年(中华民国20年,辛未,47岁)

2月,《艺术与生活》由上海群益出版社出版。
7月,作《〈枣〉和〈桥〉的序》,称扬废名的小说。
8月,辞去燕京大学女子文理学院等校兼职,专任北京大学研究教授。
10月27日,在北京大学学生会抗日救国会作《关于征兵》的演讲。
12月,徐志摩遇难,参加追悼会并作《志摩纪念》。

1932年(中华民国21年,壬申,48岁)

2月25日,开始在辅仁大学作《中国新文学的源流》的学术讲演,连讲8次,邓恭三记录。记录稿经周作人校阅,本年9月由北平人文书局出版。

1933年(中华民国22年,癸酉,49岁)

上半年,帮助联系李大钊文集出版事,未成。
7月,《周作人书信》由上海青光书局出版。
10月,《苦茶庵笑话选》由上海北新书局出版。
12月初,到天津讲演。
本年,常参加朱光潜家的文学沙龙。

1934年(中华民国23年,甲戌,50岁)

1月,为五十生辰设家宴五席待客,作诗两首,以"五十诞辰自咏诗稿"为题发表在《现代》杂志,后又以"五秩自寿诗"为题刊于4月5日

《人间世》创刊号,得到多位文坛名人唱和,因此招来许多批评。

4月,被聘为《人间世》半月刊特约撰稿人。

7月11日,携妻羽太信子赴日本探亲,至9月2日回到北京。在日本接受记者采访,介绍中国文艺动态,对一些作家、作品做了评价。

9月,《夜读抄》由上海北新书局出版。

10月,参加刘半农追悼会。

11月初,到保定讲演。

1935年(中华民国24年,乙亥,51岁)

年初,开始编选《中国新文学大系·散文一集》。

2月,发表《阿Q的旧帐》,对革命文学家攻击鲁迅事发表意见。

3月,发表《岳飞与秦桧》,对教育部查禁"诋岳飞而推崇秦桧"的《自修使用白话本国史》(吕思勉著)发表看法。

4月,发表《关于英雄崇拜》,认为关羽、岳飞、文天祥、史可法等都不是可崇拜的人选。

5月,发表《日本管窥》,随后又发表多篇谈日本社会文化的文章。

10月《苦茶随笔》由上海北新书局出版。

1936年(中华民国25年,丙子,52岁)

2月,《苦竹杂记》由上海良友图书公司出版。

7月,作《老人的胡闹》,影射鲁迅加入左翼文艺阵营是"投机趋时"。

9月,作《自己的文章》,说自己的"文章底下的焦躁总要露出头来","平淡,这是我所最缺少的,闲适亦只是我的一个理想而已"。

10月19日,鲁迅逝世。接受记者采访,说:"鲁迅的思想最近有点转到虚无主义上去了,对一切事,仿佛都很悲观。"并说鲁迅个性很强、多疑。其文学上的长处在于整理方面。

10月24日,作《关于鲁迅》,不久,又作《关于鲁迅之二》。

10月,《风雨谈》由上海北新书局出版。

1937年（中华民国26年，丁丑，53岁）

2月，作《明朝之亡》。

春，列名于《鲁迅全集》编辑委员会，并参加《鲁迅年谱》起草工作，负责民元以前部分。

5月，列名于《文学杂志》编辑委员会。

6月，作《日本管窥之四》，说："日本文化可谈，而日本国民性终于是谜似的不可懂。"声明就此结束管窥。

8月，北大教授留平者日少。致陶亢德信，说"舍间人多，又实无地可避；故只苦住，且看将来情形再说耳"。后又多次致信陶亢德，强调家累甚重，无法南迁，并请其转告关心他的人，"勿视留北诸人为李陵，却当作苏武看为宜"。

8月30日，郭沫若发表《国难声中怀知堂》。

11月29日，在孟心史家参加北京大学留平教授会议。北大决定，周作人等四人留平，每月发津贴费50元，嘱保护北大校产。

12月，与中华教育文化基金董事会编译委员会商定，每月交译稿二万字，可得200元稿费。但不久该委员会南移，不再约稿。

1938年（中华民国27年，戊寅，54岁）

2月9日，出席日本《大阪每日新闻》社召开的"更生中国文化建设座谈会"。消息见报后，震惊文坛。

5月5日，武汉中华全国文艺界抗敌协会通电全国文化界，声讨周作人的附逆行为。

5月6日，武汉《新华日报》发表短评《文化界驱逐周作人》。

5月14日，《抗战文艺》第4期发表茅盾等18位作家署名的《致周作人的一封公开信》。

5月20日，被燕京大学聘为客座教授，月薪100元。

7月10日，叶公超受中央研究院和西南联大委派敦促周作人到昆明。以"在北平如果每月有200元就可以维持生活，不必南行"辞谢。

8月6日,辞北京女子师范大学教书事,并嘱友人勿加入东亚文化协会。后多次辞北京师范学院、北京大学等校聘书,辞东亚文化协会的邀宴。

1939年(中华民国28年,己卯,55岁)

1月1日,遇刺,弹为毛衣纽扣所阻,仅伤皮肤。一学生在座受重伤,车夫一死一伤。系抗日志士所为。

1月12日,收到伪北大聘书,邀其担任图书馆馆长,接受。

1月,好友钱玄同病故。

4月,作《最后的十七日——钱玄同先生纪念》。

9月3日,赴东亚文化协会文学分部会议。

1940年(中华民国29年,庚辰,56岁)

2月,《秉烛谈》由上海北新书局出版。

3月,审阅小学国文教科书。

3月27日,作《汉文学的传统》。

11月8日,伪教育总署督办汤尔和病死,参加治丧委员会。

12月19日,正式被汪伪国民政府任命为华北政务委员会委员,并指定为常务委员,兼教育总署督办。

1941年(中华民国30年,辛巳,57岁)

1月,正式就督办职。同月,被聘为伪华北文艺协会顾问。

3月24日,侄儿丰三以手枪自杀,原因不明,可能与其伯父担任伪职有关。

4月,率伪东亚文化协会评议员代表团启程访日。

4月16日,赴汤岛圣堂参拜。两次慰问在侵华战争中受伤的日军官兵并赠款。

10月,兼任伪东亚文化协议会会长。

11月中旬,以伪职赴徐州视察第三次治安强化运动实施情况及教育工作情形。

1942年(中华民国31年,壬午,58岁)

4月,兼任伪北京图书馆馆长。

4月20日,以伪职赴涿县、保定等地视察第四次治安强化运动推进实施情况。

4月26日,作《汪精卫先生庚戌蒙难实录序》。

5月2日,随汪精卫赴长春庆祝伪满洲帝国成立十周年。

5月8日,谒见伪满洲国皇帝溥仪。

5月11日,到南京,在伪中央大学讲演。

9月13日,被选为伪华北作家协会评议会主席。

11月18日,作《中国的思想问题》。

11月下旬,以伪职到井陉、彰德视察第五次治安强化运动及教育工作情况。

12月8日,参加伪中华民国新民会青少年团中央统监部成立大会,任副总监,着日军军服检阅青少年团分列式。

1943年(中华民国32年,癸未,59岁)

2月4日,伪华北政务委员会改组,全体共署辞呈,但只有周作人自己被批准辞职。

3月,任《艺文杂志》社社长。

4月1日,被任命为伪华北政务委员会委员。

4月5日,应汪精卫之邀,赴南京、苏州等地讲学、游览,至17日返北京。

4月9日,在伪南京政府宣传部与中日文化协会举行的欢迎座谈会上,谈中国的文化思想问题。

4月22日,母亲鲁瑞在北平去世,享年87岁。

12月,被任命为华北综合调查研究所副理事长。

1944年（中华民国33年,甲申,60岁）

1月,《药堂杂文》由北京新民印书馆出版。

3月,确知在第二次东亚文学者大会上片冈铁兵所说"反动的老作家"是指自己。查证弟子沈启无参与其事,于15日在《中华日报》上发表《破门声明》,将沈逐出师门,后又于20日致函日本文学报国会,并与片冈铁兵来往信函辩论。

7月,陆续发表《我的杂学》,自述学术经历。

11月,《苦口甘口》由上海太平书局出版。

1945年（中华民国34年,乙酉,61岁）

2月,华北政务委员会改组,继续担任华北政务委员会委员。

7月12日,作《饼斋的尺牍》,不久又作《曲庵的尺牍》、《实庵的尺牍》等,怀念亡友钱玄同、刘半农、陈独秀等。

8月15日,日本无条件投降,中国抗日战争胜利。

8月30日,作《凡人的信仰》,随后几个月里,陆续作《过去的工作》、《道义的事功化》、《两个鬼的文章》等,为自己的思想行为辩解。

12月6日,被国民政府逮捕。押于北平炮局胡同监狱。

1946年（中华民国35年,丙戌,62岁）

5月27日,被解送至南京,关押于老虎桥监狱。

6月,开始在狱中重译《希腊的神与英雄与人》等作品。

7月,接受第一次公开审判,有律师王龙担任辩护。

8月,接受第二次公开审判。

9月,接受第三次公开审判。

11月16日,被首都高等法院以"共同通谋敌国、图谋反抗本国"罪,判处有期徒刑14年,褫夺公权10年,全部财产除酌留家属必需生活费外没收。不服原判,声请复判。

1947年（中华民国36年，丁亥，63岁）

在狱中作《儿童杂事诗》等。

12月19日，国民党最高法院撤销原判，仍以原罪名改判有期徒刑10年，褫夺公权10年，全部财产除酌留家属必需生活费外没收。

1949年（己丑，65岁）

1月26日，被保释出老虎桥监狱。

1月28日，到上海，住尤炳圻家。

7月4日，致函周恩来，为自己作说明和辩解，希望得到共产党最高领导的谅解。

8月14日，回到北京，住在太朴寺街，10月18日回八道湾。

11月，开始为上海《亦报》写文章。

1950年（庚寅，66岁）

2月，旧历春节，废名、江绍原等来贺年。

11月，译作《希腊的神与英雄》由上海文化生活出版社出版。

1951年（辛卯，67岁）

2月，致函毛泽东，致函周扬，希图改善处境。

人民文学出版社以预支稿酬方式每月预支给200元固定稿酬。

1953年（癸巳，69岁）

12月，北京市人民法院判决，被褫夺政治权利。

1954年（甲午，70岁）

4月，《鲁迅小说中的人物》由上海出版公司出版。

8月，译作《希腊女诗人萨波》由上海出版公司出版。

随后几年，陆续有多种著作和译作出版。

1956年(丙申,72岁)

9月,与王古鲁、钱稻孙赴西安参观访问。
年底,应邀参观鲁迅博物馆。

1958年(戊戌,74岁)

4月,申请恢复选举权,被西四区人民法院告知申请未获批准。
5月20日,在致香港曹聚仁信中,对纪念鲁迅的热潮颇致反感,说鲁迅"死后随人摆布,说是纪念其实有些实是戏弄"。

1960年(庚子,76岁)

1月16日,人民文学出版社同意每月预支给稿费400元。但到1964年9月,仍减为200元,至1966年1月,完全取消。
12月10日,应曹聚仁之约,开始写《药堂谈往》(即《知堂回想录》),至1962年11月29日完稿。

1962年(壬寅,78岁)

年初,以日记一部分售与鲁迅博物馆。
4月8日,夫人羽太信子病逝于北大医院,享年76岁。
6月18日,开始翻译古希腊作家路喀阿诺斯对话集,至1965年3月15日脱稿。生前未得出版,直到1991年9月由人民文学出版社出版。

1964年(甲辰,80岁)

3月,作《八十自寿诗》。

1965年(乙巳,81岁)

4月,写遗嘱定本,云"人死声消迹灭最是理想","余一生文字无足称道,唯暮年所译希腊对话是五十年来的心愿"。

1966年(丙午,82岁)

6月,被诊断患有前列腺肿瘤。

8月,被红卫兵拉到院中用皮鞭、棍子抽打,并被赶进一间小棚子里睡觉。

1967年(丁未,83岁)

5月6日,逝世,年83岁。

·周作人著译篇目系年目录·

1899年

有感(遗作,诗)

　　　　1899年1月7日作,见《周作人日记》(大象出版社1996年12月影印本。以下均此)。

读《华陀传》有感(遗作,诗)

　　　　1899年1月7日作,见《周作人日记》。

冬夜有感(遗作,诗)

　　　　1899年1月29日作,见《周作人日记》。

长短句(遗作,诗)

　　　　1899年1月29日作,见《周作人日记》。

春雨(遗作,诗)

　　　　1899年2月22日作,见《周作人日记》。

天官风筝(遗作,诗)

　　　　1899年2月22日作,见《周作人日记》。

1901年

庚子送灶即事(和戛剑生,遗作,诗)

　　1901年2月11日作,见《周作人日记》。

送戛剑生往白下(步《别诸弟》三首原韵,遗作,诗)

　　1901年3月15日作,见《周作人日记》。

游赵园有感(园在灌英桥,遗作,诗)

　　1901年3月20日作,见《周作人日记》。

《惜花四律》(步藏春园主人元韵,遗作,诗四首)

　　1901年3月作,见《周作人日记》。

鲨鹤(遗作,诗)

　　1901年3月3日录去年旧作,见《周作人日记》。

舟中阅《危言》一篇,口占二绝(遗作,诗)

　　1901年4月8日作,见《周作人日记》。

嘲蠹(遗作,诗)

　　1901年6月1日作,见《周作人日记》。

清虚先生小传(遗作)

　　1901年作,手稿。署名之江柑酒听鹂生。见《周作人文类编》(湖南文艺出版社1998年版,以下均此)第9卷。

1902年

听邻家爆竹,恍似故乡,醉号二绝(遗作,诗二首)

  1902年2月7日作,见《周作人日记》。

暮春客居感怀(遗作,诗)

  1902年4月26日作,见《周作人日记》。

薏川荫仙小传(遗作)

  1902年6月14日作,见《周作人日记》。

焚书(遗作,诗)

  1902年12月16日作,见《周作人日记》。

1903年

春日坐雨有怀予季并柬豫才大兄（遗作，诗三首）

1903年3月26日作，见《周作人日记》。

1904年

偶感（遗作，诗二首）

　　1904年4月作，见《周作人日记》。

说死生

　　载1904年6月15日《女子世界》第5期，署名吴萍云。

论不宜以花字为女子之代名词

　　载1904年6月15日《女子世界》第5期，署名吴萍云。

侠女奴（《天方夜谭》故事）

　　连载于1904年7、8、10、11月《女子世界》第8、9、11、12期，署名萍云女士。1905年6月由小说林社印为单行本。

题《侠女奴》原本（诗，十首）

　　载1904年11月《女子世界》第12期，署名会稽碧罗女士。

1905年

除夕(遗作,诗)

　　1905年2月3日作,见《周作人日记》。

好花枝(小说)

　　载1905年《女子世界》第2年第1号(原13期),署名萍云。

女猎人(小说)

　　1905年4月17日作,载同年《女子世界》第2年第1号(原13期),署名会稽萍云女士。

荒矶(小说,英国柯南道尔作)

　　载1905年《女子世界》第2年第3号,署名萍。

女娲传

　　载1905年《女子世界》第2年第4、5号合刊,署名病云。

《造人术》跋语

　　载1905年《女子世界》第2年第4、5号合刊,署名萍云。

天鹅儿(小说,法国雨果作)

　　载1905年《女子世界》第2年第4、5号合刊,署名黑石。

1906年

《秋草闲吟》序(遗作)

  1906年春作,署名秋草园客,见《知堂回想录》。

一文钱(短篇小说,俄国作家斯谛勃鄂克作)

  载1906年6月10日《民报》第21号,署三叶译。收《域外小说集》第二集。

1907年

绝诗三首（诗）

载1907年7月25日《天义报》第4期,署名独应。

妇女选举权问题

载1907年7月25日《天义报》第4期,署名独应。

妇女选举问题

载1907年9月15日《天义报》第7期,署名独应。

读书杂拾（一）

载1907年9月15日《天义报》第7期,署名独应。

读书杂拾（二）

载1907年10月30日《天义报》第8、9、10期合刊,署名独应。

中国人之爱国

载1907年11月30日《天义报》第11、12期合刊,署名独应。

见店头监狱书所感

载1907年11月30日《天义报》第11、12期合刊,署名独应。

坊淫奇策

载1907年11月30日《天义报》第11、12期合刊,署名独应。

论俄国革命与虚无主义之别

载 1907 年 11 月 30 日《天义报》第 11、12 期合刊,署名独应。

《红星佚史》序

1907 年作,后收《苦雨斋序跋文》。

1908年

论文章之意义暨其使命因及中国近时论文之失

　　　　载1908年5月至6月《河南》第4、5期,署名独应。

西伯利亚纪行(俄国克罗泡特金作)

　　　　载1908年10月10日《民报》第24号,署仲密译。

庄中(小说,俄国契诃夫作)

　　　　载1908年12月5日《河南》第8期,署独应译。

寂寞(小说,美国爱伦坡作)

　　　　载1908年12月5日《河南》第8期,署独应译。

哀弦篇

　　　　载1908年12月20日《河南》第9期,署名独应。

1910年

论领事裁判权非治外法权
　　载1910年5月16日《绍兴公报》，署名顽石。

宪政编查馆各督抚稽查自治员电文书后
　　载1910年5月20日《绍兴公报》，署名顽石。

论观望之害
　　载1910年7月25日《绍兴公报》，署名顽石。

论军人之尊贵
　　载1910年7月26日《绍兴公报》，署名顽石。

侦窃（小说）
　　载1910年7月26日《绍兴公报》，署名顽石。

文明之基础
　　载1910年7月28日《绍兴公报》，署名起孟。

古希腊之小说
　　载1910年7月31日《绍兴公报》，署名起孟。

论平粜非救贫善策
　　载1910年8月3日《绍兴公报》，署名顽石。

选民释义
　　　　载 1910 年 8 月 4 日《绍兴公报》,署名顽石。
日俄新协约之观念
　　　　载 1910 年 8 月 5 日《绍兴公报》,署名顽石。
对于封禁小押之感情
　　　　载 1910 年 8 月 6 日《绍兴公报》,署名顽石。
哀侠
　　　　载 1910 年 8 月 8 日《绍兴公报》,署名顽石。
论新昌毁学案
　　　　载 1910 年 8 月 10 日《绍兴公报》,署名顽石。
闻梁敦彦锡良周树模陈昭常将辞职有感
　　　　载 1910 年 8 月 11 日《绍兴公报》,署名顽石。
论日人来绍售药事
　　　　载 1910 年 8 月 18 日《绍兴公报》,署名顽石。
论国民宜具法律知识
　　　　载 1910 年 8 月 20 日《绍兴公报》,署名顽石。
论余上新嵊毁学案
　　　　载 1910 年 8 月 22 日《绍兴公报》,署名顽石。
论日人马开盘当事
　　　　载 1910 年 8 月 26 日《绍兴公报》,署名顽石。
"汤寿潜不准干预路事"之诠解
　　　　载 1910 年 8 月 27 日《绍兴公报》,署名顽石。
钓鱼记(遗作)
　　　　1910 年 11 月作,见《知堂回想录》。
育珂摩耳传(遗作)
　　　　1910 年作,手稿。见《周作人文类编》第 8 卷。

1911年

盲从主义
　　载 1911 年 1 月 21 日《绍兴公报》,署名顽石。
庆贺独立
　　载 1911 年 11 月 6 日《绍兴公报》,署名顽石。
《黄华》序说(遗作)
　　1911 年作,手稿。见《周作人文类编》第 8 卷。

1912年

望越篇
　　　　载1912年1月18日《越铎日报》,署名独应。

维持小学之意见
　　　　载1912年1月19日《越铎日报》,署名周树人、周建人。

望华国篇
　　　　载1912年1月22日《越铎日报》,署名独应。

尔越人勿忘先民之训
　　　　载1912年2月1日《越铎日报》,署名独应。

民国之征何在
　　　　载1912年2月2日《越铎日报》,署名独。

庸众之责任
　　　　载1912年2月16日《越铎日报》,署名独。

代师滥校牛教员致前监督肚君书
　　　　载1912年2月21日《越铎日报》,署名鹤声。

《拟曲》序
　　　　载1912年2月《越社丛刊》第一集。

秋草园（诗二首）

　　载 1912 年 2 月《越社丛刊》第一集。

乙巳除日

　　载 1912 年 2 月《越社丛刊》第一集。

寒食

　　载 1912 年 2 月《越社丛刊》第一集。

哀范爱农

　　1912 年 7 月作，载同年 8 月绍兴《民兴日报》。

钓鱼记附记（遗文）

　　1912 年 10 月 22 日作，见《知堂回想录》。

诗一首（遗作）

　　1912 年 10 月 28 日作，见《知堂回想录》。

民族之解散

　　载 1912 年 11 月 5 日《天觉报》第 5 号。

个性之教育

　　载 1912 年 11 月 6 日《天觉报》第 6 号。

共和国之盛衰

　　载 1912 年 11 月 12 日《天觉报》第 12 号。

论社会教育宜先申禁制

　　载 1912 年 11 月 14 日《天觉报》第 14 号。

儿童问题之初解

　　载 1912 年 11 月 16 日《天觉报》第 16 号。

国民之自觉

　　载 1912 年 12 月 6 日《天觉报》第 36 号。

征求旧书

　　载 1912 年 12 月 10 至 12 日《天觉报》第 40 至 42 号。

家庭教育一论

　　载 1912 年 12 月 16 日《天觉报》第 46 号。

1913年

《童谣研究》（遗作）

  1913年开始辑述，1953年增补，载《鲁迅研究月刊》2000年第9期。

民种改良之教育（英国戈斯德作）

  1913年10月7日作，载同年10月15日《绍兴县教育会月刊》第1号，署启明译。

遗传与教育

  载1913年10月15日《绍兴县教育会月刊》第1号，署名周作人。

古迹调查

  载1913年10月15日《绍兴县教育会月刊》第1号，署名持光。

书籍介绍（一）

  载1913年10月15日《绍兴县教育会月刊》第1号，署名启明。

童话略论

  载1913年11月15日《绍兴县教育会月刊》第2号，署名周作人。

风俗调查（二）

载 1913 年 11 月 15 日《绍兴县教育会月刊》第 2 号,署名持光。

游戏与教育(日本黑田朋信作)

载 1913 年 11 月 15 日《绍兴县教育会月刊》第 2 号,署启明译。

儿童研究导言

载 1913 年 12 月 15 日《绍兴县教育会月刊》第 3 号,署名持光。

论保存古迹

载 1913 年 12 月 15 日《绍兴县教育会月刊》第 3 号,署名启明。

书籍介绍(二)

载 1913 年 12 月 15 日《绍兴县教育会月刊》第 3 号,署名作人。

丹麦诗人安兑尔然

载 1913 年 12 月《叒社丛刊》第一期,署名周作人。

中国之小说

约作于 1913 年。《秋草园旧稿》之一,未署名。见《周作人文类编》第 3 卷。

1914年

儿歌之研究
载 1914 年 1 月 20 日《绍兴县教育会月刊》第 4 号,署名作人。收《儿童文学小论》。

征求绍兴儿歌童话启
载 1914 年 1 月 20 日《绍兴县教育会月刊》第 4 号,署名周作人。

艺文杂话
载 1914 年 2 月 1 日《中华小说界》第 2 期,署名周作人。

小说与社会
载 1914 年 2 月 20 日《绍兴县教育会月刊》第 5 号,署名启明。

玩具研究(一)
载 1914 年 2 月 20 日《绍兴县教育会月刊》第 5 号,署名持光。

小儿争斗之研究(日本新井道太郎作)
载 1914 年 2 月 20 日《绍兴县教育会月刊》第 5 号,署启明译。

玩具研究(二)
载 1914 年 2 月 20 日《绍兴县教育会月刊》第 5 号,未署名。

儿童问题之初解
    载1914年3月20日《绍兴县教育会月刊》第6号,署名持光。
童话释义
    载1914年4月20日《绍兴县教育会月刊》第7号,署名启明。
小儿争斗之研究(续,日本新井道太郎作)
    载1914年4月20日《绍兴县教育会月刊》第7号。
《笑话考》
    载1914年4月30日《笑报》。
读《孽冤镜》题词
    载1914年5月4日《笑报》
绍兴奇丐传
    载1914年5月6日、8日《笑报》。
外缘之影响(英国加伐威尔作)
    载1914年5月20日《绍兴县教育会月刊》第8号,署名启明。
小儿争斗之研究(续完,日本新井道太郎作)
    载1914年5月20日《绍兴县教育会月刊》第8号,署名启明。
活孙国
    载1914年6月3日《笑报》第138号,署名仲密。
家庭教育一论
    载1914年6月20日《绍兴县教育会月刊》第9号,署名启明。
童话释义
    载1914年6月20日《绍兴县教育会月刊》第9号,署名启明。
书籍介绍(三)
    载1914年6月20日《绍兴县教育会月刊》第9号,未署名。
学校成绩展览会意见书
    载1914年6月20日《绍兴县教育会月刊》第9号,未署名。
小学校成绩展览杂记
    载1914年7月20日《绍兴县教育会月刊》第10号,署名启明。

读书论

载 1914 年 11 月 20 日《绍兴教育杂志》第 1 期,署名启明。

妇女商兑

载 1914 年 12 月 20 日《绍兴教育杂志》第 2 期,署名启明。

英国最古之诗歌

载 1914 年 12 月《叒社丛刊》第 2 期,署名启明。

《新希腊小说三篇》译记

载 1914 年 12 月《叒社丛刊》第 2 期,署名启明。

老虎外婆及其他(遗作)

约作于 1914 年,《秋草园旧稿》之一。手稿。见《周作人文类编》第 8 卷。

1915 年

何以处此生
　　　　载 1915 年 1 月《绍兴教育杂志》第 3 期,署名怪石。

愤怒动作之说明
　　　　载 1915 年 2 月《绍兴教育杂志》第 4 期,署名启明。

答第三期处置逃学学生疑问
　　　　载 1915 年 2 月《绍兴教育杂志》第 4 期,署名怪石。

读书杂录(《会稽风俗赋》、《三不朽图赞》、徐文长、王半村、范啸风)
　　　　载 1915 年 3 月《绍兴教育杂志》第 5 期,署名启明。

答第五期初小女生亦可照常收费否
　　　　载 1915 年 4 月《绍兴教育杂志》第 6 期,署名怪石。

读书杂录(禹陵窆石题字、妙相寺造像题字、跳山建初买山石刻)
　　　　载 1915 年 4 月《绍兴教育杂志》第 6 期,署名启明。

淫书杂说
　　　　载 1915 年 5 月 4 日、6 日、11 日、16 日《笑报》。

接吻考
　　　　载 1915 年 5 月 23 日《笑报》。

读书杂记（余姚三志碑、无双谱）

　　　　载 1915 年 5 月《绍兴教育杂志》第 7 期，署名启明。

缠足考

　　　　载 1915 年 6 月 1 日《笑报》。

读书杂记（唐龙瑞宫记、唐董昌生祠题记、吴越崇化寺西塔基记）

　　　　载 1915 年 6 月《绍兴教育杂志》第 8 期，署名启明。

专目草稿（遗作）

　　　　1905 年 7 月 6 作。手稿。藏北京鲁迅博物馆。

读书杂记（建初买山题记、萧二将祠堂记）

　　　　载 1915 年 8 月《绍兴教育杂志》第 9 期，署名启明。

忆陶君焕卿

　　　　载 1915 年 10 月 24 日《笑报》第 633 号，署名长庚。

大家谈谈

　　　　载 1915 年 10 月 25 日《笑报》第 634 号，署名长庚。

修造兰亭之商榷

　　　　载 1915 年 12 月 24 日《笑报》。

读书杂录（三老碑、禹寺往生碑）

　　　　载 1915 年 12 月《绍兴教育杂志》第 10 期，署名启明。

1916年

检定教员与师范讲习所
　　载 1916 年 1 月《绍兴教育杂志》第 11 期,署名怪石。

读书杂录(绍兴古刻存目、越中名胜杂说)
　　载 1916 年 1 月《绍兴教育杂志》第 11 期,署名启明。

征求校联小启
　　载 1916 年 1 月《绍兴教育杂志》第 11 期,署名怪石。

改元与更名
　　载 1916 年 2 月 15 日《笑报》。

寺僧毁学之闲评
　　载 1916 年 2 月 17 日《笑报》

角先生考
　　载 1916 年 2 月 18 日《笑报》。

最近小说界之趋势
　　载 1916 年 2 月 28 日《笑报》。

新因果说
　　载 1916 年 2 月 29 日《笑报》。

告各公署之主办教育者
　　　　　载 1916 年 2 月《绍兴教育杂志》第 12 期，署名怪石。

读书杂录（义国夫人虞氏墓志铭、越中游览纪录）
　　　　　载 1916 年 2 月《绍兴教育杂志》第 12 期，署名启明。

僵尸考
　　　　　载 1916 年 3 月 10 日《笑报》。

采补辨
　　　　　载 1916 年 3 月 13 日《笑报》。

女学商兑
　　　　　载 1916 年 3 月 14 日《笑报》。

《壮游诗存》序
　　　　　1916 年 3 月 21 日作。

教科书与时局之关系
　　　　　载 1916 年 3 月《绍兴教育杂志》第 13 期，署名怪石。

今近塾师之花样
　　　　　载 1916 年 3 月《绍兴教育杂志》第 13 期，署名怪石。

读书杂录（越中砖甓文录）
　　　　　载 1916 年 3 月《绍兴教育杂志》第 13 期，署名启明。

清明日游南镇记
　　　　　载 1916 年 4 月 9 日《笑报》。

学生时代之回忆
　　　　　载 1916 年 4 月 10 日、11 日、12 日《笑报》。

豆腐说
　　　　　载 1916 年 5 月 11 日、12 日《笑报》。

乌龟考
　　　　　载 1916 年 5 月 13 日、14 日《笑报》。

《兑匼印存》序
　　　　　载 1916 年 5 月 21 日作，载《烎社丛刊》第 4 期，署名启明。

朱天君说

　　载1916年6月23日、24日《笑报》。

学界之害马

　　载1916年6月《绍兴教育杂志》第15期,署名怪石。

读书杂录(三老碑考证集录[上])

　　载1916年6月《绍兴教育杂志》第15期,署名启明。

拟曲五章(婚夕、舟师、萨摩思之酒、昔思美、明器)

　　载1916年6月《叒社丛刊》第3期,署名启明。

杂录(荷马史诗、条顿神话、英国俗歌、日本之俳句、日本之盆踊)

　　载1916年6月《叒社丛刊》第3期,署名启明。

江村夜话(短篇小说)

　　载1916年7月1日《中华小说界》第1卷第7期,署名启明。

读旧小说之效用

　　载1916年6月30日、7月1日《笑报》。

御女延年之批评

　　载1916年8月22日、23日《笑报》。

绍兴长毛时事

　　载1916年9月2日、3日、4日、5日《笑报》。

读《国民浅训》感言

　　载1916年9月17日、18日《笑报》。

不蓄婢妾说

　　载1916年9月19日、20日《笑报》。

《东江校十周年纪念录》序

　　1916年9月24日作。

《柳塘诗思图》序

　　载1916年9月28日《笑报》。

希腊拟曲二首(媒媪、塾师)

　　载1916年10月1日《中华小说界》第1卷第10期,署名启明。

叹今日之争夺校董者
　　　　载1916年10月《绍兴教育杂志》第16期,署名怪石。
对于提倡教育会感言
　　　　载1916年10月《绍兴教育杂志》第16期,署名怪石。
读书杂录(三老碑考证集录[下])
　　　　载1916年10月《绍兴教育杂志》第16期,署名启明。
听蔡先生演说记
　　载1916年12月4日、5日《笑报》。
怀苏子谷
　　载1916年12月7日、8日《笑报》。
学生作文之通病
　　载1916年12月15日《笑报》。
教育方法讨论会议决议案应由县视学查察各校能否实行
　　　　载1916年12月《绍兴教育杂志》第17期,署名怪石。

1917年

《柳塘诗集》序
　　1917年1月11日作,载同年2月5日《笑报》。

说青川鲞
　　载1917年3月4日《笑报》。

《秋草闲吟》序
　　载1917年3月5日《笑报》。

禹庙观花鸭子记
　　载1917年3月8日《笑报》。

绝句二首
　　1917年7月21日作,见《知堂回想录》。

古诗今译(古希腊 Theokritos 作)
　　1917年9月18日译,载1918年2月15日《新青年》第4卷第2号,署周作人译。

《古诗今译》题记
　　1917年11月14日作,载1918年2月15日《新青年》第4卷第2号,署名周作人。

古诗今译(遗译,古希腊诗歌八首)

  1907年11月14日译,手稿。见《鲁迅研究月刊》2003年第7期。

《欧美名家短篇小说丛刊》评语(与鲁迅合作)

  载1917年11月《教育公报》第4年第5期。

一蒉轩杂录(外国之童话、安兑尔然、波阑之小说、日本之浮世绘)

  载1917年《叒社丛刊》第4期,署名启明。

小说丛话(遗作)

  1917年作,手稿。见《周作人文类编》第8卷。

1918年

陀思妥耶夫斯奇之小说（英国 W. B. Trites［特莱特］作）

　　载 1918 年 1 月 15 日《新青年》第 4 卷第 1 号,署名周作人,收《艺术与生活》。

致钱玄同

　　1918 年 1 月 30 日作,见《鲁迅博物馆藏现代名人手札》(福建教育出版社 2003 年版,以下均此)。

废娼问题之中心人物（日本油谷治七郎作）

　　连载于 1918 年 2 月 25 日至 3 月 4 日《北京大学日刊》第 76 号至 82 号,署周作人译。

皇帝之公园（俄国 A. Kuprin［库普林］作）

　　1918 年 3 月 10 日译,载同年 4 月 15 日《新青年》第 4 卷第 4 号,署周作人译。收《点滴》、《空大鼓》。

童子 Lin 之奇迹（俄国 Sologub［梭罗古勃］作）

　　载 1918 年 3 月 15 日《新青年》第 4 卷第 3 号,署周作人译。收《点滴》、《空大鼓》。

和刘半农诗

　　1918 年 4 月 4 日作,载同年 5 月 15 日《新青年》第 4 卷第 5 号。

日本近三十年小说之发达

　　1918年4月19日在北京大学小说研究会讲,连载于1918年5月20日至6月1日《北京大学日刊》第141号至第152号,又载同年7月15日《新青年》第5卷第1号,署名周作人。收《艺术与生活》。

读武者小路君所作《一个青年的梦》

　　载1918年5月15日《新青年》第4卷第5号,署名周作人。

贞操论(日本与谢野晶子作)

　　载1918年5月15日《新青年》第4卷第5号,署周作人译。

酋长(波兰显克微支作)

　　1918年8月10日译,载1918年10月15日《新青年》第5卷第4号,署周作人译。收《点滴》。

改革(瑞典 A.Strindberg[斯特林堡]作)

　　载1918年8月15日《新青年》第5卷第2号,署周作人译。收《点滴》。

不自然淘汰(瑞典 A.StrindbeRg[斯特林堡]作)

　　载1918年8月15日《新青年》第5卷第2号,署周作人译。收《点滴》。

空大鼓(小说,俄国托尔斯泰作)

　　1918年8月22日译,载1918年11月15日《新青年》第5卷第5号,署周作人译。收《点滴》。

随感录二十四

　　载1918年9月15日《新青年》第5卷第3号,署名作人。收《谈龙集》时改题为《安德森的〈十之九〉》。

杨尼思老爹和他驴子的故事(希腊 A.Ephtaliotis 作)

　　载1918年9月15日《新青年》第5卷第3,号,署周作人译。收《点滴》。

扬拉奴媪复仇的故事(希腊 A.Ephtaliotis 作)

　　载1918年9月15日《新青年》第5卷第3号,署周作人译。收

《点滴》。

随感录三十四

载 1918 年 10 月 15 日《新青年》第 5 卷第 4 号，署名作人。收《谈龙集》时改题为《爱的成年》。

论歌谣事——致半农

载 1918 年 10 月 15 日《北京大学日刊》第 227 号，署名周作人。

欧洲文学史

1918 年 10 月商务印书馆出版，列为北京大学丛书之三，署名周作人。

论中国旧戏之应废（致钱玄同信）

1918 年 11 月 1 日作，载 1918 年 11 月 15 日《新青年》第 5 卷第 5 号，署名周作人。

文学改良与孔教（答张寿朋信）

1918 年 11 月 8 日作，载 1918 年 12 月 15 日《新青年》第 5 卷第 6 号，署名周作人。

随感录三十七

载 1918 年 11 月 15 日《新青年》第 5 卷第 5 号，署名迅，收鲁迅著《热风》。

随感录三十八

载 1918 年 11 月 15 日《新青年》第 5 卷第 5 号，署名迅，收鲁迅著《热风》。

人的文学

1918 年 12 月 7 日作，载 1918 年 12 月 15 日《新青年》第 5 卷第 6 号，署名周作人。收《点滴》、《艺术与生活》。

小小的一个人（日本江马修作）

载 1918 年 12 月 15 日《新青年》第 5 卷第 6 号，署周作人译。收《点滴》。

平民的文学

1918 年 12 月 20 日作，载 1919 年 1 月 19 日《每周评论》第 5

期,署名仲密。收《点滴》、《艺术与生活》。

铁圈(俄国 F. Sologub 作)

1918 年 12 月 30 日译,载 1919 年 1 月 15 日《新青年》第 6 卷第 1 号,署周作人译。收《点滴》、《空大鼓》。

勃来克的诗

1918 年作。收入《艺术与生活》。

1919年

论黑幕

　　载1919年1月12日《每周评论》第4号,署名仲密。

两个扫雪的人(诗)

　　1919年1月13日作,载同年3月15日《新青年》第6卷第3号,署名周作人。收《过去的生命》。

随感录四十二

　　载1919年1月15日《新青年》第6卷第1号,未署名,收鲁迅著《热风》。

卖火柴的女儿(丹麦 H. C. Andersen[安徒生]作)

　　载1919年1月15日《新青年》第6卷第1号,署周作人译。收《点滴》、《空大鼓》。

小河(诗)

　　1919年1月21日作,载同年2月15日《新青年》第6卷第2号,署名周作人。收《过去的生命》。

微明(诗)

　　1919年1月23日作,载同年3月15日《新青年》第6卷第3号,署名周作人。

路上所见(诗)

　　1919年1月24日作,载同年3月15日《新青年》第6卷第3号,署名周作人。

可爱的人(俄国 A. Tshekhov[契诃夫]作)

　　1919年1月31日译,载1919年2月15日《新青年》第6卷第2号,署周作人译。收《点滴》、《空大鼓》。

中国小说里的男女问题

　　载1919年2月2日《每周评论》第7期,署名仲密。

杀儿的母

　　载1919年2月9日《每周评论》第8期,署名仲密。

英文"She"字译法之商榷——致玄同

　　1919年2月13日作,载同年2月15日《新青年》第6卷第2号,署名周作人。

答蓝志先书

　　1919年2月13日作,载同年4月15日《新青年》第6卷第4号,署名周作人。

再论黑幕

　　载1919年2月15日《新青年》第6卷第2号,署名仲密。

北风

　　1919年2月18日作,载1919年3月15日《新青年》第6卷第3号,署名周作人。

祖先崇拜

　　载1919年2月23日《每周评论》第10期,署名仲密。收《谈虎集》。

思想革命

　　载1919年3月2日《每周评论》第11期,署名仲密。收《谈虎集》。

背枪的人(诗)

　　1919年3月7日作,载1919年3月16日《每周评论》第13期,署名仲密。收《过去的生命》。

日本的新村

　　载1919年3月15日《新青年》第6卷第3号,署名周作人。收《艺术与生活》。

俄国革命之哲学的基础[上]（英国 Angelo. S. Rapport[拉波特]作）

　　1919年3月31日译,载同年4月《新青年》第6卷第4号,署起明译。收《艺术与生活》。

俄国革命之哲学的基础[下]（英国 Angelo. S. Rapport 作）

　　1919年3月31日译,载同年5月《新青年》第6卷第5号,署起明译。收《艺术与生活》。

京奉车中

　　载1919年4月13日《每周评论》第17期,署名仲密。

偶成

　　1919年6月3日作,载同年6月8日《每周评论》第25期,署名仲密。

前门遇马队记

　　1918年6月5日作,载同年6月8日《每周评论》第25期,署名仲密。收《谈虎集》。

欢乐的花园（南非须莱纳尔作）

　　载1919年6月29日《每周评论》第28期,署仲密译。收《点滴》

人生的礼物（南非须莱纳尔作）

　　载1919年7月20日《每周评论》第31期,署仲密译。

访日本新村记

　　1919年7月29日作,载同年10月30日《新潮》第2卷第1号,署名周作人。收《艺术与生活》。

游日本杂感

　　1919年8月20日作,载同年11月1日《新青年》第6卷第6号,署名周作人,收《艺术与生活》。

中国民歌的价值(刘半农编《江阴船歌》序)

  1919年9月1日作,载1923年1月21日《歌谣》第6号,署名周作人。收《谈龙集》。

答袁睿昌君

  1919年9月16日作,载同年11月1日《新青年》第6卷第6号,署名周作人。

画家(诗)

  1919年9月21日作,载1919年11月1日《新青年》第6卷第6号,署名周作人。收《过去的生命》。

东京炮兵工厂同盟罢工(诗)

  1919年9月作,载同年11月1日《新青年》第6卷第6号,署名周作人。

爱与憎(诗)

  1919年10月1日作,载1920年1月1日《新青年》第7卷第2号,署名周作人。收《过去的生命》。

齿痛(俄国 L. Andreiev[安特莱夫]作)

  1919年10月30日译,载同年12月1日《新青年》第7卷第1号,署周作人译。收《点滴》、《空大鼓》。

沙漠间的三个梦(小说,南非 O. S. Chreiner[须莱纳尔]作)

  载1919年11月1日《新青年》第6卷第6号,署周作人译。收《点滴》。

新村的精神

  1919年11月8日在天津学术讲演会讲,载同年11月23日至24日《民国日报》副刊《觉悟》,署名周作人。

圣处女的花园(小说,俄国库普林作)

  1919年11月15日译,载同年12月1日《晨报》周年纪念增刊,署起明译。收《点滴》。

摩诃末的家族(小说,俄国 V. Dantshenko[丹钦科]作)

  1919年11月30日译,载1920年1月1日《新青年》第7卷第

2号,署周作人译。收《点滴》、《空大鼓》。

英国诗人勃莱克的思想

　　1919年12月17日作,载1920年2月15日《少年中国》第1卷第8期,署名周作人。

与支那未知的友人(日本武者小路实笃作)

　　1919年12月18日译,载1920年2月1日《新青年》第7卷第3号,署周作人译。

黄昏(小说,波兰 Stefan Zeromski[泽罗姆斯基]作)

　　1919年12月20日译,载同年2月1日《新青年》第7卷第3号,署周作人译。收《点滴》、《空大鼓》。

1920年

新文学的要求

1920年1月6日在北京少年学会讲,载同年1月8日《晨报副刊》,署名周作人,收《点滴》、《艺术与生活》。

新村运动的解说——对胡适先生的演说

1920年1月18日作,载同年1月24日《晨报》,署名周作人。

诱惑(小说,波兰Stefan Zeromski 作)

载1920年2月1日《新青年》第7卷第3号,署周作人译。收《点滴》、《空大鼓》。

荆棘(诗)

1920年2月7日作,载同年2月15日《新生活》第26期,署名作人。收《过去的生命》。

苦人(诗)

载1920年2月8日《新生活》第25期,署名作人。

苍蝇(小说,日本千家元磨作)

载1920年2月29日《新生活》第27期,署作人译。

军队(小说,日本千家元磨作)

载1920年2月29日《新生活》第27期,署作人译。

晚间的来客(小说,俄国 A. Kuprin 作)

  1920 年 2 月 29 日译,载同年 4 月 1 日《新青年》第 7 卷第 5 号,署周作人译。收《点滴》、《空大鼓》。

没有钱的时候(小说,日本贺川丰彦作)

  载 1920 年 3 月 14 日《新生活》第 29 期,署作人译。

涂白粉的大汉(小说,日本贺川丰彦作)

  载 1920 年 3 月 14 日《新生活》第 29 期,署作人译。

"工学主义"与新村的讨论

  载 1920 年 3 月 28 日《工学》第 1 卷第 5 号,署名周作人。

《点滴》序

  1920 年 4 月 17 日作,收入《点滴》。

中国民歌的价值

  载 1920 年 4 月《学艺》第 2 卷第 1 号,署名周作人。

新村的理想与实际

  1920 年 6 月 19 日在社会实进会讲。载同年 6 月 23 日、24 日《晨报副刊》,署名周作人。收《艺术与生活》。

愚人的心算(诗)

  1920 年 6 月 20 日作,载同年 6 月 27 日《晨报副刊》,署名仲密。

无结果的议论之后(诗,日本石川啄木作)

  1920 年 6 月 30 日译,载同年 7 月 2 日《晨报副刊》,署仲密译。

被幸福忘却的人们(剧本,犹太宾斯奇作)

  1920 年 7 月 25 日译,载同年 11 月 1 日《新青年》第 8 卷第 3 号,署周作人译。收《空大鼓》。

神父所孚罗纽斯(小说,希腊蔼夫达利阿谛思作)

  1920 年 8 月 9 日译,载同年 9 月 10 日《东方杂志》第 18 卷第 17 号,署周作人译。收 1922 年 5 月商务印书馆版《现代小说译丛》第 1 集。

老乳母(小说,俄国弥里珍那作)

   1920年8月12日译,载同年9月1日《新潮》第2卷第5号,署周作人译。收《现代小说译丛》第1集。

玛加尔的梦(小说,俄国科罗连珂作)

   1920年8月27日译,载同年10月1日《新青年》第8卷第2号,署周作人译。后出版单行本。

深夜的喇叭(小说,日本千家元磨作)

   1920年9月18日译,载同年12月1日《新青年》第8卷第4号,署周作人译。收《现代日本小说集》。

世界的霉(小说,波兰普路斯作)

   1920年9月28日译,载1920年10月《时事新报》副刊《学灯》双十节增刊,署名周作人译。收《现代小说译丛》第1集。

一滴的牛乳(小说,亚美尼亚阿伽洛尼扬作)

   1920年9月30日译,载1921年4月1日《新青年》第8卷第6号,署周作人译。收《现代小说译丛》第1集。

你为什么爱我(散文诗,拉忒伐亚库拉台尔作)

   载1920年10月2日《晨报副刊》,署仲密译。

鹰的羽毛(散文诗,勃加利亚遏林沛林作)

   载1920年10月2日《晨报副刊》,署仲密译。

醉汉的歌(诗)

   1920年10月8日作,载同年10月13日《晨报副刊》,署名仲密。

《野草》(诗,日本与谢野晶子作)

   1920年10月10日译,载同年10月16日《晨报副刊》,署名仲密。

《小悲剧》(诗,日本生田青月作)

   1920年10月10日译,载同年10月16日《晨报副刊》,署名仲密。

罗素与国粹

1920年10月17日作,载同年10月19日《晨报副刊》,署名仲密。收《谈虎集》。

亲日派

1920年10月19日作,载同年10月23日《晨报副刊》,署名仲密。收《谈虎集》。

所见(诗,三座门的底下,皇城根的河边)

1920年10月20日作,载同年10月24日《晨报副刊》,署名仲密。收《过去的生命》。

译诗的困难

1920年10月20日作,载同年10月25日《晨报副刊》,署名仲密。收《谈虎集》。

致长岛丰太郎

1920年10月20日作,载同年日本《新村》杂志12月号,中译文载《中国现代文学研究丛刊》1998年第2期,董炳月译。

慈姑的盆(诗)

1920年10月21日作,载1920年10月26日《晨报副刊》,署名仲密。收《过去的生命》。

儿歌(诗)

1920年10月22日作,载1920年10月26日《晨报副刊》,署名仲密。收《过去的生命》。

排日的恶化

载1920年10月22日《晨报副刊》,署名仲密。收《谈虎集》。

儿童的文学

1920年10月26日在北京孔德学校讲,载同年12月1日《新青年》第8卷第4号,署名周作人。收《艺术与生活》。

风(诗,英国络绥谛[罗塞蒂]作)

载1920年10月28日《晨报副刊》,署仲密译。

燕子(诗,日本生田青月作)

  载1920年10月28日《晨报副刊》,署仲密译。

凤仙花(诗,日本北原白秋作)

  载1920年10月28日《晨报副刊》,署仲密译。

杂译诗二十三首(译诗)

  载1920年11月1日《新青年》第8卷第3号,署周作人译。

秋风(诗)

  1920年11月4日作,载同年11月7日《晨报副刊》,署名仲密。收《过去的生命》。

文学上的俄国与中国

  1920年11月8日在北京师范学校纪念会讲,又本月13日在协和医校讲,载同年11月15日、16日《晨报副刊》,署名周作人。收《艺术与生活》。

乡愁(小说,日本加藤武雄作)

  1920年11月16日译,载1921年1月10日《小说月报》第12卷第1号,署周作人译。收《现代日本小说集》。

翻译与批评

  1920年11月21日作,载当月23日《晨报副刊》,署名仲密。收《谈虎集》。

民众的诗歌

  载1920年11月21日《晨报副刊》,署名仲密,收《谈虎集》。

文学研究会宣言

  1920年11月28日作,载同年12月13日《晨报》。

圣书与中国文学

  1920年11月30日在燕京大学文学会讲,载1921年1月10日《小说月报》第12卷第1号,署名周作人。收《艺术与生活》。

少年的悲哀(小说,日本国木田独步作)

  1920年12月10日译,载1921年1月1日《新青年》第8卷第5号,署周作人译。收《现代日本小说集》。

发起歌谣研究会启事（与沈兼士、钱玄同共署）

　　载1920年12月14日《北京大学日刊》第767号。

致青木正儿

　　1920年12月15日作。中译文载1975年6月《明报月刊》第114期。

新村的讨论（答黄绍谷信）

　　1920年12月17日作,载当月26日《批评》第5号(新村专号),署名周作人。

热狂的孩子们（小说,日本千家元磨作）

　　1920年12月22日译,载1921年10月1日《新潮》第3卷第1号,署周作人译。

愿你有福了（小说,波兰显克微支作）

　　1920年12月24日译,载1921年4月1日《新青年》第8卷第6号,署名周作人,收《现代小说译丛》第一集。

劳动的歌六首（诗）

　　载1920年12月26日《批评》第5号,署名周作人。

到网走去（小说,日本志贺直哉作）

　　1920年12月28日译,载1921年4月10日《小说月报》第12卷第4号,署周作人译。收《现代日本小说集》。

1921年

随感录(一○四)旧约与恋爱诗

　　载1921年1月1日《新青年》第8卷第5号,署名仲密。收《谈龙集》。

随感录(一○五)野蛮民族的礼法

　　载1921年1月1日《新青年》第8卷第5号,署名仲密。收《集虎集》。

随感录(一○六)个性的文学

　　载1921年1月1日《新青年》第8卷第5号,署名仲密。收《谈龙集》。

翻译文学书的讨论——致沈雁冰

　　载1921年2月10日《小说月报》第12卷第2号,署名周作人。

追悼文一首(译诗)

　　载1921年2月20日《新生活》第45期,署密译。

梦想者的悲哀(诗)

　　1921年3月2日作,载当月7日《晨报副刊》,署名仲密。收《过去的生命》。

蔷薇花(小说,日本千家元磨作)

1921年3月17日译,载同年10月1日《新潮》第3卷第1号,署周作人译。收《现代日本小说集》。

日本的诗歌

　　1921年3月20日作,载同年5月10日《小说月报》第12卷第5号,署名周作人。收《艺术与生活》。

过去的生命(诗)

　　1921年4月4日作,载当月17日《晨报副刊》,署名仲密。收《过去的生命》。

中国人的悲哀(诗)

　　1921年4月6日作,载当月17日《晨报副刊》,署名仲密。收《过去的生命》。

岐路(诗)

　　1921年4月16日作,载同年9月1日《新青年》第9卷第5号,又载同年12月16日《时事新报》副刊《学灯》,署名周作人。收《过去的生命》。

病中的诗(诗)

　　1921年4月17日作,载同年5月3日《晨报副刊》,署名仲密。

苍蝇(诗)

　　1921年4月18日作,载同年5月12日《晨报副刊》,署名仲密。收《过去的生命》。

小孩(诗)

　　1921年4月20日作,载同年5月12日《晨报副刊》,署名仲密。收《过去的生命》。

小孩(一,二,诗)

　　1921年5月4日作,载同年5月17日《晨报副刊》,署名仲密。收《过去的生命》。

群玉班(记录绍兴歌谣)

　　载1921年5月5日《晨报副刊》,署名仲密。

批评的问题
    1921年5月10日作,载同年5月14日《晨报副刊》,署名子严。收《谈虎集》。

宗教问题
    载1921年5月15日《少年中国》第2卷第11号,署名周作人讲,张绳祖、曹刍笔录。

疑问五则
    载1921年5月27日《晨报副刊》,署名子严。

俄国的战争文学
    载1921年5月《小说月报》俄国文学研究特刊,署名周作人。

山中杂信(一,致孙伏园)
    1921年6月6日作,载同年6月7日《晨报副刊》,署名仲密。收《雨天的书》。

美文
    载1921年6月8月《晨报副刊》,署名子严。收《谈虎集》。

新诗
    载1921年6月9日《晨报副刊》,署名子严。收《谈虎集》。

碰伤
    载1921年6月10日《晨报副刊》,署名子严。收《泽泻集》、《谈虎集》。

山居杂诗(一、二、三,诗)
    1921年6月10作,载当月13日《晨报副刊》,署名仲密。

实在情形
    载1921年6月15日《晨报副刊》,署名子严。

廉耻与秩序
    载1921年6月17日《晨报副刊》,署名子严。

山居杂诗(四,诗)
    1921年6月17日作,载当月25日《晨报副刊》,署名仲密。收《过去的生命》。

山居杂诗(五,诗)

　　1921年6月21日作,载当月25日《晨报副刊》,署名仲密。收《过去的生命》。

山居杂诗(六,诗)

　　1921年6月22日作,载当月25日《晨报副刊》,署名仲密。收《过去的生命》。

山中杂信(二,致孙伏园)

　　1921年6月23日作,载当月24日《晨报副刊》,署名仲密。收《雨天的书》。

山居杂诗(七,诗)

　　1921年6月25日作,载同年9月1日《新青年》第9卷第5号,署名周作人。收《过去的生命》。

三天

　　载1921年6月28日《晨报副刊》,署名子严。收《谈虎集》。

日本俗歌五首(诗,日本海贺变哲录)

　　载1921年6月29日《晨报副刊》,署仲密译。

山中杂信(三,致孙伏园)

　　1921年6月29作,载同年7月2日《晨报副刊》,署名仲密。

燕子与蝴蝶(小说,波兰戈木列支奇作)

　　1921年7月1日译,载同年8月10日《小说月报》第12卷第8号,署周作人译。收《现代小说译丛》第1集。

影(小说,波兰普路斯作)

　　1921年7月3日译,载同年8月10日《小说月报》第12卷第8号,署周作人译。收《现代小说译丛》第1集。

雉鸡的烧烤(小说,日本佐藤春夫作)

　　1921年7月6日译,载1921年7月9日、10日《晨报副刊》,署仲密译。收《现代日本小说集》。

谈判

　　载1921年7月6日《晨报副刊》,署名子严。

《人的生活》序

  1921年7月6日作,收中华书局1922年版武者小路实笃著,李宗武、毛咏裳译《人的生活》。

二草原(小说,波兰显克微支作)

  1921年7月7日译,载1921年9月10日《小说月报》第12卷第9号,署周作人译。收《现代小说译丛》第1集。

山中杂信(四,致伏园)

  1921年7月14日作,载同年7月17日《晨报副刊》,署名仲密。

编余闲话附记

  载1921年7月10日《晨报副刊》,收《谈虎集》。

我的姑母(小说,波兰科诺布涅支加作)

  1921年7月15日译,载同年10月10日《小说月报》第12卷第10号,署名周作人。收《现代小说译丛》第1集。

宣传

  载1921年7月15日《晨报副刊》,署名子严。收《谈虎集》。

山中杂信(五,致伏园)

  1921年7月17日作,载当月21日《晨报副刊》,署名仲密。

周建人译《犹太人》附记

  1921年7月18日作,载《小说月报》第12卷第9号。

麝香

  载1921年7月19日《晨报副刊》,署名子严。收《谈虎集》。

欧洲古代文学上的妇女观

  1921年7月21日作,载同年10月《妇女杂志》第7卷第10号,署名周作人。

国荣与国耻

  载1921年7月23日《晨报副刊》,署名子严。

日本诗人一茶的诗

  1921年7月25日作,载同年11月10日《小说月报》第12卷

11号,署名周作人。

初恋(小说,希腊蔼夫达利阿谛思作)

1921年7月26日译,载同年8月2日、3日《晨报副刊》,署仲密译。收《现代小说译丛》第1集。

新文学的非难

载1921年7月26日《晨报副刊》,署名子严。收《谈虎集》。

天足

载1921年7月29日《晨报副刊》,署名子严。收《谈虎集》。

胜业

载1921年7月30日《晨报副刊》,署名子严。收《谈虎集》。

库多沙非利斯(小说,希腊蔼夫达利阿谛思作)

1921年7月31日译,载同年8月12日、13日《晨报副刊》,署仲密译。收《现代小说译丛》第1集。

父亲拿洋灯回来的时候(小说,芬兰哀禾作)

1921年7月31日译,载同年10月10日《小说月报》第12卷第10号,署名周作人。收《现代小说译丛》第1集。

伊伯拉亨(小说,希腊蔼夫达利阿谛思作)

1921年8月1日译,载同年10月10日《小说月报》第12卷第10号,署周作人译。收《现代小说译丛》第1集。

杂译日本诗三十首(诗)

载1921年8月《新青年》第9卷第4号,署周作人译。收《陀螺》。

凡该利斯和他的新年饼(小说,希腊蔼夫达利阿谛思作)

载1921年8月9日《晨报副刊》,署周作人译。收《现代小说译丛》第1集。

小孩的委屈

载1921年8月10日《晨报副刊》,署名仲密。收《谈虎集》。

在希腊诸岛(英国芳斯作)

1921年8月16日译,载同年10月10日《小说月报》第12卷第

10号,署周作人译。

清兵与壶庐(小说,日本志贺直哉作)

1921年8月20日译,载1921年9月20日、21日、22日《晨报副刊》,署仲密译。

希腊的挽歌(诗,英国洛生作)

载1921年8月20日《晨报副刊》,署仲密译。

近代波兰文学概观(波兰诃勒温斯奇作)

1921年8月25译,载同年10月10日《小说月报》第12卷第10号,署周作人译。

西山小品——一个乡民的死,卖汽水的人

1921年8月30日作,载日本《生长的星之群》第1卷第9号,署名周作人。

语体文欧化讨论——周作人、李宗武、沈雁冰通信

载1921年9月1日《小说月报》第12卷第9期.

卖药

载1921年9月1日《晨报副刊》。署名仲密。收《谈虎集》。

颠狗病(小说,西班牙伊巴涅支作)

载1921年9月1日《新青年》第9卷第5号,署名周作人。收《空大鼓》。

山中杂信(六,致伏园)

载1921年9月6日《晨报副刊》,署名仲密。

故事(小说,波兰推弑玛耶尔作)

载1921年9月10日《时事新报》副刊《文学旬刊》,署仲密译。

希腊的挽歌(诗,一、二)

1921年9月16日译,载同年9月18日《晨报副刊》,署仲密译。

感慨

载1921年9月22日《晨报副刊》,署名仲密。收《谈虎集》。

国语

　　载 1921 年 9 月 23 日《晨报副刊》,署名仲密。

新希腊与中国

　　载 1921 年 9 月 29 日《晨报副刊》,署名仲密。收《谈虎集》。

关于悲惨世界来历的两封信——致钱玄同

　　载 1921 年 10 月 7 日《民国日报》副刊《觉悟》,署名仲密。

巡查(小说,日本国木田独步作)

　　1921 年 10 月 15 日译,载同年 10 月 19 日、20 日《晨报副刊》,署仲密译。收《现代日本小说集》。

兵士(古希腊路吉亚诺思作)

　　1921 年 10 月 21 日译,载同年 11 月 6 日《晨报副刊》,署名仲密译。收《陀螺》。

魔术(古希腊路吉亚诺思作)

　　1921 年 10 月 22 日译,载同年 11 月 14 日《晨报副刊》,署仲密译。收《陀螺》。

日本俗歌八首

　　载 1921 年 10 月 23 日《晨报副刊》,署名仲密。

大言(古希腊路吉亚诺思作)

　　载 1921 年 10 月 28 日《晨报副刊》,署仲密译。收入《谈虎集》。

资本主义的禁娼

　　载 1921 年 10 月 30 日《晨报副刊》,署名仲密。收《谈虎集》。

关于《悲惨世界》来历的信——致竹林

　　1921 年 11 月 2 日作,载当月 7 日《民国日报》副刊《觉悟》,署名仲密。

三个文学家的纪念

　　1921 年 11 月 11 日作,载当月 14 日《晨报副刊》,署名仲密。收《谈龙集》。

割稻的人(小说,古希腊台阿克利多思作)

  1921年11月15日译,载同年12月4日《晨报副刊》,署仲密译。

散文小诗(散文诗,法国波特莱尔作)

  载1921年11月20日《晨报副刊》,署仲密译。

儿童的世界(日本柳泽健原作)

  1921年11月25日译,载1922年1月1日《诗》第1卷第1号,署周作人译。

情歌(诗,古希腊台阿克利多思作)

  载1921年11月27日《晨报副刊》,署仲密译。收《陀螺》。

体操

  载1921年11月27日《晨报副刊》,署名式芬。收《雨天的书》。

苦甜(小说,古希腊郎戈思作)

  1921年12月5日译,载当月11日《晨报副刊》,署名仲密。收《陀螺》。

骨皮(日本狂言)

  1921年12月15日译,载当月18日《晨报副刊》,署仲密译。收《狂言十番》。

伯母酒(日本狂言)

  1921年12月20日译,载当月25日《晨报副刊》,署仲密译。收《狂言十番》。

《现代小说译丛》第一集序言

  1921年12月22日作,收《现代小说译丛》第一集。

日本俗歌四十首(诗)

  1921年12月24日译,载1922年2月15日《诗》第1卷第2期,署周作人译。收《陀螺》。

金鱼(小说,日本铃木三重吉作)

  载1921年12月25日《东方杂志》第18卷第24号,署周作人译。收《现代日本小说集》。

媒婆(小说,希腊海罗达思作)

1921年12月30日译,载1922年1月1日《晨报副刊》,署仲密译。收《陀螺》。

1922年

犬的友情

　　载1922年1月5日《学生杂志》第9卷第1号,署名顽石。

形影问答(小说,日本佐藤春夫作)

　　1922年1月5日译,载1922年1月8日《晨报副刊》,署仲密译。

散文小诗选(散文诗,法国波特莱尔作)

　　载1922年1月9日《民国日报》副刊《觉悟》,署仲密译。

潮雾(小说,日本有岛武郎作)

　　载1922年1月10日《东方杂志》第19卷第1号,署周作人译。收1927年10月开明书店版《两条血痕》。

一日里的一休和尚(小说,日本武者小路实笃作)

　　1922年1月12日译,载同年4月10日《小说月报》第13卷第4号,署周作人译。收《两条血痕》。

文艺的讨论

　　1922年1月16日作,载当月20日《晨报副刊》,署名仲密。

小孩(诗,一、二)

　　1922年1月18日作,载当月27日《晨报副刊》,署名周作人。

收《过去的生命》。

自己的园地

载 1922 年 1 月 22 日《晨报副刊》,署名仲密。收《自己的园地》。

照相(小说,日本铃木三重吉作)

载 1922 年 1 月 22 日《晨报副刊》,署仲密译。收《现代日本小说集》。

童话的讨论——答赵景深

载 1922 年 1 月 25 日《晨报副刊》,署名周作人。

文学的讨论——致日葵

1922 年 1 月 25 日作,载同年 2 月 8 日《晨报副刊》,署名仲密。

检查

载 1922 年 1 月 27 日《晨报副刊》,署名式芬。

头发里的世界(散文诗,法国波特莱耳作)

载 1922 年 1 月《妇女杂志》第 8 卷第 1 号,署仲密译。收《陀螺》

窗(散文诗,法国波特莱耳作)

载 1922 年 1 月《妇女杂志》第 8 卷第 1 号,署仲密译。收《陀螺》。

《评〈尝试集〉》匡谬

载 1922 年 2 月 4 日《晨报副刊》,署名式芬。

童话讨论(二)——致赵景深

1922 年 2 月 5 日作,载当月 12 日《晨报副刊》,署名周作人。

文艺上的宽容

载 1922 年 2 月 5 日《晨报副刊》,署名仲密。收《自己的园地》。

国粹与欧化

载 1922 年 2 月 12 日《晨报副刊》,署名仲密。收《自己的园地》。

贵族的与平民的

　　载1922年2月19日《晨报副刊》,署名仲密。收《自己的园地》。

诗的效用

　　载1922年2月26日《晨报副刊》,署名仲密。收《自己的园地》。

中国的新思想界

　　载1922年2月26日《北京周报》第6号,署周作人谈。

古文学

　　载1922年3月5日《晨报副刊》署名仲密。收《自己的园地》。

星的小孩(诗,日本小林章子作)

　　1922年3月10日译,载当月19日《晨报副刊》,署仲密译。

《阿丽思漫游奇境记》

　　载1922年3月12日《晨报副刊》,署名仲密。收《自己的园地》。

法国的俳谐诗

　　载1922年3月15日《诗》第1卷第3期,署周作人译。收《陀螺》。

《阿Q正传》

　　载1922年3月19日《晨报副刊》,署名仲密。

做旧诗

　　1922年3月23日作,载当月26日《晨报副刊》,署名仲密。

童话的讨论(三)——答赵景深

　　1922年3月25日作,载1922年3月29日《晨报副刊》,署名周作人。

《沉沦》

　　载1922年3月26日《晨报副刊》,署名仲密。收《自己的园地》。

小孩（诗四首）
　　载 1922 年 3 月 26 日日文《北京周报》第 10 号，署名周作人。
致俞平伯信
　　1922 年 3 月 27 日作，载同年 4 月 15 日《诗》第 1 卷第 4 期，署名周作人。
报应
　　载 1922 年 3 月 29 日《晨报副刊》，署名式芬。
"祝福片"之说明
　　载 1922 年 3 月 31 日《晨报》，署名周作人。
对于戏剧的两条意见
　　载 1922 年 3 月《戏剧》第 3 期，署名周作人。
我对于基督教的感想
　　载 1922 年 3 月《生命》第 2 卷第 7 期，署名周作人。
拥护宗教的嫌疑
　　1922 年 4 月 1 日作，载当月 5 日《晨报》，署名周作人。
古今中外派
　　载 1922 年 4 月 2 日《晨报副刊》，署名仲密。
《王尔德童话》
　　载 1922 年 4 月 2 日《晨报副刊》，署名仲密。收《自己的园地》。
复陈仲甫先生信
　　1922 年 4 月 6 日作，载当月 29 日《民国日报》副刊《觉悟》，署名周作人。
童话的讨论（四）——致赵景深
　　载 1922 年 4 月 9 日《晨报副刊》，署名周作人。
散文小诗二首（法国波特莱尔作）
　　载 1922 年 4 月 9 日《晨报副刊》，署仲密译。
各随己便
　　载 1922 年 4 月 9 日日文《北京周报》第 12 号，署名周作人。

读儿童世界游记

　　载 1922 年 4 月 10 日《晨报副刊》,署名仲密。收《谈虎集》。

思想界的倾向

　　1922 年 4 月 10 日作,载当月 23 日《晨报副刊》,署名仲密。收《谈虎集》。

思想压迫的黎明

　　载 1922 年 4 月 11 日《晨报副刊》,署名仲密。

歌谣

　　载 1922 年 4 月 13 日《晨报副刊》,署名仲密。收《自己的园地》。

文艺上的异物

　　载 1922 年 4 月 16 日《晨报副刊》,署名仲密。收《自己的园地》。

可爱的威廉的鬼(英国民歌)

　　载 1922 年 4 月 16 日《晨报副刊》,署仲密译。

久米仙人(小说,日本武者小路实笃作)

　　1922 年 4 月 27 日译,载同年 5 月 3 日《晨报副刊》,署仲密译。收《现代日本小说集》。

小杂感

　　载 1922 年 4 月 19 日《晨报副刊》,署名槐。

久米仙人(小说,日本武者小路实笃作)

　　1922 年 4 月 27 日译,载同年 5 月 3 日《晨报副刊》,署名仲密。收《现代日本小说集》。

这也是一个人?(小说,叶绍钧作)

　　载 1922 年 5 月 14 日日文《北京周报》第 14 号,署叶绍钧作、仲密译。

人类一分子(诗,俄国爱罗先珂作)

　　1922 年 5 月 16 日译,载同年 5 月 22 日《晨报副刊》,署仲密译。

春天的力量(俄国爱罗先珂演说)

    1922年5月16日译,载同年5月18日《晨报副刊》,署仲密译。

介绍小诗集《湖畔》

    载1922年5月18日《晨报副刊》,署名仲密。

真的疯人日记(小说,编者小序,一、最古而且最好的国)

    载1922年5月17日《晨报副刊》,署名槐寿。收《谈虎集》。

真的疯人日记(二、准仙人的教员)

    载1922年5月19日《晨报副刊》,署名槐寿。收《谈虎集》。

真的疯人日记(三、种种的集会)

    载1922年5月21日《晨报副刊》,署名槐寿。收《谈虎集》。

真的疯人日记(四、文学界)

    载1922年5月23日《晨报副刊》,署名槐寿。收《谈虎集》。

巴拉巴与巴拿巴

    载1922年5月23日《晨报副刊》,署名仲密。

"不之蹄"的问题

    载1922年5月25日《晨报副刊》,署名仲密。

爱的实现(小说,冰心作)

    载1922年5月28日日文《北京周报》第18号,署冰心作、仲密译。

女子与文学

    1922年5月30日在北京女子高等师范学校讲,载同年6月3日《晨报副刊》,署名周作人。

与英国人(诗,英国雪莱作)

    1922年5月30日译,载当月31日《晨报副刊》,署仲密译。

丑的字句

    载1922年6月2日《晨报副刊》,署名仲密。

孔乙己(小说,鲁迅作)

    载1922年6月4日日文《北京周报》第19号,署鲁迅作、仲密译。

石川啄木的歌(诗,日本石川啄木作)

载 1922 年 6 月 4 日《努力周报》第 4 期,署仲密译。

与少年支那(诗,俄国爱罗先珂作)

载 1922 年 6 月 4 日《晨报副刊》,署仲密译。

世界语的诗三首(俄国柴孟霍夫、爱罗先珂作)

1922 年 6 月 8 日译,载当月 11 日《晨报副刊》,署周作人译。

万国世界语会(俄国索福克洛夫演讲)

1922 年 6 月 9 日译,载当月 13 日《晨报副刊》,署周作人译。

公用语之必要(俄国爱罗先珂演讲)

载 1922 年 6 月 13 日《晨报副刊》,署周作人译。

论小诗

1922 年 6 月 13 日作,连载于当月 21 日、22 日《晨报副刊》,署名仲密。收《自己的园地》。

神话与传说

载 1922 年 6 月 26 日《晨报副刊》,署名仲密。收《自己的园地》。

小杂感

载 1922 年 6 月 30 日《晨报副刊》,署名仲密。

谜语

载 1922 年 7 月 1 日《晨报副刊》,署名仲密。收《自己的园地》。

猜谜的武士(英国民间叙事诗)

载 1922 年 7 月 1 日《晨报副刊》,署仲密译。

文艺的统一

载 1922 年 7 月 11 日《晨报副刊》,署名仲密。收《自己的园地》。

诗人席烈的百年忌

1922 年 7 月 12 日作,载当月 18 日《晨报刊》,署名仲密。收

《谈龙集》。

送爱罗先珂君
　　1922年7月14日作,载当月17日《晨报副刊》,署名仲密。

关于北京大学新设的日本文学系
　　载1922年7月16日日文《北京周报》第25号,署名周作人、张黄。

诗五首
　　载1922年7月23日日文《北京周报》第26号,署名周作人。

森鸥外博士
　　1922年7月24日作,载当月26日《晨报副刊》,署名仲密。收《谈龙集》。

礼之必要
　　载1922年8月10日《晨报副刊》,署名遐寿。

怀旧
　　载1922年8日24日《晨报副刊》,署名仲密。收《雨天的书》。

关于《爱的实现》的翻译
　　1922年8月26日作,载当月28日《晨报副刊》,署名仲密。

夏夜梦(一)统一局(小说)
　　载1922年8月19日《晨报副刊》,署名槐寿。收《谈虎集》。

夏夜梦(二)长毛、(三)诗人
　　载1922年8月20日《晨报副刊》,署名槐寿。收《谈虎集》。

夏夜梦(四)狒狒之出笼
　　载1922年8月22日《晨报副刊》,署名槐寿。收《谈虎集》。

夏夜梦(五)汤饼会
　　载1922年8月24日《晨报副刊》,署名槐寿。收《谈虎集》。

夜梦(六)考试[一]
　　载1922年8月27日《晨报副刊》,署名槐寿。收《谈虎集》。

一个流浪者的新年(小说,成仿吾作)
　　载1922年8月27日、9月3日日文《北京周报》第30、31号,署成仿吾作、仲密译。

夏夜梦（七）考试[二]

载 1922 年 8 月 28 日《晨报副刊》，署名槐寿。收入《谈虎集》。

夏夜梦（八）初恋

载 1922 年 9 月 1 日《晨报副刊》，署名槐寿。收入《谈虎集》。

夏夜梦（九）泥水匠

载 1922 年 9 月 7 日《晨报副刊》，署名槐寿。收入《谈虎集》。

《你往何处去》

载 1922 年 9 月 2 日《晨报副刊》，署名仲密。收入《自己的园地》。

《魔侠传》

载 1922 年 9 月 4 日《晨报副刊》，署名仲密。收入《自己的园地》。

艺术家的狡狯

载 1922 年 9 月 6 日《晨报副刊》，署名式芬。

国语改造的意见

载 1922 年 9 月 10 日《东方杂志》第 19 卷第 17 号，署名周作人。

日本俗歌二十首

载 1922 年 9 月 17 日《努力周报》第 20 期，署仲密译。

怀旧之二

载 1922 年 9 月 27 日《晨报副刊》，署名仲密。

复古的反对

载 1922 年 9 月 28 日《晨报副刊》，署名仲密。

读《野鸽的话》

载 1922 年 10 月 1 日《晨报副刊》，署名仲密。

恶趣味的毒害

载 1922 年 10 月 2 日《晨报副刊》，署名子严。

可怜悯者
	载1922年10月5日《晨报副刊》,署名仲密。收《谈虎集》。
私怨的中国
	载1922年10月7日《晨报副刊》,署名子严。
读《红杂志》
	载1922年10月8日《晨报副刊》,署名子严。
福田博士的两番话
	载1922年10月9日《晨报副刊》,署名式芬。
情诗
	载1922年10月12日《晨报副刊》,署名周作人。收《自己的园地》。
读《笑》第三期
	载1922年10月13日《晨报副刊》,署名子严。
先进国之妇女
	载1922年10月14日《晨报副刊》,署名式芬。收《谈虎集》。
新诗的评价
	载1922年10月16日《晨报副刊》,署名式芬。
印度的迷信
	载1922年10月18日《晨报副刊》,署名荆生。
什么是不道德的文学
	载1922年11月1日《晨报副刊》,署名作人。
我的复古的经验
	载1922年11月1日《晨报副刊》,署名周作人。收《雨天的书》。
怀爱罗先珂君
	1922年11月1日作,载当月7日《晨报副刊》,署名作人。
关于重修丛台的事
	载1922年11月3日《晨报副刊》,署名作人。收《谈虎集》。

小杂感三则
　　　　载1922年11月8日,《晨报副刊》,署名式芬。
介绍和尚们的四篇"忠告"
　　　　载1922年11月13日《晨报副刊》,署名荆生。
国语改造的意见
　　　　载1922年11月20日《国语月刊》第10期,署名周作人。
冥土旅行(古希腊路吉亚诺思作)
　　　　载1922年11月《小说月报》第13卷第11号,署周作人译。收
　　《冥土旅行》。
学校生活的一叶
　　　　1922年11月作,载1922年12月1日《晨报副刊》,署名作人。
　　收《雨天的书》。
同姓名的问题
　　　　载1922年12月3日《晨报副刊》,署名作人。收入《谈虎集》。
俄国文学在世界上的地位(俄国爱罗先珂演讲)
　　　　载1922年12月9日、10日《晨报副刊》,署周作人口译,李小
　　峰,宗甄甫记录。
女子与其使命(俄国爱罗先珂在北京女子高等师范学校演讲)
　　　　载1922年12月11日《晨报副刊》,署周作人译。
燕大女校扮演莎士比亚名剧
　　　　载1922年12月18日《晨报副刊》,署名密。
汉字改革的我见
　　　　载1922年《国语月刊》第7期"汉字改革号特刊",署名周作
　　人。

1923年

妇女运动与常识

载1923年1月1日《妇女杂志》第9卷第1号,署名周作人。收《谈虎集》。

致钱玄同

1923年1月1日作,见《鲁迅博物馆藏现代名人手札》。

昼梦(诗)

1923年1月3日作,载当月15日《晨报副刊》,署名作人。收《过去的生命》。

仁慈的小野蛮(诗)

1923年1月4日作,载当月15日《晨报副刊》,署名作人。

读《草堂》

1923年1月6日作,载1923年1月12日《晨报副刊》,署名作人。

评《译日文法》

载1923年1月6日《晨报副刊》,署名作人。

关于薛乃纳女士的一句话

1923年1月9日作,载当月14日《努力周报》第37期,署名周作人。

祷(小说,冰心作)

　　载1923年1月14日日文《北京周报》第48号,署冰心作、仲密译。

短歌与俗曲(日本诗)

　　载1923年1月14日至2月5日日文《北京周报》第48号、49号、51号,署仲密译。

见了《不敢盲从》的感想

　　1923年1月16日作,载《晨报副刊》,署名周作人。

爱罗先珂君的失明

　　载1923年1月17日《晨报副刊》,署名作人。

对于"心潮"问题的公正话

　　载1923年1月20日《晨报副刊》,署名荆生。

绿洲小引、镡百姿

　　1923年1月20日作,载当月25日《晨报副刊》,署名作人。收《自己的园地》。

意表之中的事

　　载1923年1月23日《晨报副刊》,署名荆生。

法布尔《昆虫记》

　　载1923年1月26日《晨报副刊》,署名作人。收《自己的园地》。

北京的外国书价

　　载1923年1月30日《晨报副刊》,署名作人。收《谈虎集》。

猥亵论

　　载1923年2月1日《晨报副刊》,署名作人。收《自己的园地》。

歌咏儿童的文学

　　载1923年2月11日《晨报副刊》,署名作人。收《自己的园地》。

山居杂诗（诗）

　　载1923年2月11日日文《北京周报》第52号,署名周作人。

俺的春天

　　载1923年2月14日《晨报副刊》,署名作人。收《自己的园地》。

文艺批评杂话

　　1923年2月作,收入《谈龙集》。

谈《目连戏》

　　1923年2月作,收入《谈龙集》。

日本的小诗

　　1923年3月3日在清华大学讲,载同年4月3日至5日《晨报副刊》,署名周作人。

儿童剧

　　载1923年3月8日《晨报副刊》,署名作人。收《自己的园地》。

饮酒（诗）

　　1923年3月12日作,载当月17日《晨报副刊》,署名作人。收《自己的园地》。

一角钱的离婚

　　载1923年3月14日《晨报副刊》,署名荆生。

上海的戏剧

　　载1923年3月15日《晨报副刊》,署名荆生。收《谈虎集》。

读《童谣大观》

　　载1923年3月18日《歌谣》第10号及同月22日《晨报副刊》,署名周作人。收《谈龙集》。

地方与文艺（为杭州《之江日报》十周年作）

　　1923年3月22日作,载《之江日报》,收《谈龙集》。

娱园

　　载1923年3月28日《晨报副刊》,署名槐寿。收《雨天的书》。

关于谁是牺牲的问题
　　　　载1923年3月29日《晨报副刊》,署名作人。
玩具
　　　　载1923年3月29日《晨报副刊》,署名作人。收《自己的园
　　　地》。
《镜花缘》
　　　　载1923年3月31日《晨报副刊》,署名作人。收《自己的园
　　　地》。
吕坤的《演小儿语》
　　　　载1923年4月1日《歌谣》第12号,署名周作人。收《谈龙
　　　集》、《儿童文学小论》。
星里来的人(诗)
　　　　载1923年4月1日《晨报副刊》,署名槐寿。
他们、高楼(诗)
　　　　1923年4月5日作,载当月9日《晨报副刊》,署名槐寿。收
　　　《过去的生命》。
《旧梦》序
　　　　1923年4月8日作,载当月12日《晨报副刊》及17日《民国日
　　　报》副刊《觉悟》,署名作人。收《自己的园地》。
再送爱罗先珂君
　　　　1923年4月17日作,载当月21日《晨报副刊》及当年5月3日
　　　《民国日报》副刊《觉悟》,署名作人。收《泽泻集》及刘大杰新诗集
　　　《旧梦》。
《结婚的爱》
　　　　载1923年4月18日《晨报副刊》,署名作人。收《自己的园
　　　地》。
中国新文学的前途
　　　　载1923年4月22日日文《北京周报》第62号,署名周作人。

离婚与结婚

　　载 1923 年 4 月 25 日《晨报副刊》,署名作人。

日本的川柳诗

　　1923 年 5 月 2 日讲,收《谈龙集》时改名为《日本的讽刺诗》。

阮真《答周作人先生》附记

　　载 1923 年 5 月 16 日《晨报副刊》,署名周作人。

方言标音实例——绍兴音

　　载 1923 年 5 月 18 日《歌谣》第 55 号,署周作人发音、林玉堂注音。

世界语读本

　　1923 年 5 月 25 日作,载 1923 年 6 月 5 日《晨报副刊》,署名作人。收《自己的园地》。

读《各省童谣集》

　　载 1923 年 5 月 27 日《歌谣》第 20 号,署名周作人。收《谈龙集》。

艺术与道德

　　载 1923 年 6 月 1 日《晨报·文学旬刊》第 1 号,署名周作人。收《自己的园地》。

"面子"和"门钱"

　　载 1923 年 6 月 3 日日文《北京周报》第 68 号,署鲁迅、周作人答问。

"迷魂药"

　　载 1923 年 6 月 7 日《晨报副刊》,署名荆生。收《谈虎集》。

《日本语典》

　　载 1923 年 6 月 9 日《晨报副刊》,署名作人。

"重来"

　　载 1923 年 6 月 14 日《晨报副刊》,署名荆生。收《谈虎集》。

"铁算盘"

　　载 1923 年 6 月 18 日《晨报副刊》,署名荆生。收《谈虎集》。

无条件的爱情
　　载1923年6月20日《晨报副刊》，署名荆生。

儿童的书
　　载1923年6月21日《晨报·文学旬刊》第3号，署名周作人。收《自己的园地》、《儿童文学小论》及《谈虎集》。

《答作人君之〈日本语典〉批评》附记
　　载1923年6月22日《晨报副刊》，署名周作人。

爱昆虫的小孩
　　1923年6月25日译，载当年9月《妇女杂志》第9卷第9号，署名周作人。收《冥土旅行》。

《土之盘筵小引》
　　1923年7月10日作，载当月24日《晨报副刊》，署名作人。

稻草与煤与蚕豆
　　1923年7月10日作，载当月24日《晨报副刊》，署名作人。

西行法师
　　载1923年7月10日《东方杂志》第20卷第13号，署名周作人。收《两条血痕》。

希腊的小诗
　　载波1923年7月11日《晨报·文学旬刊》第5号，署名周作人。收《谈龙集》。

《爱的创作》
　　1923年7月15日《晨报副刊》，署名作人。收《自己的园地》。

有岛武郎
　　载1923年7月17日《晨报副刊》，署名作人。收《谈龙集》。

致鲁迅
　　1923年7月18日作，署名作人。藏北京鲁迅博物馆。

还不如军国主义
　　载1923年7月19日《晨报副刊》，署名荆生。

梦——CF女士译须莱纳尔小说集序

载1923年7月21日《晨报·文学旬刊》第6号,署名周作人。收《自己的园地》。

《自己的园地》自序

1923年7月25日作,载当年8月1日《晨报副刊》,署名周作人。收《自己的园地》。

乡间的老鼠和京都的老鼠(伊索寓言)

1923年7月28日译,载《晨报副刊》,署名作人。收《儿童剧》。

寻路的人——赠徐玉诺(散文诗)

1923年7月30日作,载1923年8月1日《晨报副刊》,署名作人。收《过去的生命》及《谈虎集》。

乡鼠与城鼠(美国诺依思及布兰支莱二女士作)

载1923年8月3日《晨报副刊》,署名作人。收《儿童剧》。

蝙蝠与癞虾蟆(法国法布耳作)

载1923年8月4日《晨报副刊》,署名作人。

蜂与蚁(法国法布耳作)

载1923年8月7日《晨报副刊》,署名作人。

儿童的书(二)

载1923年8月17日《晨报副刊》,署名作人。收《谈虎集》及《儿童文学小论》。

提倡国货的心理

载1923年8月19日《晨报副刊》,署名荆生。

敬答郑兆松先生

载1923年8月24日《晨报副刊》,署名周作人。

蜘蛛的毒(童话,法国法布耳作)

载1923年8月25日《晨报副刊》,署作人译。

医院的阶陛

载1923年8月26日《晨报副刊》,署名子荣。收《谈虎集》。

大萝葡（德国格林作）

　　载 1923 年 8 月 28 日《晨报副刊》，署作人译。

上古的人（美国房龙作）

　　载 1923 年 9 月 2 日《晨报副刊》，署作人译。

育婴刍议（英国斯威夫德作）

　　载 1923 年 9 月 7—9 日《晨报副刊》，及 1923 年 9 月 27 日、28 日、30 日《民国日报》副刊《觉悟》，署周作人译。收《冥土旅行》。

浪漫的生活

　　载 1923 年 9 月 25 日《晨报副刊》，署名荆生。收《谈虎集》。

大杉荣之死

　　载 1923 年 9 月 25 日《晨报副刊》。

废止星期放假

　　载 1923 年 10 月 10 日《晨报副刊》，署名荆生。

怎样办的问题

　　载 1923 年 10 月 16 日《晨报副刊》，署名子荣。

大杉事件的感想

　　载 1923 年 10 月 17 日《晨报副刊》，署名荆生。

新文学的二大潮流

　　1923 年 10 月 19 日作，载 1929 年 4 月 10 日《绮虹》第 1 期，署名周作人。

儿歌之研究

　　1923 年 10 月 22 日作，载当年 11 月 18 日、25 日《歌谣》第 33、34 期。收《儿童文学小论》。

模拟的国货

　　载 1923 年 10 月 23 日《晨报副刊》，署名荆生。

花（诗）

　　1923 年 10 月 26 日作，载当年 11 月 3 日《晨报副刊》，署名子荣。收《过去的生命》。

不讨好的思想革命
    载1923年10月27日《晨报副刊》,署名荆生。收《谈虎集》。
宿娼之害
    载1923年10月30日《晨报副刊》,署名子荣。
编辑者的删削权
    载1923年11月2日《晨报副刊》,署名荆生。
文艺的剿匪运动
    载1923年11月3日《晨报副刊》,署名荆生。
歌谣与方言调查
    载1923年11月4日《歌谣》第31号,署名周作人。
雨天的书·序及读《纺轮的故事》
    1923年11月5日作,载当月10日《晨报副刊》,署名槐寿。收《雨天的书》。
某夫妇(小说,日本武者小路实笃)
    载1923年11月5日《小说月报》第14卷第11期,署周作人译。收《两条血痕》。
与董作宾先生的信
    1923年11月16日作,载当月25日《歌谣》第34号,署名周作人。
介绍两首五律
    载1923年11月18日《晨报副刊》,署名荆生。
文学作品的分类法
    载1923年11月19日《时事新报·学灯》,署名仲密。
中国儿歌的研究
    载1923年11月25日日文《北京周报》第90、91号,署名周作人。
致《苏曼殊传》的作者——杨鸿烈先生
    载1923年11月30日《晨报副刊》,署名周作人。

读报的经验
　　1923年11月作,载当年12月1日《晨报五周年纪念增刊》,署名周作人。收《谈虎集》。

燕大女校之莎氏剧
　　载1923年12月2日《晨报副刊》,署名荆生。

为"悭比斯"讼冤
　　1923年12月12日作,载当月16日《晨报副刊》,署名荆生。收《谈龙集》。

反对中国邮票上的英文
　　载1923年12月15日《晨报副刊》,署名荆生。

猥亵的歌谣
　　载1923年12月17日《歌谣》"周年纪念增刊",署名周作人。收《谈龙集》。

教育部与教育会
　　载1923年12月22日《晨报副刊》,署名荆生。

别名的解释
　　载1923年12月28日《晨报副刊》,署名荆生。收《谈虎集》。

关于"猥亵歌谣"
　　载1923年12月《语丝》第99期,署名岂明。

1924年

教科书的批评

  载1924年1月9日《晨报副刊》,署名荆生。

《农家的草紫》序

  1924年1月12日作,署名周作人,收《农家的草紫》。

学校的纲常

  载1924年1月13日《晨报副刊》,署名荆生。

致青木正儿

  1924年1月16日作,中译文载《明报月刊》第114期。

致青木正儿

  1924年1月16日作,中译文载《明报月刊》第114期。

女子的读书(为北京女高师纪念刊作)

  载1924年1月16日《民国日报·妇女周报》第22期,署名周作人。

蚂蚁的客(英国汤姆生作)

  载1924年1月16日《晨报副刊》,署周作人译。

忠臣美术

  载1924年1月16日《晨报副刊》,署名荆生。

老鼠的会议（日本坪内逍遥作）

　　　　载 1924 年 1 月 17 日《晨报副刊》，署周作人译。收《儿童剧》。

中国戏剧的三条路

　　　　载 1924 年 1 月 25 日《东方杂志》第 21 卷第 2 号（二十周年纪念号），署名周作人。收《艺术与生活》。

我的负债

　　　　载 1924 年 1 月 26 日《晨报副刊》，署名荆生。

神话的辩护

　　　　载 1924 年 1 月 29 日《晨报副刊》，署名作人。收《雨天的书》。

还帐主义

　　　　载 1924 年 2 月 12 日《晨报副刊》，署名荆生。

一年的长进

　　　　载 1924 年 2 月 13 日《晨报副刊》，署名荆生。收《雨天的书》。

花炮的趣味

　　　　载 1924 年 2 月 14 日《晨报副刊》，署名荆生。

卑劣的男子

　　　　载 1924 年 2 月 15 日《晨报副刊》，署名荆生。

读《欲海回狂》

　　　　载 1924 年 2 月 16 日《晨报副刊》，署名槐寿。收《雨天的书》。

打茶围

　　　　载 1924 年 2 月 18 日《晨报副刊》，署名荆生。

蔼理斯的话

　　　　载 1924 年 2 月 23 日《晨报副刊》，署名槐寿。收《雨天的书》。

复旧倾向之加甚

　　　　载 1924 年 2 月 24 日《晨报副刊》，署名荆生。

对中国文化事业和北京大学（谈话）

　　　　载 1924 年 2 月 24 日日文《北京周报》第 102 号，署周作人、张凤举谈。

冤哉达尔文

　　载 1924 年 2 月 25 日《晨报副刊》,署名荆生。

书名的统一

　　载 1924 年 2 月 25 日《晨报副刊》,署名荆生。

教训之无用

　　载 1924 年 2 月 26 日《晨报副刊》,署名荆生。收《雨天的书》。

停止日曜放假

　　载 1924 年 2 月 27 日《晨报副刊》,署名荆生。

童话与伦常

　　载 1924 年 2 月 28 日《晨报副刊》,署名荆生。

北京的茶食

　　1924 年 2 月作,载当年 3 月 18 日《晨报副刊》,署名陶然。收《雨天的书》、《泽泻集》。

故乡的野菜

　　1924 年 2 月作,载当年 4 月 5 日《晨报副刊》,署名陶然。收《雨天的书》、《泽泻集》。

临嫁潜逃的罪

　　载 1924 年 3 月 3 日《晨报副刊》,署名陶然。

复司法部函

　　1924 年 3 月 6 日作,载当月 9 日《晨报副刊》,署名陶然。

在北京大学研究所国学门歌谣研究会常会并欢迎新会员会上的讲话

　　载 1924 年 3 月 7 日、8 日《晨报副刊》,署名周作人。

"予欲无言"

　　载 1924 年 3 月 8 日《晨报副刊》,署名荆生。

"古文旧戏"

　　1924 年 3 月 12 日作,载当月 20 日《晨报副刊》,署名陶然。

复刘半农信

　　1924 年 3 月 15 日作,载当月 23 日《歌谣周刊》第 48 号,署名周作人。

诗人的文化观
载 1924 年 3 月 17 日《晨报副刊》,署名陶然。

国故与复辟
1924 年 3 月 24 日作,载当月 29 日《晨报副刊》,署名陶然。

国学院不通
载 1924 年 3 月 27 日《晨报副刊》,署名陶然。

评《自由魂》
载 1924 年 4 月 3 日《晨报副刊》,署名陶然。收《谈虎集》。

论荒谬思想并不加多
载 1924 年 4 月 4 日《晨报副刊》,署名陶然。

小杂感
载 1924 年 4 月 7 日《晨报副刊》,署名陶然。

续神话的辩护
载 1924 年 4 月 10 日《晨报副刊》,署名陶然。收《雨天的书》。

小杂感两则
载 1924 年 4 月 15 日《晨报副刊》,署名陶然。

读《京华碧血录》
1924 年 4 月作,载当年 6 月 2 日《晨报副刊》,署名陶然。收《雨天的书》。

一封反对新文化的信——致孙伏园
1924 年 5 月 13 日作,载当年 5 月 16 日《晨报副刊》,署名陶然。收《谈虎集》。

"大人之危害"及其他
载 1924 年 5 月 14 日《晨报副刊》,署名陶然。收《雨天的书》。

古史上的难题
载 1924 年 5 月 17 日《晨报副刊》,署名陶然。

几首古诗的大意
载 1924 年 5 月 25 日《晨报副刊》,署名荆生。

别号的用处

　　载1924年5月28日《晨报副刊》,署名陶然。收《谈虎集》。

济南道中

　　1924年5月31日作,载当年6月5日《晨报副刊》,署名开明。收《雨天的书》。

济南道中之二

　　1924年6月1日作,载当月9日《晨报副刊》,署名开明。收《雨天的书》。

济南道中之三

　　1924年6月10日作,载当月20日《晨报副刊》,署名开明。收《雨天的书》。

破脚骨

　　载1924年6月18日《晨报副刊》,署名陶然。收《雨天的书》。

几首希腊古诗

　　载1924年6月22日《晨报副刊》,署名荆生。

太戈尔与耶稣

　　载1924年6月30日《晨报副刊》,署名朴念仁。

余音的回响

　　载1924年7月2日《晨报副刊》,署名荆生。

问星处的豫言

　　载1924年7月5日《晨报副刊》,署名朴念仁。收《谈虎集》。

《徐文长的故事》引言

　　连载于1924年7月9日、10日《晨报副刊》,署名朴念仁。

苍蝇

　　1924年7月11日作,载当年9月13日《晨报副刊》,署名朴念仁。收《雨天的书》、《泽泻集》。

苦雨——致孙伏园

　　1924年7月17日作,载当年9月22日《晨报副刊》,署名朴念仁。

沉默

1924 年 7 月 20 日作,载当月 23 日《晨报副刊》,署名朴念仁。

致俞平伯

1924 年 8 月 9 日作,收《周作人俞平伯往来手札影真》(北京图书馆出版社 1999 年版,以下简称《手札影真》)。

忒罗亚的妇人(剧本,古希腊欧里庇得斯作)

载 1924 年 8 月 10 日《小说月报》第 15 卷第 8 号,署周作人译。收《永日集》。

沟沿通信(致孙伏园)

1924 年 8 月 22 日作,载当月 25 日《晨报副刊》,署名开明。

沟沿通信之二(致孙伏园)

1924 年 8 月 25 日作,载当月 27 日《晨报副刊》,署名开明。

沟沿通信之三(致孙伏园)

1924 年 9 月 1 日作,载当月 3 日《晨报副刊》,署名开明。

科学小说(散文)

1924 年 9 月 1 日作,收《雨天的书》。

沟沿通信之四(致孙伏园)

1924 年 9 月 4 日作,《晨报副刊》,署名开明。

沟沿通信之五(致孙伏园)

1924 年 9 月 6 日作,载当月 9 日《晨报副刊》,署名开明。

沟沿通信之六(致孙伏园)

1924 年 9 月 7 日作,载当月 10 日《晨报副刊》,署名开明。收《雨天的书》时改名《神话的典故》。

乐观的诗人

载 1924 年 9 月 19 日《晨报副刊》,署名开明。

诗人阿囊是谁?

载 1924 年 9 月 24 日《晨报副刊》,署名开明。

舍伦的故事

1924 年 9 月 28 日作,载当年 10 月 15 日《晨报副刊》,署名开明。收《雨天的书》。

幽默的咬嚼
载 1924 年 10 月 16 日《晨报副刊》,署名开明。

无名氏是一个乎
1924 年 10 月 22 日作,载当月 27 日《晨报副刊》,署名开明。

叹是叹声及其他
载 1924 年 10 月 23 日《晨报副刊》,署名开明。

希腊小说断片(小说,希腊希郎戈思作)
载 1924 年 11 月 5 日《晨报·文学旬刊》第 52 号,署名开明。

致胡适
1924 年 11 月 9 日作,署名周作人。收《胡适往来书信选》(1979 年 5 月中华书局版,以下均此)。

致胡适
1924 年 11 月 13 日作,收《胡适往来书信选》。

生活之艺术
载 1924 年 11 月 17 日《语丝》第 1 期,署名开明。收《雨天的书》。

清朝的玉玺
载 1924 年 11 月 17 日《语丝》第 1 期,署名开明。收《谈虎集》。

礼的问题(给江绍原的信)
1924 年 11 月 20 日作,载 1924 年《语丝》第 3 期。

希腊讽刺小诗(诗)
载 1924 年 11 月 24 日《语丝》第 2 期,署开明译。

致俞平伯
1924 年 11 月 28 日作。收《手札影真》。

致溥仪君书
1924 年 11 月 30 日作,载 1924 年 12 月 8 日《语丝》第 4 期。收《谈虎集》。

狗抓地毯

　　载 1924 年 12 月 1 日《语丝》第 3 期,署名开明。收《雨天的书》。

林琴南与罗振玉

　　载 1924 年 12 月 1 日《语丝》第 3 期,署名开明。

什么字

　　载 1924 年 12 月 5 日《京报副刊》第 1 号,署名开明。

女裤心理之研究（致江绍原信）

　　1924 年 12 月 7 日作,载当月 15 日《语丝》第 5 期,署名周作人。收《谈虎集》时改题为《论女袴》。

李佳白之不解

　　载 1924 年 12 月 8 日《语丝》第 4 期,署名开明。收《谈虎集》。

三博士之老实

　　载 1924 年 12 月 8 日《语丝》4 期,署名开明。

外国人与民心

　　载 1924 年 12 月 9 日《京报副刊》第 5 号,署名开明。

通信——致剑三（王统照）

　　1924 年 12 月 9 日作,载当月 15 日《晨报·文学旬刊》第 56 号,署名周作人。

无谓之感慨

　　1924 年 12 月 10 日作,载当月 16 日《京报副刊》第 12 号,署名开明。收《雨天的书》。

致乾华

　　1924 年 12 月 11 日作,载当月 15 日《语丝》第 5 期,署名周作人。

生活之艺术

　　载 1924 年 12 月 14 日日文《北京周报》,署周作人作、记者译。

笠翁与兼好法师

　　载 1924 年 12 月 15 日《语丝》第 5 期,署名开明。收《雨天的书》。

田园诗(诗,法国果尔蒙作)

　　载1924年12月15日《语丝》第5期,署开明译。

相见于不见中的闲话

　　载1924年12月18日《晨报副刊》,署名开明。

我们的敌人

　　载1924年12月22日《语丝》第6期,署名开明。收《雨天的书》。

死之默想

　　载1924年12月22日《语丝》第6期,署名开明。收《雨天的书》。

听说商会要皇帝

　　载1924年12月27日《京报副刊》第21号,署名开明。

喝茶

　　载1924年12月29日《语丝》第7期,署名开明。收《雨天的书》。

善后会议里的遗老

　　载1924年12月29日《京报副刊》第23号,署名开明。

答班兆延先生

　　1924年12月30日作,载1925年1月4日《京报副刊》第26号,署名开明。

滑稽似不多——致伯亮

　　1924年12月31日作,载1925年1月5日《语丝》第8期。

论左拉(英国蔼理斯作)

　　1924年译,载《骆驼》第1期,署名周作人。收《艺术与生活》。

1925年

介绍日本人的怪论

1925年1月1日作,载当月6日《京报副刊》第28号,署名开明。

徐文长的故事

载1925年1月1日日文《北京周报》第143、144号,署名周开明。

答班延兆的信

1925年1月11日作,载当月13日《京报副刊》第35号,署名开明。

奴性与人格

1925年1月11日作,载当月13日《京报副刊》第35号,署名开明。

元旦试笔

载1925年1月2日《语丝》第9期,署名开明。收《雨天的书》。

《古事记》中的恋爱故事(日本安万侣编)

载1925年1月12日《语丝》第9期,署周作人译。

《日本人的怪论》书后
> 载 1925 年 1 月 13 日《京报副刊》第 35 号,署名开明。

改名的通信——致孙伏园
> 1925 年 1 月 15 日作,载当月 17 日《京报副刊》第 39 号,署名开明。

立春
> 1925 年 1 月 18 日译,载当年 2 月 2 日《语丝》第 12 期,署作人译。收《狂言十番》。

情书与骂信
> 载 1925 年 1 月 18 日《京报副刊》第 40 号,署名子荣。

《古事记》(中日对照)
> 载 1925 年 1 月 18 日日文《北京周报》第 145 号,署周作人译。

《婢仆须知》抄(英国斯威夫德作)
> 载 1925 年 1 月 19 日《语丝》第 10 期,署周作人译。收《冥土旅行》。

希腊陶器画两幅说明
> 载 1925 年 1 月 19 日《语丝》第 10 期,署名周作人。

鬼的叫卖
> 载 1925 年 1 月 19 日《语丝》第 10 期,署名开明。

嚼字
> 载 1925 年 1 月 19 日《京报副刊》,署名平明。

骂人的妙法
> 载 1925 年 1 月 20 日《京报副刊》第 42 号,署名子荣。

桃太郎的辩护
> 1925 年 1 月 21 日作,载当月 29 日《京报副刊》第 45 号,署名王母。

日本的人情美
> 载 1925 年 1 月 26 日《语丝》第 11 期,署名开明。收《雨天的书》。

密谈（拟曲，古希腊）

　　　　载1925年1月26日《语丝》第11期，署作人译。收《希腊拟曲》。

永乐的圣旨

　　　　载1925年1月26日《语丝》第11期，署名开明，收《自己的园地》。

蔼理斯《感想录》抄（英国蔼理斯作）

　　　　1925年1月30日译，载当年2月9日《语丝》第13期，署作人译。收《永日集》。

鬼的货色——致适晖

　　　　1925年2月1日作，载当月9日《语丝》第13期，署名开明。

上下身

　　　　载1925年2月2日《语丝》第12期，署名开明。收《雨天的书》。

抱犊谷通信

　　　　载1925年2月2日《语丝》第12期，署名子荣。收《谈虎集》。

是一种办法

　　　　载1925年2月4日《京报副刊·妇女周刊》，第8号，署名开明。

托尔斯泰的事情

　　　　1925年2月5日作，载当月16日《语丝》第14期，署名开明。收《雨天的书》。

桃太郎之神话

　　　　1925年2月6日作，载当月8日《京报副刊》第55号，署名王母。

发迹（日本狂言）

　　　　载1925年2月7日《京报副刊·文学周刊》第7期，署名作人，收《狂言十番》。

《两条腿》序
  1925年2月9日作,载当年3月9日《语丝》第17期,署名作人。收《雨天的书》。

我爱咬嚼
  载1925年2月12日《京报副刊》,署名平明。

青年必读书
  载1925年2月14日《京报副刊》第60号,署名周作人。

读经之将来
  载1925年2月14日《京报副刊》第60号,署名问星。收《谈虎集》。

抱犊崮的传说
  1925年2月16日作,载当年3月2日《语丝》第16期,署名开明。收《自己的园地》。

再说林琴南
  1925年2月22日作,载当年3月30日《语丝》第20期,署名开明。

谈"目连戏"
  载1925年2月23日《语丝》第15期,署名开明。收《谈龙集》。

十字街头的塔
  载1925年2月23日《语丝》第15期,署名开明。收《雨天的书》。

净观
  载1925年2月23日《语丝》第15期,署名子荣。收《雨天的书》。

论国民文学的信——致穆木天
  1925年3月1日作,载当月6日《京报副刊》第80期,署名周作人。

一个求仙者的笔记钞
  1925年3月1日作,载当月9日《语丝》第17期,署名子荣。

花姑娘(日本狂言)

　　载1925年3月2日《语丝》第16期,署作人译。收《狂言十番》。

《徒然草》抄(日本兼好法师作)

　　1925年3月6日译,载当年4月13日《语丝》第22期,署作人译。收《冥土旅行》。

日记与尺牍

　　载1925年3月9日《语丝》第17期,署名开明。收《雨天的书》。

关于人的叫卖——致川岛

　　载1925年3月9日《语丝》第17期。署名开明。

启事

　　1925年3月10日作,载当月16日《语丝》第18期,署名周作人。

孙中山先生

　　1925年3月13日作,载当月23日《语丝》第19期,署名开明。收《谈虎集》。

余名"疑今"

　　载1925年3月15日《京报副刊》,署名疑今。

日本的海贼

　　载1925年3月16日《语丝》第18期,署名开明。收《雨天的书》。

赠所欢(诗,古希腊萨福作)

　　1925年3月17日译,载当月30日《语丝》第20期,署开明译。收《谈龙集》。

日本的海盗

　　载1925年3月22日日文《北京周报》第154号,署开明作、记者译。(原载《语丝》)。

古文秘诀

　　载 1925 年 3 月 23 日《语丝》第 19 期,署名开明。收《谈虎集》。

道学艺术家的两派

　　载 1925 年 3 月 23 日《语丝》第 19 期,署名子荣。收《谈虎集》。

文法之趣味

　　1925 年 3 月 31 作,载当年 5 月 4 日《语丝》第 25 期,署名开明。收《雨天的书》。

拜脚商兑

　　1925 年 3 月 31 日作,载当年 4 月 4 日《京报副刊》第 109 号,署名异襟。收《谈虎集》。

《蔼理斯与福来尔》附记

　　1925 年 4 月 1 日作,载当年 5 月 11 日《语丝》第 26 期,署名开明。

非宗教运动

　　载 1925 年 4 月 2 日《京报副刊》第 107 号,署名已惊。收《谈虎集》。

文士与艺人

　　载 1925 年 4 月 3 日《京报副刊》第 108 号,署名怡惊。收《谈虎集》。

古书可读否的问题

　　载 1925 年 4 月 5 日《京报副刊》第 110 号,署名易今。收《谈虎集》。

鸟声

　　载 1925 年 4 月 6 日《语丝》第 21 期,署名开明。收《雨天的书》。

风纪之柔脆

　　载 1925 年 4 月 7 日《京报副刊》第 111 号,署名一擒。收《谈虎集》。

铜元的咬嚼

载 1925 年 4 月 10 日《京报副刊》第 114 号,署名夷今。收《谈虎集》。

尊重女子的中国

载 1925 年 4 月 10 日《京报副刊》第 114 号,署名义阩。

非逻辑

载 1925 年 4 月 11 日《京报副刊》,署名衣锦。

二非佳兆论

载 1925 年 4 月 13 日《京报副刊》第 117 号,署名疑今。收《谈虎集》。

与友人论性道德书

1925 年 4 月 17 日作,载当年 5 月 11 日《语丝》第 26 期,署名开明。收《雨天的书》。

致俞平伯

1925 年 4 月 18 日作。收《手札影真》。

若子的病

1925 年 4 月 22 日作,载当年 5 月 4 日《语丝》第 25 期,署名开明。收《雨天的书》。

私语(牧歌,古希腊谛阿克列多思作)

载 1925 年 4 月 27 日《语丝》第 24 期,署名开明。

致徐旭生的信

1925 年 5 月 2 日作,载当月 8 日《猛进》第 10 期,署名周作人。

论章教长之举措

载 1925 年 5 月 4 日《京报副刊》,署名宜禁。

致俞平伯

1925 年 5 月 5 日作。收《手札影真》。

再介绍日本人的谬论

载 1925 年 5 月 5 日《京报副刊》第 139 号,署名凯明。

致废然的信

　　1925年5月7日作,载当月18日《语丝》第27期,署名周作人,收《雨天的书》。收集时改题为《与友人论怀乡书》。

柿头陀(日本狂言)

　　1925年5月12日作,载当年6月29日《语丝》第33期,署名凯明,收《狂言十番》。

希腊人名的译音

　　1925年5月20日作,载当年6月1日《语丝》第29期,署名凯明。收《谈虎集》。

致俞平伯

　　1925年5月21日作。收《手札影真》。

女师大的学风

　　载1925年5月22日《京报副刊》第156号,署名凯明。

勿庸忏悔

　　1925年5月24日作,载当月26日《京报副刊》第160号,署名亦荆。收《谈龙集》。

致静贞的信

　　1925年5月25日作,载当年6月8日《语丝》第30期,署名周作人。

朝鲜传说(日本三轮环作)

　　载1925年5月25日《语丝》第28期,署名开明。

致顾颉刚

　　1925年5月25日作,载当月31日《歌谣周刊》第93期,署名作人。

唁辞

　　1925年5月26日作。收《雨天的书》、《泽泻集》。

致潘汉年

　　1925年5月31日作,载当年7月13日《语丝》第35期,署名周作人。

答木天

　　1925年6月1日作,载当年7月6日《语丝》第34期,署名周作人。收集时改名为《与友人论国民文学书》。

京兆人

　　载1925年6月1日《京报副刊》第166号,署名凯明。

痴人说《夜》

　　1925年6月1日作,载当月3日《京报副刊》第168号,署名亦荆。收《谈龙集》。

勿谈闺阃

　　载1925年6月4日《京报副刊》,署名京绅。

随便谈谈

　　载1925年6月4日《京报副刊》,署名揖敬。

关于上海事件之感言

　　1925年6月6日作,载当月20日《京报副刊》第185号,署名凯明。

《陀螺》序

　　1925年6月12日作,载当月22日《语丝》第32期,署名周作人。收《苦雨斋序跋文》。

古文之末路

　　载1925年6月14日《京报副刊·国语周刊》第1期,署名凯明。

黑背心

　　载1925年6月15日《语丝》第31期,署名凯明。收《雨天的书》。

致陶孟和信

　　1925年6月20日作,载当年7月6日《语丝》第34期,署名作人。

讲演传习所

　　1925年6月23日作,载当月25日《京报副刊》第190号,署名乞明。

文明与野蛮
载1925年6月23日《京报副刊》,署名义经。

愚问之一
1925年6月29日作,载当年7月1日《京报副刊》第195号,署名乙径。

五四运动之功过
载1925年6月29日《京报副刊》,署名益噤。

致俞平伯
1925年6月30日作。收《手札影真》。

司徒乔所作画展览会的小引
1925年6月作,载1926年1月4日《语丝》第60期,署名周作人。

致川岛的信
1925年7月7日作,载当月13日《语丝》第35期,署名凯明。

愚问之二
1925年7月13日作,载当月16日《京报副刊》第209号,署名曳胫。

访问(瑞士查理波都安作)
1925年7月15日译,载当年8月24日《语丝》第41期,署名凯明。收《永日集》。

蛮女的情歌
载1925年7月20日《语丝》第36期,署名凯明。收《自己的园地》。

一部英国文选
载1925年7月20日《语丝》第36期,署名子荣。收《谈龙集》。

吃烈士
1925年7月23日作,载当年8月3日《语丝》第38期,署名子荣。收《泽泻集》。

致江绍原的信
　　　　1925年7月25日作,载当年8月8日《语丝》第38期,署名凯明。

理想的国语——致玄同
　　　　1925年7月26日作,载当年9月6日《京报副刊·国语周刊》第13期,署名周作人。

代快邮——致万羽的信
　　　　1925年7月27日作,载当年8月10日《语丝》第39期,署名觊明。收《谈虎集》。

女师大大改革论
　　　　1925年8月1日作,载当月3日《京报副刊》,署名仪京。

古文与写信
　　　　载1925年8月2日《京报副刊·国语周刊》第8期,署名凯明。

续女师大大改革论
　　　　载1925年8月3日《京报副刊》,署名衣锦。

老虎报质疑
　　　　载1925年8月7日《京报副刊》,署名疑今。

与友人论章杨书——致申抚
　　　　1925年8月10日作,载当月12日《京报副刊》第236号,署名周作人。

忠厚的胡博士
　　　　载1925年8月18日《京报副刊》第245号,署名辛民。

答张崧年先生书
　　　　1925年8月19日作,载当月21日《京报副刊》第245号,署名周作人。

关于菜瓜蛇的通信
　　　　1925年8月20日作,载当年9月14日《语丝》第44期,署名周作人。

再答张崧年先生书

1925年8月23日作,载当月26日《京报副刊》,署名周作人。

不宽容问题

1925年8月23日作,载当月31日《语丝》第42期,署名周作人。

古文与写信

载1925年8月26日《京报副刊·国语周刊》第8期,署名凯明。

章士钊是什么

1925年8月27日作,载当月31日《京报副刊》,署名信明。

希腊神话(英国哈利孙作《论鬼脸》)

载1925年8月31日《语丝》第42期,署凯明译。

萨满教的礼教思想

1925年9月2日作,载当月14日《语丝》第44期,署名岂明。收《谈虎集》。

致少全的信

1925年9月10日作,载当月21日《语丝》第45期,署名凯明。

《小五哥的故事》附记

1925年9月13日作,载当年11月16日《语丝》第53期,署名岂明。

茶话·小引

1925年9月13日作,载当年10月12日《语丝》第48期,署名子荣。收《自己的园地》。

关于天罡的声明

1925年9月22日作,载当月28日《语丝》第46期,署名凯明。

我最

1925年9月27日作,载当年10月5日《语丝》第47期,署名凯明。

《竹林的故事》序

1925年9月30日作,载当年10月12日《语丝》第48期,署名周作人。收《谈龙集》、《苦雨斋序跋文》。

日本与中国

1925年10月3日作。载当月10日《京报副刊》第394期,署名周作人。收《谈虎集》。

明译《伊索寓言》

1925年10月4日作,载当月19日《语丝》第49期,署名子荣。收《自己的园地》。

《歌谣与妇女》序

1925年10月5日作,载当年11月7日《燕大周刊》第82期,署名周作人。

致谷万川

1925年10月10日作,载当年11月9日《语丝》第52期,署名周作人。

征求猥亵的歌谣启

1925年10月10日作,载当月12日《语丝》第48期。

《保越录》、芳町

载1925年10月12日《语丝》第48期,署名子荣,收《自己的园地》。

《伤逝》译后记

载1925年10月13日《京报副刊》第295号,署名丙丁。

读历本

载1925年10月13日《京报副刊》第296号,署名丙丁。

日本与中国

载1925年10月18日《北京周报》第181号,署名周作人。

日本浪人与《顺天时报》

1925年10月20日作,载当年11月2日《语丝》第51期,署名周作人。收《谈虎集》。

致桑洛卿
　　1925年10月20日作,载当年11月2日《语丝》第51期,署名岂明。

心的去向
　　1925年10月23日作,载当月26日《京报副刊》第309号,署名北斗。

《遵主圣范》
　　载1925年10月26日《语丝》第50期,署名子荣。收《自己的园地》。

《蛇郎精》案
　　载1925年10月26日《语丝》第50期,署名凯明。

礼部额外文件
　　载1925年10月26日《语丝》第50期,署名岂明。

日本报纸与日本流浪者
　　载1925年11月8日日文《北京周报》第184号,署名周作人。

答伏园论"语丝的文体"
　　1925年11月10日作,载当月23日《语丝》第54期,署名岂明。

让我吃主义
　　1925年11月11日作,载当月23日《语丝》第54期,署名岂明。

语丝的体裁——致语堂
　　1925年11月13日作,载当月23日《语丝》第54期,署名周作人。

《雨天的书》序
　　1925年11月13日作,载当月30日《语丝》第55期,署名周作人。收《雨天的书》、《泽泻集》。

致江绍原
　　1925年11月14日作,见《周作人早年佚简笺注》(四川文艺出版社1992年版,以下简称《佚简笺注》)。

关于"市本"

  1925年11月18日作,载当月30日《语丝》第55期,署名岂明。收《谈龙集》。

失题

  1925年11月30日作,载当年12月7日《语丝》第56期,署名岂明。

《诃色欲法》附识

  1925年11月30日作,载当年12月14日《语丝》第57期,署名岂明。收《谈虎集》时改题为《〈诃色欲法〉书后》。

塞文狄斯

  1925年12月5日作,载当月14日《语丝》第57期,署名子荣。收《自己的园地》。

华北大学之宣战

  1925年12月15日作,载当月12日《京报副刊》第355号,署名周作人。

《语丝与教育家》附记

  1925年12月15日作,载当月21日《语丝》第58期,署名岂明。

沙漠之梦(一)

  1925年12月17日作,载1926年7月《骆驼》第1期,署名周作人。

致徐志摩

  1925年12月18日作,载当月21日《晨报副刊》,署名作人。

神户通信——按张定璜信

  1925年12月20日作,载当月28日《语丝》第59期,署名作人。

大虫不死

  载1925年12月20日《京报副刊》第363号,署名岂明。

关于"狐外婆"

　　1925年12月21日作,载1926年1月11日《语丝》第61期,署名岂明。

国语文学谈

　　1925年12月25日作,载1926年1月24日《京报副刊》第394号,署名周作人。收《艺术与生活》。

半席话甲

　　载1925年12月31日《京报副刊》第373号,署名何曾亮。

谈《谈谈诗经》

　　1925年12月作。收《谈龙集》。

1926年

在中国的日本汉文报

载1926年1月1日《世界日报·新年增刊》,署名周作人。

管闲事

载1926年1月5日《京报副刊》第375号,署名何曾亮。

国魂之学匪观

1926年1月7日作,载当月10日《京报副刊》第380号,署名何曾亮。

八千元

载1926年1月9日《京报副刊》第379号,署名何曾亮。

刘百昭的骈文

载1926年1月12日《京报副刊》第382号,署名岂明。

中日文化事业委员会为甚还不解散?

载1926年1月14日《京报副刊》第384号,署名岂明。

关于骈文的通信——致庶常

1926年1月15日作,载当月17日《京报副刊》第387号,署名岂明。

闲话的闲话之闲话
    载1926年1月20日《晨报副刊》,署名岂明。

北京的一种古怪周刊《语丝》的广告
    载1926年1月21日《京报副刊》,未署名。

致陈源的信
    1926年1月21日作,载当月30日《晨报副刊》,署名周作人。

致陈源的信
    1926年1月22日作,载当月30日《晨报副刊》,署名周作人。

和魂汉才
    载1926年1月25日《语丝》第63期,署名岂明。收《自己的园地》。

李完用与朴烈
    载1926年1月26日《京报副刊》第422号,署名岂明。收《谈虎集》。

什锦独白
    1926年1月26日作,载当年2月1日《语丝》第64期,署名大闲。

汉译《古事记》神代卷引言
    1926年1月30日作,载当年2月8日《语丝》第65期,署名周作人。收《谈龙集》。

关于闲话事件的订正
    1926年1月30日作,载当年2月3日《晨报副刊》,署名岂明。

陈源先生的来信
    载1926年2月1日《语丝》第64期,署名岂明。

代邮——寄徐志摩先生
    1926年2月4日作,载当月6日《京报副刊》第407号,署名岂明。

外行的按语
    1926年2月9日作,收《谈虎集》。

戏译柏拉图书
　　1926年2月17日作,载当年3月1日《语丝》第68期,署名岂明,收《谈龙集》。

《忆》的装订
　　载1926年2月19日《京报副刊》第415号,署名岂明。收《谈龙集》。

致江绍原
　　1926年2月21日作,见《佚简笺注》。

汉译《古事记》神代卷(一)(历史小说,日本安万侣作)
　　载1926年2月22日《语丝》第67期,署岂明译。收《古事记》。

致江绍原
　　1926年2月26日作,见《佚简笺注》。

花煞、爆竹
　　载1926年3月1日《语丝》第68期,署名岂明。收《自己的园地》。

致川岛信
　　1926年3月1日作,载当月3日《语丝》第69期,署名岂明。

是真呆还是假痴
　　载1926年3月3日《京报副刊》第427号,署名岂明。

心中
　　1926年3月6日作,载当月15日《语丝》第70期,署名岂明。收《自己的园地》、《泽泻集》。

大逆之裁判
　　载1926年3月7日《京报副刊》第431号,署名岂明。

再关于伊索、《艳歌选》
　　载1926年3月8日《语丝》第69期,署名岂明。收《自己的园地》。

汉译《古事记》神代卷(二)(历史小说,日本安万侣作)
　　载1926年3月8日《语丝》第69期,署岂明译。收《古事记》。

希腊女诗人
　　1926年3月9日作,载当年4月12日《语丝》第47期,署名岂明。收《自己的园地》。

整顿学风文件
　　1926年3月13日作,载当月22日《语丝》第71期,署名岂明。

排日——日本是中国的仇敌
　　载1926年3月16日《京报副刊》第440号,署名岂明。

《结婚与死》按语
　　1926年3月16日作,载当年4月19日《语丝》第75期,署名岂明。

为三月十八日国务院残杀事件忠告国民军
　　1926年3月19日作,载当月21日《京报副刊》第445号,署名岂明。

对于大残杀的感想
　　载1926年3月20日《京报副刊》第444号,署名岂明。

可哀与可怕
　　1926年3月20日作,载当年3月22日《京报副刊》第446号,署名岂明。

我们的闲话(一)(二)
　　载1926年3月22日《语丝》第71期,署名岂。

北大索薪代表之权限
　　1926年3月22日作,载当月24日《京报副刊》第448号,署名岂明。

汉译古事记神代卷(三)(历史小说,日本安万侣作)
　　载1926年3月22日《语丝》第71期,署岂明译。收《古事记》。

关于三月十八日的死者
　　1926年3月22日作,载当月29日《语丝》第72期,署名岂明。收《泽泻集》。

关于整顿学风文件的通信
　　1926年3月27日作,载当年4月5日《语丝》第73期,署名周作人。

陈源口中的杨德群女士
　　1926年3月28日作,载当月30日《京报副刊》第454号,署名岂明。

新中国的女子
　　1926年3月31日作,载当年4月5日《语丝》第73期,署名岂明。收《泽泻集》。

恕府卫
　　1926年4月1日作,载当月2日《京报副刊》第457号,署名岂明。

洋铁水壶与通缉令
　　载1926年4月7日《京报副刊》第461号,署名岂明。

论并非文人相轻
　　载1926年4月10日《语丝》第463号,署名岂明。

恕陈源
　　1926年4月10日作,载当月12日《京报副刊》第465号,署名岂明。

论并非睚眦之仇
　　1926年4月11日作,载当月19日《语丝》第75期,署名岂明。

新中国的女子
　　载1926年4月11日日文《北京周报》,署名岂明。

我们的闲话五
　　载1926年4月19日《语丝》第75期,署名岂。

婴儿屠杀中的一件小事(小说,日本武者小路实笃作)
　　1926年4月20日译,载当年5月3日《语丝》第77期,收《两条血痕》。

致江绍原

1926年4月23日作,见《佚简笺注》。

《僵尸》按语

1926年4月25日作,载当年5月17日《语丝》第79期,署名岂明。

我们的闲话六

载1926年4月26日《语丝》第76期,署名岂。

汉译《古事记》神代卷(四)(历史小说,日本安万侣作)

1926年5月1日作,载1926年5月10日《语丝》第78期,署名岂明。

我们的闲话(七)·左拉的家事

载1926年5月3日《语丝》第77期,署名大闲。

致俞平伯

1926年5月5日作,收《周作人书信》。

《私语》后记

1926年5月8日作,载当月31日《语丝》第81期,署名岂明。

《马琴日记抄》、牧神之恐怖

载1926年5月17日《语丝》第79期,署名岂明。收《自己的园地》。

工东当(日本狂言)

1926年5月23日译,载当年6月14日《语丝》第83期,署岂明译。收《狂言十番》。

我们的闲话(八)(九)

载1926年5月24日《语丝》第80期,署名岂。

关于夜神

1926年5月24日作,收《谈龙集》。

我们的闲话(十)·"挥手郎图"

载1926年5月24日《语丝》第80期,署名大闲。

《扬鞭集》序
　　1926 年 5 月 30 日作,载当年 6 月 7 日《语丝》第 82 期,署名周作人。收《谈龙集》。

死法
　　载 1926 年 5 月 31 日《语丝》第 81 期,署名岂明。收《泽泻集》。

我们的闲话(十一)
　　载 1926 年 5 月 31 日《语丝》第 81 期,署名岂。收《泽泻集》。

同济大学的誓约书
　　载 1926 年 5 月 31 日《语丝》第 81 期,署名编者。

陈源教授的报复
　　1926 年 5 月 31 日作,载当年 6 月 7 日《语丝》第 82 期,署名记者。

致俞平伯
　　1926 年 6 月 5 日作。见《手札影真》。

关于《炭画》
　　1926 年 6 月 6 日作,载 1926 年 6 月 14 日《语丝》第 83 期,署名岂明。

致刘半农的信
　　1926 年 6 月 6 日作,载 1926 年 6 月 28 日《语丝》第 85 期。

文人之娼妓观
　　1926 年 6 月 7 日作,载当年 7 月 5 日《语丝》第 86 期,署名岂明。收《自己的园地》。

我们的闲话(十二)
　　载 1926 年 6 月 7 日《语丝》第 82 期,收《泽泻集》。

我们的闲话(十三)·梁任公的腰子
　　载 1926 年 6 月 7 日《语丝》第 82 期,署名大闲。

我们的闲话(十四)
　　载 1926 年 6 月 14 日《语丝》第 83 期,署名岂。收《泽泻集》。

我们的闲话(十五)
　　　　载 1926 年 6 月 14 日《语丝》第 83 期,署名岂。
我们的闲话(十九)
　　　　1926 年 6 月 17 日作,载当月 28 日《语丝》第 85 期,署名岂明。收《谈虎集》时改题为《京城的拳头》。
谈酒
　　　　1926 年 6 月 20 日作,载当月 28 日《语丝》第 85 期,署名岂明。收《泽泻集》。
我们的闲话(十六)·怀孤桐先生
　　　　1926 年 6 月 21 日《语丝》第 84 期,署名大闲。
我们的闲话(十七)·奴才赞礼
　　　　载 1926 年 6 月 21 日《语丝》第 84 期,署名大闲。
我们的闲话(十八)
　　　　载 1926 年 6 月 21 日《语丝》第 85 期,署名岂。收《谈虎集》时改题为《奴隶的言语》。
"何以颂之"？(侯斋贤致岂明信按语)
　　　　载 1926 年 6 月 21 日《语丝》第 84 期,署名岂明。
关于一千元——致川岛
　　　　1926 年 6 月 21 日作,载当月 28 日《语丝》第 85 期,署名岂明。
六月二十八日
　　　　1926 年 6 月 28 日作,载当年 7 月 1 日《世界日报·副刊》第 1 卷第 1 号,署名岂明。
致俞平伯
　　　　1926 年 6 月 30 日作。见《手札影真》。
雷公(日本古代喜剧)
　　　　1926 年 7 月 1 日译,载《燕大周刊增刊》(三周年纪念号),署周作人译。收《狂言十番》。
致陈但一
　　　　1926 年 7 月 1 日作,载 1926 年 7 月 12 日《语丝》第 87 期,署名

岂明。

条陈四项

1926年7月3日作,载当月10日《世界日报·副刊》第1卷第10号,署名岂明。收《谈虎集》。

胡适之的朋友的报

载1926年7月4日《世界日报·副刊》第1卷第4号,署名岂明。

现代评论主角唐有壬致〈晶报〉书书后

载1926年7月5日《语丝》第86期,署名岂明。

我们的闲话(二十)·论别号之弊害

载1926年7月5日《语丝》第86期,署名大闲。

我们的闲话(二十一)

载1926年7月5日《语丝》第86期,署名岂。

我们的闲话(二十二)

载1926年7月5日《语丝》第86期,署名岂。

谁的信?

1926年7月6日作,载当月19日《语丝》第88期,署名岂明。

致江绍原

1926年7月6日作,见《佚简笺注》。

我们的闲话(二十三)

载1926年7月12日《语丝》第87期,署名岂明。

抄袭与谣言

载1926年7月12日《语丝》第87期,署名岂明。

代表《骆驼》

1926年7月15日作,载当月26日《语丝》第89期,署名周作人。

"三一八"受伤的回忆

1926年7月15日作,载当月26日《语丝》第89期,署名岂明。

我们的闲话(二十四)

载 1926 年 7 月 19 日《语丝》第 88 期,署名岂。收《谈虎集》时改题为《支那的民族性》。

我们的闲话(二十五)

载 1926 年 7 月 19 日《语丝》第 88 期,署名岂。

我们的闲话(二十六)

载 1926 年 7 月 19 日《语丝》第 88 期,署名岂。

论做鸡蛋糕

载 1926 年 7 月 20 日《新女性》第 8 号,署名周作人。收《谈虎集》。

希腊牧歌抄(古希腊谛阿克列多斯作)

载 1926 年 7 月 26 日《骆驼》第 1 期,署名周作人。

酒后主语·小引

1926 年 7 月 26 日作,载 1926 年 8 月 9 日《语丝》第 91 期,署名岂明。

我们的闲话(二十七)(二十八)(二十九)

载 1926 年 7 月 26 日《语丝》第 89 期,署名岂。

诉苦

1926 年 7 月 28 日作,载当月 31 日《世界日报·副刊》第 1 卷第 31 号,署名岂明。收《谈虎集》。

致陈望道先生书

1926 年 7 月 30 日作,载当年 8 月 2 日《语丝》第 90 期,署名周作人。

关于"僵尸"——致时宣

1926 年 7 月 31 日作,载当年 8 月 16 日《语丝》第 92 期,署名岂明。

致江绍原

1926 年 7 月 31 日作,见《佚简笺注》。

我们的闲话(三十)

  1926年8月1日作,载当月2日《语丝》第90期,署名岂明。

致俞平伯

  1926年8月1日作。见《手札影真》。

希腊神话引言(英国哈利孙女士作)

  1926年8月2日译,载当月28日《语丝》第94期,署岂明译。收《谈龙集》。

霉菌与疯子

  载1926年8月4日《世界日报·副刊》第2卷第4号,署名岂明。

致素坚信

  1926年8月5日作,载当年9月11日《语丝》第96期,署名岂明。

两个鬼

  载1926年8月9日《语丝》第91期,署名岂明。收《谈虎集》。

《艺术与生活·序》

  1926年8月10日作,载当月22日《语丝》第93期,署名岂明。收《艺术与生活》。

东南大学的怪剧

  载1926年8月11日《语丝》第96期,署名岂明。

平安之接吻(小说,丹麦尼洛普博士作)

  1926年8月15日译,载当年9月4日《语丝》第95期,署岂明译。收《永日集》。

菱角

  载1926年8月16日《语丝》第92期,署名岂明。收《自己的园地》。

疟鬼

  载1926年8月16日《语丝》第92期,署名岂明。收《自己的园地》。

读《改造》

　　载 1926 年 8 月 16 日《语丝》第 92 期,署名岂明。

谢本师

　　1926 年 8 月 21 日作,载 1926 年 8 月 28 日《语丝》第 94 期,署名周作人。

亲日派(一)

　　载 1926 年 8 月 22 日《语丝》第 93 期,署名岂明。

亲日派(二)

　　载 1926 年 8 月 22 日《语丝》第 93 期,署名岂明。

致俞平伯

　　1926 年 8 月 22 日作,收《周作人书信》。

致俞平伯

　　1926 年 8 月 23 日作,见《手札影真》。

互助论之误解

　　1926 年 8 月 25 日作,载当年 9 月 4 日《语丝》第 95 期,署名岂明。

耍货

　　1926 年 8 月 27 日作,载当年 9 月 4 日《语丝》第 95 期,署名岂明。收《自己的园地》。

犯接吻

　　载 1926 年 8 月 28 日《语丝》第 94 期。署名岂明。

致俞平伯

　　1926 年 8 月 28 日作,见《手札影真》。

女师大的运命

　　1926 年 9 月 5 日作,载当月 11 日《语丝》第 96 期,署名岂明。

致江绍原

　　1926 年 9 月 8 日作,见《佚简笺注》。

关于《狂言十番》

　　1926 年 9 月 18 日作,载当月 25 日《语丝》第 98 期,署名岂明。

收《泽泻集》。

钢枪趣味

1926年9月18日作,载当月25日《语丝》第98期,署名岂明,收《泽泻集》。

南开中学的性教育——致吴鸿举

1926年9月19日作,载当月25日《语丝》第98期,署名岂明。

章任优劣论

载1926年9月25日《语丝》第98期,署名山叔。

我学国文的经验

1926年9月30日作,载当年10月《孔德月刊》第1期,署名岂明。收《谈虎集》。

《南开与淫书》(王华甫致岂明信按语)

1926年9月30日作,载当年10月9日《语丝》第100期,署名岂明。

违碍字样

载1926年10月2日《语丝》第99期,署名岂明。收《谈龙集》。

关于"猥亵歌谣"

载1926年10月2日《语丝》第99期,署名岂明。收《谈龙集》。

乡村与道教思想

1926年10月2日作,载当月9日《语丝》第100期,署名岂明。收《谈虎集》。

养猪

1926年10月7日作,载当月16日《语丝》第101期,署名岂明。收《谈虎集》。

国庆日

1926年10月10日作,当月16日《语丝》第101期,署名岂明。《谈虎集》。

关于李卓吾的墓碑——致春台

1926年10月11日作,载当月23日《北新》第10期,署名岂明。

维持风教的请愿（德国蔼惠耳思作）

　　载 1926 年 10 月 13、14、15 日《世界日报》副刊第 4 卷第 12、13、14 号，署岂明译。

《初夜权序言》（日本废姓外骨作）

　　1926 年 10 月 14 日译，载 1926 年 10 月 30 日《语丝》第 103 期，署名岂明。收《谈龙集》。

维持风教的请愿

　　载 1926 年 10 月 13—15 日《世界日报·副刊》第 4 卷第 12—14 号，署名岂明。

任可澄与女校——致川岛

　　载 1926 年 10 月 16 日《语丝》第 101 期，署名岂明。

百一——致伏园

　　载 10 月 16 日《语丝》第 101 期，署名岂明。

清浦子爵之特殊理解

　　1926 年 10 月 17 日作，载当月 23 日《语丝》第 102 期，署名岂明。收《谈虎集》。

国语罗马字

　　1926 年 10 月 17 日作，载当月 23 日《语丝》第 102 期，署名岂明。收《谈虎集》。

谨论清宫宝物

　　载 1926 年 10 月 23 日《语丝》第 102 期，署名安山叔。

闲话集成·序言

　　载 1926 年 10 月 23 日《语丝》第 102 期，署名右拉。

郊外

　　1926 年 10 月 30 日作，载当年 11 月 6 日《语丝》第 104 期。

今昔之感

　　载 1926 年 10 月 30 日《语丝》第 103 期，署名岂明。收《谈虎集》。

包子税

　　载 1926 年 10 月 30 日《语丝》第 103 期,署名山叔。收《谈虎集》。

宋二的照相

　　1926 年 10 月 31 日作,载当年 11 月 6 日《语丝》第 104 期,署名岂明。收《谈虎集》。

南北

　　1926 年 10 月 31 日作,载当年 11 月 6 日《语丝》第 104 期,署名岂明。收《谈虎集》。

《发须爪》序

　　1926 年 11 月 1 日作,载当月 13 日《语丝》105 期,署名周作人。收《谈龙集》。

问星处择日代润格

　　1926 年 11 月 1 日作,载当月 13 日《语丝》105 期,署名佟右拉。

关于假道学（致黄哥俚）

　　1926 年 11 月 2 日作,载当月 13 日《语丝》第 105 期,署名岂明。

批评家之鉴戒

　　1926 年 11 月 2 日作,载当月 13 日《语丝》105 期,署名岂明。

《陶庵梦忆》序

　　1926 年 11 月 5 日作,载当年 12 月 18 日《语丝》第 110 期,署名岂明。收《泽泻集》。

读《语丝》的按语

　　载 1926 年 11 月 6 日《语丝》第 104 期,署名编者。

拜发狂

　　载 1926 年 11 月 13 日《语丝》第 105 期,署名岂明。收《谈虎集》。

发之魔力

　　载 1926 年 11 月 13 日《语丝》第 105 期,署名山叔。

文明国的文字狱

1926年11月14日作,载当月19日《世界日报·副刊》第5卷第19号,署名岂明。收《谈虎集》。

不喜吃鱼之辩解(致品青)

1926年11月15日作,载当月20日《语丝》第106期,署名启明。

乌篷船

1926年11月18日作,载当月17日《语丝》第107期,署名岂明。收《泽泻集》。

古朴的名字(致江绍原)

1926年11月20日作,载当月17日《语丝》第107期,署名岂明。

莲花落(致谷万川)

1926年11月20日作,载当月27日《语丝》第107期,署名岂明。

丁文江的罪

载1926年11月20日《语丝》第106期,署名岂明。

林素园的功绩

载1926年11月20日《语丝》第106期,署名编者。

言语道断(致星辉)

1926年11月21日作,载当月27日《语丝》第107期,署名岂明。

谢惠《国贼孙文》书(致闲禅)

1926年11月22日作,载当年12月4日《语丝》第108期,署名岂明。

《再论南北》按语

1926年11月23日作,载当月27日《语丝》第107期,署名岂明。

"打雅"拾遗补

　　1926年11月25日作,载当年12月1日《世界日报·副刊》第6卷第1号,署名岂明。

《又讲到澄衷的国学文》按语

　　1926年11月25日作,载当年12月4日《语丝》第108期,署名编者。

"打雅"拾遗

　　载1926年11月26日《世界日报·副刊》第5卷第26号,署名岂明。

关于"兀理心中"(致周湘萍)

　　1926年11月28日作,载当年12月4日《语丝》第108期。署名岂明。

女子学院的火

　　1926年11月作,载当年12月4日《语丝》第108期,署名岂明。收《谈虎集》。

参拜亚陀尼斯的女人(拟曲,古希腊德阿克利多思作)

　　载1926年12月1日《孔德月刊》第2期,署岂明译。

希腊闲话

　　1926年12月1日在北京大学二院讲,载当年12月24日《新生》第1卷第2期,署周作人讲、朱契记录。

男装

　　载1926年12月11日《语丝》第109期,署名岂明。收《谈虎集》。

支那与倭

　　1926年12月15日作,载当月25日《语丝》第111期,署名岂明。收《谈虎集》。

《男装》之正误

　　载1926年12月18日《语丝》第110期,署名岂明。

再论剪发

载 1926 年 12 月 18 日《语丝》第 110 期,署名山叔。

检查过的私信(致 CY 先生)

1926 年 12 月 21 日作,载 1927 年 1 月 1 日《语丝》第 112 期,署名岂明。

捐款的控诉

载 1926 年 12 月 25 日《语丝》第 111 期,署名山叔。

上海气

1926 年 12 月 27 日作,载 1927 年 1 月 1 日《语丝》第 112 期,署名岂明。

妙文

1926 年 12 月 29 日作,载 1927 年 1 月 8 日《语丝》第 113 期,署名岂明。

约翰巴耳

1926 年作。收《自己的园地》。

回丧与卖水

1926 年作。收《自己的园地》。

1927年

贺年的公函

　　1927年1月1日作,载当月8日《语丝》第113期,署名语丝社收发处。

国旗颂

　　载1927年1月1日《语丝》第112期,署名岂明。

闲话集成(三十一)

　　载1927年1月1日《语丝》第112期,署名王不遏。

请教历史家(闲话集成三十二)

　　载1927年1月1日《语丝》第112期,署名岂明。

现代女子的苦闷问题三

　　载1927年1月1日《新女性》第2卷第1号,署名周作人。

国旗颂

　　载1927年1月1日《语丝》第112期,署名岂明。

致周湘萍(再谈"无理心中")

　　1927年1月5日作,载当月15日《语丝》第114期,署名周作人。

国旗之拥护

载1927年1月8日《语丝》第113期,署名岂明。

又是"索隐"

载1927年1月8日《语丝》第113期,署名岂明。

论无报可看

载1927年1月15日《语丝》第114期,署名岂明。

孰为辛苦

载1927年1月15日《语丝》第114期,署名岂明。

南北释义

载1927年1月15日《语丝》第114期,署名岂明。

研究系之功(闲话集成三十七)

载1927年1月15日《语丝》第114期,署名不遏。

何必

1927年1月16日作,载当月22日《世界日报·副刊》第7卷第19号,署名岂明。收《谈虎集》。

素朴一下子(呈常燕生君)

1927年1月17日作,载当月22日《语丝》第115期,署名岂明。

老人的苦运

载1927年1月22日《语丝》第115期,署名岂明。

《东海论衡》的苦运

载1927年1月22日《语丝》第115期,署名岂明。

关于非宗教

1927年1月24日作,载当年2月5日《语丝》第117期,署名岂明。

《换狂飙》书后

1927年1月24日作,载当月29日《语丝》第116期,署名岂明。

从犹太人到天主教

  1927 年 1 月 26 日作,收《谈虎集》。

徒劳的传单

  载 1927 年 1 月 29 日《语丝》第 116 期,署名岂明。

腊丁文

  载 1927 年 1 月 29 日《语丝》第 116 期,署名岂明。

卧薪尝胆

  1927 年 1 月作,载当年 2 月 5 日《语丝》第 117 期,署名山叔。收《谈虎集》。

革命党之妻

  1927 年 1 月作,载当年 2 月 5 日《语丝》第 117 期,署名山叔。收《谈虎集》。

新四维

  1927 年 1 月作,载当年 2 月 5 日《语丝》第 117 期,署名山叔。

《自己的园地》小引

  1927 年 2 月 1 日作,收《自己的园地》。

"何必"(闲话集成五十三)

  1927 年 2 月 1 日作,载当月 12 日《语丝》第 118 期,署名岂明。

清高问题(致洪樵先生)

  1927 年 2 月 2 日作,载当月 12 日《语丝》第 118 期,署名岂明。

"爱民"(闲话集成五十四)

  1927 年 2 月 6 日作,载当月 12 日《语丝》第 118 期,署名岂明。

文学与主义(致静渊)

  1927 年 2 月 10 日作,载当月 19 日《语丝》第 119 期,署名岂明。

闲话集成(五十七)

  载 1927 年 2 月 19 日《语丝》第 119 期,署名岂明。收《谈虎集》时改题为《小书》。

拆毁东岳庙(致画东先生)

　　1927年2月11日作,载当月19日《语丝》第119期,署名岂明。

再论无报可看

　　1927年2月19日作,载当月26日《语丝》第120期,署名山叔。

马太神甫

　　载1927年2月19日《语丝》第119期,署名山叔。收《谈虎集》。

谈闹房(致季遐)

　　1927年2月21日作,载当月26日《语丝》第120期,署名岂明。

时运的说明

　　1927年2月23日作,载当月26日《世界日报·副刊》第8卷第18号,署名岂明。

半春

　　1927年2月26日作,载当年3月5日《语丝》第121期,署名岂明。收《谈虎集》

北京的好思想

　　载1927年2月26日《语丝》第120期,署名岂明。

《苦雨斋小书》序

　　1927年2月28日作,载当年3月19日《语丝》第123期,署名周作人。

致许寿裳

　　1927年3月5日作,见《鲁迅博物馆藏近现代名人手札》(福建教育出版社2003年版,影印本,以下简称《名人手札》)。

宣传与广告

　　载1927年3月19日《语丝》第123期,署名山叔,收《谈虎集》。

天安门

载 1927 年 3 月 19 日《语丝》123 期,署名岂明。

读孟子

载 1927 年 3 月 19 日《语丝》第 123 期,署名陶然。收《谈虎集》。

和平门

载 1927 年 3 月 19 日《语丝》第 123 期,署名岂明。

读本拔萃

1927 年 3 月 21 日作,收《谈龙集》。

传单抄本

载 1927 年 3 月 25 日《语丝》第 124 期,署名山叔。

拈阄

载 1927 年 3 月 25 日《语丝》第 124 期,署名岂明。收《谈虎集》。

灭赤救国

载 1927 年 3 月 25 日《语丝》第 124 期,署名岂明。

恋爱偈

1927 年 3 月 30 日作,载当年 4 月 1 日《语丝》第 125 期,署名岂明。

《海外民歌》译序

1927 年 3 月 30 日作,载当年 4 月 9 日《语丝》第 125 期,署名岂明,收《谈龙集》。

拆墙

1927 年 3 月作,载当年 4 月 1 日《语丝》第 125 期,署名岂明。收《谈虎集》。

牛山诗

1927 年 4 月 1 日作。收《谈虎集》。

曳白

载 1927 年 4 月 1 日《语丝》第 125 期,署名岂明。

王与术士
1927年4月2日作,载当月9日《语丝》第126期,署名岂明。收《谈虎集》。

《潮州车歌集》序
1927年4月3日作,载当月9日《语丝》第126期,署名岂明。收《谈龙集》。

命运
载1927年4月9日《语丝》第125期,署名山叔。

旧诗呈政
1927年4月9日作,载当月16日《语丝》第127期,署名山叔。收《谈虎集》。

蔼理斯的诗
1927年4月10日作,载当月16日《语丝》第127期,署名岂明。收《谈虎集》。

死文学与活文学
1927年4月12日在翊教女中讲,载当月15日、16日《大公报》,署名周作人。

裸体游行考订
1927年4月15日作,载当月23日《语丝》第128期,署名岂明。收《谈虎集》。

致俞平伯
1927年4月15日作。收《周作人书信》。

巡礼行记
载1927年4月23日《语丝》第128期,署名岂明。收《谈龙集》。

诗一首
载1927年4月30日《语丝》第129期,署名岂明。

诗两首
载1927年4月30日《语丝》129期,署名岂明。

香园

载 1927 年 4 月 30 日《语丝》第 129 期,署名岂明。收《谈龙集》。

偶感

1927 年 5 月 3 日作,载当月 14 日《语丝》第 131 期,署名岂明。收《谈虎集》。

"来函照登"编者按语

1927 年 5 月 6 日作,载当月 21 日《语丝》第 132 期,署名岂明。

曼殊与百助

1927 年 5 月 7 日作,载当月 10 日《世界日报·副刊》第 11 卷第 5 号,署名岂明。

致俞平伯

1927 年 5 月 8 日作。见《手札影真》。

愚见

1927 年 5 月 10 日作,载当月 21 日《语丝》第 132 期,署名岂明。

日本人的好意

载 1927 年 5 月 14 日《语丝》第 131 期,署名岂明。收《谈虎集》。

新名词

1927 年 5 月 16 日作,载同年 6 月 4 日《语丝》第 134 期,署名岂明。收《谈虎集》。

逆输入

载 1927 年 5 月 21 日《语丝》第 132 期,署名山叔.

致俞平伯

1927 年 5 月 21 日作。见《手札影真》。

古诗

载 1927 年 5 月 28 日《语丝》第 133 期,署名岂明。

擦背与贞操
　　载1927年5月28日《语丝》第133期,署名岂明。

答芸深先生
　　1927年5月30日作,载同年6月11日《语丝》第135期,署名岂明。收《谈龙集》。

致许寿裳
　　1927年5月31日作。见《鲁迅研究资料》第23期(中国文联出版公司1992年版)。

求雨
　　1927年6月1日作,载当月11日《语丝》第135期,署名岂明。收《谈虎集》。

偶感之二
　　1927年6月4日作,载当月11日《语丝》第135期,署名岂明。收《谈虎集》。

史料鉴真
　　1927年6月18日作,载当年7月2日《语丝》第138期,署名山叔。

诺贝尔奖金
　　载1927年6月18日《语丝》第136期,署名山叔。

悖逆字样
　　载1927年6月18日《语丝》第136期,署名岂明。

幻梦
　　载1927年6月18日《语丝》第136期,署名山叔。

文学谈
　　1927年6月20日作,载当年7月2日《语丝》第138期,署名岂明。收《谈龙集》。

猫脚爪
　　载1927年6月26日《语丝》第137期,署名岂明。

关于擦背

  1927 年 6 月 30 日作,载当年 7 月 9 日《语丝》第 139 期,署名岂明。

排日平议

  1927 年 6 月作,载当年 7 月 9 日《语丝》第 139 期,署名岂明。收《谈虎集》。

再求雨

  1927 年 7 月 3 日作,载当月 16 日《语丝》第 140 期,署名山叔。收《谈虎集》。

偶感之三

  1927 年 7 月 5 日作,载当月 16 日《语丝》第 140 期,署名岂明。收《谈虎集》。

《随感录》小引

  1927 年 7 月 14 日作,载当月 23 日《语丝》第 141 期,署名右拉。

吴公何如?——致荣甫先生

  1927 年 7 月 16 日作,载当月 23 日《语丝》第 141 期。

感谢

  1927 年 7 月 16 日作,载当月 23 日《语丝》第 141 期

人力车与斩决

  载 1927 年 7 月 16 日《语丝》第 140 期,署名岂明。收《谈虎集》。

穿裙与不穿裙

  1927 年 7 月 20 日作,载当月 30 日《语丝》第 142 期,署名起明。

整顿学风文件汇编

  1927 年 7 月 23 日作,载当月 30 日《语丝》第 142 期。

支那通之不通

  1927 年 7 月 26 日作,载当年 8 月 6 日《语丝》第 143 期,署名起

明。

致江绍原

1927 年 7 月 29 日。见《佚简笺注》。

再谈香园

1927 年 8 月 5 日作,载当月 13 日《语丝》第 144 期,署名岂明。收《谈龙集》。

可怕也

载 1927 年 8 月 6 日《语丝》第 143 期,署名山叔。

《泽泻集》序

1927 年 8 月 7 日作,载当月 20 日《语丝》第 145 期,署名岂明。收《泽泻集》。

关于《希腊人之哀歌》

1927 年 8 月 10 日作,载当月 20 日《语丝》第 145 期,署名起明。收《谈龙集》。

遗书抄

载 1927 年 8 月 13 日《语丝》第 144 期,署名起明。

论抓与咬(Sri Kokkoka 和 Schimit 作)

1927 年 7 月 15 日译,载当年 8 月 20 日《语丝》第 145 期,署斯文生译。

再是顺天时报

1927 年 8 月 15 日作,载当月 27 日《语丝》第 146 期,署名起明。收《谈虎集》。

不及格与退学(日本丘浅次郎原著)

1927 年 8 月 17 日译,载当年 9 月 15 日《孔德月刊》第 6 期,署起明译。

象牙与羊脚骨

1927 年 8 月 17 日作,载当月 27 日《语丝》第 146 期,署名起明。收《谈龙集》。

好女教育家

　　载1927年8月20日《语丝》第145期,署名山叔。

摆伦句

　　1927年8月20日作,载当年9月10日《语丝》第148期,署名岂明。收《谈龙集》。

妙不可言

　　1927年8月25日作,载当年9月3日《语丝》第147期,署名斯文生。

头发和名誉和程度

　　载1927年8月22日《语丝》第146期,署名起明。收《谈虎集》。

布告第三号

　　1927年8月31日作,载当年9月3日《语丝》第147期,署名右拉。

《性的崇拜》

　　1927年8月作,载当年9月3日《语丝》第147期,署名岂明。收《谈龙集》。

光荣

　　载1927年9月3日《语丝》第147期,署名岂明。

整顿学风之系统

　　1927年9月9日作,载当月17日《语丝》第149期,署名右拉。

火山之上

　　载1927年9月10日《语丝》第148期,署名山叔。

妙不可言(二)

　　载9月10日《语丝》第148期。

希腊情诗六首

　　1927年9月15日译,载当月23日《世界日报·春蕾》第5期,署岂明译。

偶感之四

载 1927 年 9 月 17 日《语丝》第 149 期,署名岂明。收《谈虎集》。

致俞平伯

1927 年 9 月 19 日作。见《手札影真》。

野蛮民族的礼法

1927 年 9 月 1 日作,载当月 24 日《语丝》第 150 期,署名房密。收《谈虎集》。

刘富槐亦上条陈

载 1927 年 9 月 17 日《语丝》第 149 期,署名房密。

随看录

载 1927 年 9 月 17 日《语丝》第 149 期,署名邢颠。

怎么说才好

1927 年 9 月 20 日作,载当年 10 月 1 日《语丝》第 151 期,署名岂明。收《谈虎集》。

考囚徒

载 1927 年 9 月 24 日《语丝》第 150 期,署名岂明。

幼妇云雀录(一)

载 1927 年 9 月 24 日《语丝》第 150 期,署名斯文生。

致江绍原

1927 年 9 月 27 日作,见《佚简笺注》。

致俞平伯

1927 年 9 月 26 日作,见《手札影真》。

诅咒

1927 年 9 月作,载当年 10 月 8 日《语丝》第 152 号,署名子荣。收《谈虎集》。

南北之礼教运动

载 1927 年 10 月 1 日《语丝》第 151 期,署名岂明。

随看录(二)
　　载 1927 年 10 月 1 日《语丝》第 151 期,署名斯文生。

京大之法统
　　载 1927 年 10 月 1 日《语丝》第 151 期,署名右拉。

《蒙氏教育法》序
　　1927 年 10 月 4 日作,载当月 22 日《语丝》第 154 期,署名岂明。

新新解
　　载 1927 年 10 月 8 日《语丝》第 152 期,署名右拉。

《两条血痕》后记
　　1927 年 10 月 10 日作,载当月 30 日《文学周报》第 5 卷第 10 期,署名周作人。收《两条血痕》。

双十节的感想
　　1927 年 10 月 12 日作,收《谈虎集》。

功臣
　　载 1927 年 10 月 15 日《语丝》第 153 期,署名子荣。

致俞平伯
　　1927 年 10 月 20 日作,见《手札影真》。

幼妇云雀录(二)
　　载 1927 年 10 月 22 日《语丝》第 154 期。

男子之裹脚
　　1926 年 10 月作。收《谈虎集》。

希腊的维持风化
　　1927 年 10 月作。收《谈虎集》。

致江绍原
　　1927 年 11 月 1 日作,见《佚简笺注》。

北沟沿通信
　　1927 年 11 月 6 日作,载当年 12 月 1 日《世界周报·蔷薇周年纪念周刊》,署名岂明。收《谈虎集》。

《谈龙集·谈虎集》序
>1927年11月8日作,载当年11月《文学周报》第5卷第14期,署名周作人。收《谈龙集》。

《谈虎集》后记
>1927年11月25日作,载1928年1月16日《北新》第2卷第6号,署名周作人。收《谈虎集》。

随看录(三)
>载1927年11月26日《语丝》第156期,署名斯文生。

雅片祭灶考
>1927年12月4日作,载当月24日《语丝》第四卷第2期,署名岂明。收《谈虎集》。

致《北新》半月刊编者
>1927年12月9日作,载1928年1月1日《北新》第2卷第5号,署名岂明。

论山母(英国哈利孙女士作)
>1927年12月11日译,载1928年1月1日《北新》第2卷第5号,署岂明译。收《永日集》。

致江绍原
>1927年12月14日作,见《佚简笺注》。

《花束》序
>1927年12月15日作,载当月31日《语丝》第4卷第3期,署名周作人。收《永日集》。

致俞平伯
>1927年12月15日作,收《周作人书信》。

《医学周刊集》序
>1927年12月25日作。收《永日集》。

致江绍原
>1927年12月26日作,见《佚简笺注》。

关于失恋

1927年12月27日作,载1928年1月14日《语丝》第4卷第5期,署名岂明。收《永日集》。

剪发之一考察

1927年12月30日作,载《语丝》第4卷第6期,署名岂明。收《谈虎集》。

1928 年

致俞平伯

1928 年 1 月 2 日,收《周作人书信》。

《夜读抄》小引

1928 年 1 月 3 日作,载当年 2 月 16 日《北新》第 2 卷第 5 号,署名岂明。收《夜读抄》。

"三一八"的死者

1928 年 1 月 3 日作,载当月 14 日《语丝》第 4 卷第 5 期,署名周作人。

文学的贵族性

载 1928 年 1 月 5 日、6 日《晨报副刊》,署周作人讲,昭园记录。

新年通信——致衣萍

1928 年 1 月 11 日作,载同年 2 月 4 日《语丝》第 4 卷第 8 期,署名岂明。

致江绍原

1928 年 1 月 13 日作,见《佚简笺注》。

致俞平伯

1928 年 1 月 22 日作。收《周作人书信》。

《黄蔷薇》附言

　　1928年1月26日作,载当年2月16日《北新》第2卷第9号。

致江绍原

　　1928年1月28日作,见《佚简笺注》。

性的解放

　　载1928年2月1日《新女性》第2卷第2号,署名岂明。

致俞平伯

　　1928年2月2日作,见《手札影真》。

致江绍原

　　1928年2月5日作,见《佚简笺注》。

罪人

　　载1928年2月9日《语丝》第4卷第9期,署名岂明。收《永日集》。

女子的文字

　　载1928年2月9日《语丝》第4卷第9期,署名岂明。收《永日集》。

爆竹

　　载1928年2月9日《语丝》第4卷第9期,署名岂明。收《永日集》。

致俞平伯

　　1928年2月9日作,见《手札影真》。

致俞平伯

　　1928年2月13日作,见《手札影真》。

致俞平伯

　　1928年2月18日作,见《手札影真》。

女革命

　　1928年2月25日作,载当年3月12日《语丝》第4卷第11期,署名岂明。收《永日集》。

致俞平伯

　　1928年2月27日作,见《手札影真》。

致江绍原

　　1928年3月2日作,见《佚简笺注》。

致江绍原

　　1928年3月4日作,见《佚简笺注》。

致江绍原

　　1928年3月9日作,见《佚简笺注》。

赠所欢(诗,古希腊Sappho[萨福]作)

　　1928年3月17日译,载同年11月《燕大月刊》第3卷第1、2期合刊,署周作人译。

致俞平伯

　　1928年3月18日作,见《手札影真》。

致俞平伯

　　1928年3月24日作,收《周作人书信》。

致俞平伯

　　1928年3月27日作,收《手札影真》。

致江绍原

　　1928年3月27日作,见《佚简笺注》。

愚夫与英雄

　　1928年3月作,载当年4月16日《语丝》第4卷第16期,署名岂明。收《永日集》。

爱的艺术之不良

　　1928年3月作,载当年4月16日《语丝》第4卷第16期,署名岂明。收《永日集》。

《游仙窟》

　　载1928年4月1日《北新》半月刊第2卷第10号,署名岂明。收《看云集》。

七十鸟的宗教行为及其他——致招勉之

  1928年4月8日作,载当年6月1日《新女性》第3卷第6号,署名周作人。

致江绍原

  1928年4月10日作,见《佚简笺注》。

致俞平伯

  1928年4月11日作,见《手札影真》。

致俞平伯

  1928年4月28日作,见《手札影真》。

致俞平伯

  1928年4月30日作,见《手札影真》。

致俞平伯

  1928年5月3日作,收《周作人书信》。

VITA SEXUALIS(日本森林太郎原著)

  1928年5月4日译完,载1928年6月1日、9月16日《北新》第2卷第14号、第21号,署岂明译。

致江绍原

  1928年5月6日作,见《佚简笺注》。

《杂拌儿》跋

  1928年5月16日作。收《永日集》。

致俞平伯(二通)

  1928年5月16日作,见《手札影真》。

致俞平伯

  1928年5月23日作,见《手札影真》。

致俞平伯

  1928年5月25日作,见《手札影真》。

致钟敬文

  5月28日作,载6月27日《民俗周报》第13、14期合刊,署名作人。

莲花与莲花底
　　1928年5月31日作,载当年6月18日《语丝》第4卷第25期,署名岂明。收《永日集》。

食莲花的
　　1928年5月31日作,载当年6月18日《语丝》第4卷第25期,署名岂明。收《永日集》。

火与淫
　　载1928年6月1日《新女性》第3卷第6号,署名周启明。

致俞平伯
　　1928年6月4日作,见《手札影真》。

致俞平伯
　　1928年6月7日作,见《手札影真》。

致俞平伯
　　1928年6月21日作,见《手札影真》。

闺媛的话
　　载1928年6月11日《语丝》第4卷第24期,署名岂明。

北京通信——致川岛
　　1928年6月14日作,载当年7月9日《语丝》第4卷第20期,署名岂明。

致江绍原
　　1928年6月20日作,见《佚简笺注》。

妇女问题与东方文明等
　　1928年6月26日作。收《永日集》。

北京通信——致衣萍
　　1928年7月1日作,载当月16日《语丝》第4卷第29期,署名岂明。

山东之破坏孔孟庙
　　1927年7月10日作,载当年8月13日《语丝》第4卷第33期,署名岂明。收《永日集》。

关于北京大学等

7月15日作,载当年7月16日《世界日报》,署名岂明。

致江绍原

1928年7月15日作,见《佚简笺注》。

致江绍原

1928年7月19日作,见《佚简笺注》。

致江绍原

1928年7月20日作,见《佚简笺注》。

致俞平伯

1928年7月21日作,见《手札影真》。

致俞平伯

1928年7月25日作,见《手札影真》。

致俞平伯

1928年7月27日作,见《手札影真》。

北京与北平

载1928年7月30日《语丝》第4卷第31期,署名北斗。

干政与干教

载1928年7月30日《语丝》第4卷第31期,署名北斗。收《永日集》。

致俞平伯

1928年7月31日作,见《手札影真》。

致江绍原

1928年8月2日作,见《佚简笺注》。

致江绍原

1928年8月8日作,见《佚简笺注》。

致俞平伯

1928年8月12日作,收《周作人书信》。

致俞平伯

1928年8月15日作,见《手札影真》。

致俞平伯
> 1928年8月21日作,见《手札影真》。

《空大鼓》序
> 1928年8月22日作。收《苦雨斋序跋文》。

《婴儿杀害》引言
> 1928年8月23日作,载当年9月17日《语丝》第4卷第38期,署名岂明。

致俞平伯
> 1928年8月25日作。收《周作人书信》。

致俞平伯
> 1928年8月29日作。收《周作人书信》。

新旧医学斗争与复古
> 1928年8月30日作。收《永日集》。

荣光之手
> 1928年9月2日作,载同年10月1日《未名》第1卷第7期,署名岂明。收《永日集》。

致俞平伯
> 1928年9月5日作,收《周作人书信》。

致废名
> 1928年9月5日作,收《周作人书信》。

封建思想
> 1928年9月6日作,载1928年9月24日《语丝》第4卷第39期,署名北斗。

致俞平伯
> 1928年9月6日作,见《手札影真》。

致俞平伯
> 1928年9月7日作,见《手札影真》。

致徐雪村
> 1928年9月14日作,载当年11月10日《开明》第1卷第5号

期,署名作人。

人口问题

载 1928 年 9 月 17 日《语丝》第 4 卷第 38 期,署名北斗。

历史

载 1928 年 9 月 17 日《语丝》第 4 卷第 38 期,署名北斗。收《永日集》。

致俞平伯

1928 年 9 月 26 日作,见《手札影真》。

致俞平伯

1928 年 10 月 1 日作,见《手札影真》。

青年脆

载 1928 年 10 月 1 日《语丝》第 4 卷第 40 期,署名北斗。

科学的人生观

载 1928 年 10 月 1 日《语丝》第 4 卷第 40 期,署名北斗。

致江绍原

1928 年 10 月 1 日作,见《佚简笺注》。

国庆日颂

1928 年 10 月 11 日作,载当月《语丝》第 4 卷第 41 期,署名岂明。收《永日集》。

致江绍原

1928 年 10 月 14 日作,见《佚简笺注》。

致俞平伯

1928 年 10 月 20 日作,收《周作人书信》。

致废名

1928 年 10 月 20 日作,收《周作人书信》。

历史癖

载 1928 年 10 月 22 日《语丝》第 4 卷第 41 期,署名北斗。

致江绍原

1928 年 10 月 26 日作,见《佚简笺注》。

国医
  载 1928 年 10 月 29 日《语丝》第 4 卷第 42 期,署名北斗。

《桃园》跋
  1928 年 10 月 31 日作。收《永日集》。

致俞平伯
  1928 年 11 月 2 日作,见《手札影真》。

致俞平伯
  1928 年 11 月 5 日作,见《手札影真》。

致俞平伯
  1928 年 11 月 21 日作,见《手札影真》。

古希腊恋歌
  载 1928 年 11 月 10 日《开明》第 1 卷第 5 号,署名山上水手。

致江绍原
  1928 年 11 月 5 日作,见《佚简笺注》。

致江绍原
  1928 年 11 月 9 日作,见《佚简笺注》。

致江绍原
  1928 年 11 月 17 日作,见《佚简笺注》。

《聊斋鼓词六种》序
  1928 年 11 月 21 日作。收《永日集》。

《燕知草》跋
  1928 年 11 月 22 日作。收《永日集》。

致俞平伯
  1928 年 11 月 23 日作,见《手札影真》。

致江绍原
  1928 年 11 月 24 日作,见《佚简笺注》。

致俞平伯
  1928 年 11 月 25 日作,见《手札影真》。

欧洲整顿风化

　　载 1928 年 11 月 26 日《语丝》第 4 卷第 46 期，署名北斗。收《永日集》。

神州天子国

　　载 1928 年 11 月 26 日《语丝》第 4 卷第 46 期，署名北斗。收《永日集》。

致江绍原

　　1928 年 11 月 30 日作，见《佚简笺注》。

闭户读书论

　　1928 年 11 月作。收《永日集》。

《专斋漫谈》跋

　　1928 年 12 月 1 日作。收《永日集》。

关于人身卖买

　　1928 年 12 月 4 日作。收《永日集》。

论可谈的

　　载 1928 年 12 月 6 日《新中华报》副刊第 13 号。

致俞平伯

　　1928 年 12 月 10 日作，见《手札影真》。

致江绍原

　　1928 年 12 月 18 日作，见《佚简笺注》。

《大黑狼的故事》序

　　1928 年 12 月 22 日作。收《永日集》。

致俞平伯

　　1928 年 12 月 24 日作，见《手札影真》。

关于妖术

　　1928 年 12 月 27 日作。收《永日集》。

致俞平伯

　　1928 年 12 月 29 日作，见《手札影真》。

《曼殊画谱》序（日本河合氏作）

载 1928 年 12 月北新书局版《苏曼殊全集》,署周作人译。

老人政治

1928 年作。收《永日集》。

杀奸

1928 年作。收《永日集》。

1929 年

致江绍原

　　1929 年 1 月 5 日作,见《佚简笺注》。

致俞平伯(二通)

　　1929 年 1 月 7 日作,见《手札影真》。

致江绍原

　　1929 年 1 月 13 日作,见《佚简笺注》。

致江绍原

　　1929 年 1 月 21 日作,见《佚简笺注》。

《私信》附记

　　1929 年 1 月 23 日作,载当月 27 日《新中华报》副刊第 54 期。

致江绍原

　　1929 年 1 月 30 日作,见《佚简笺注》。

致俞平伯

　　1929 年 1 月 30 日作,见《手札影真》。

致俞平伯

　　1929 年 2 月 7 日作,见《手札影真》。

致江绍原

1929年2月7日作,见《佚简笺注》。

《永日集》序

1929年2月15日作。收《永日集》。

慈悲(犹太拉皮诺微支作)

1929年2月21日译,载当年5月20日《语丝》第5卷第12期。

致江绍原

1929年2月21日作,见《佚简笺注》。

致俞平伯

1929年2月22日作,见《周作人书信》。

致江绍原

1929年2月23日作,见《佚简笺注》。

致俞平伯

1929年2月25日作,见《手札影真》。

文学与常识

1929年2月28日在燕京大学国文学会讲,载当年3月15日《燕京大学校刊》第24期,署周作人讲、李北风笔述。

致江绍原

1929年3月1日作,见《佚简笺注》。

致俞平伯

1929年3月2日作,见《手札影真》。

致俞平伯

1929年3月4日作,见《手札影真》。

致俞平伯

1929年3月10日作,见《手札影真》。

致俞平伯

1929年3月13日作,见《手札影真》。

致江绍原

1929年3月14日作,见《佚简笺注》。

村里的逾越节（小说，犹太唆隆亚来咁原著）

载 1929 年 3 月 18 日《华北日报》副刊，署难明译。

致江绍原

1929 年 3 月 18 日作，见《佚简笺注》。

娼妇礼赞

载 1929 年 3 月 25 日《未名》半月刊第 2 卷第 6 期，署名难明，收《看云集》。

致江绍原

1929 年 4 月 1 日作，见《佚简笺注》。

春在堂所藏苦雨斋尺牍跋

1929 年 4 月 4 日作，收《夜读抄》。

致俞平伯

1929 年 4 月 5 日作，见《手札影真》。

致江绍原

1929 年 4 月 6 日作，见《佚简笺注》。

新文学的二大潮流

载 1929 年 4 月 10 日《绮虹》第 1 卷第 1 期，署名周作人。

致俞平伯

1929 年 4 月 15 日作，见《手札影真》。

致江绍原

1929 年 4 月 19 日作，见《佚简笺注》。

在女子学院被囚记

1929 年 4 月 24 日作，载当月 26 日《华北日报》副刊第 61 号，署名岂明。收《永日集》。

致俞平伯

1929 年 4 月 26 日作，见《手札影真》。

致江绍原

1929 年 4 月 28 日作，见《佚简笺注》。

致江绍原

1929年5月4日作,见《佚简笺注》。

伟大的捕风

1929年5月13日作,见《看云集》。

致俞平伯

1929年6月1日作,见《手札影真》。

致俞平伯

1929年6月3日作,见《手札影真》。

致江绍原

1929年6月21日作,见《佚简笺注》。

致俞平伯

1929年6月25日作,见《手札影真》。

致俞平伯

1929年6月28日作,见《手札影真》。

致俞平伯

1929年7月8日作,见《手札影真》。

致江绍原

1929年7月8日作,见《佚简笺注》。

致江绍原

1929年7月20日作,见《佚简笺注》。

致江绍原

1929年7月30日作,见《佚简笺注》。

女子学院毕业同学录序

1929年7月31日作,载当年8月8日《华北日报》副刊第132期,署名岂明。

致江绍原

1929年8月2日作,见《佚简笺注》。

《性教育的示儿编》序

1929年8月3日作,载当年9月16日《北新》第3卷第17号,署名周作人。

致许寿裳

1929 年 8 月 4 日作,见《鲁迅研究资料》第 23 辑。

致俞平伯

1929 年 8 月 5 日作,见《手札影真》。

《过去的生命》序

1929 年 8 月 10 日作。收《过去的生命》。

致俞平伯

1929 年 8 月 10 日作,见《手札影真》。

致许寿裳

1929 年 8 月 11 日作,见《鲁迅研究资料》第 23 辑。

致江绍原

1929 年 8 月 11 日作,见《佚简笺注》。

致俞平伯

1929 年 8 月 23 日作,见《手札影真》。

致俞平伯

1929 年 8 月 27 日作,见《手札影真》。

致俞平伯

1929 年 8 月 29 日作,见《手札影真》。

致胡适

1929 年 8 月 30 日作。收《胡适来往书信选》。

致俞平伯

1929 年 9 月 12 日作,见《手札影真》。

致俞平伯

1929 年 9 月 14 日作,见《手札影真》。

致俞平伯

1929 年 9 月 24 日作,见《手札影真》。

致俞平伯

1929 年 10 月 8 日作,见《手札影真》。

林纾的晚年
　　　　载1929年10月10日《学生杂志》第16卷第10号,署名陶然。
致俞平伯
　　　　1929年10月11日作,见《手札影真》。
致俞平伯(二通)
　　　　1929年10月11日作,见《手札影真》。
致废名
　　　　1929年10月13日作。收《周作人书信》。
致俞平伯
　　　　1929年10月15日作,见《手札影真》。
哑巴礼赞
　　　　1929年11月13日作,载当月18日《益世报》副刊第10期,署名岂明。收《看云集》。
致俞平伯
　　　　1929年11月13日作,见《手札影真》。
若子的死
　　　　1929年11月26日作,载当年12月4日《华北日报》副刊,署名周作人。
麻醉礼赞
　　　　1929年11月30日作,载当年12月5日《益世报》副刊第20期,署名岂明。收《看云集》。
致俞平伯
　　　　1929年11月30日作,见《手札影真》。
三礼赞(娼妇礼赞、哑巴礼赞、麻醉礼赞)
　　　　1929年作,载1930年1月16日《北新》第4卷第1、2号合刊,署名周作人。收《看云集》。
就山本医院误诊杀人致北平市卫生局呈文
　　　　载1929年12月28日《世界日报》第6期。

1930 年

致江绍原

  1930 年 1 月 4 日作,见《佚简笺注》。

致胡适

  1930 年 1 月 5 日作。收《胡适来往书信选》。

致江绍原

  1930 年 1 月 11 日,载当月 30 日《北京大学日刊》第 2545 号,署名作人。

致俞平伯

  1930 年 1 月 18 日作,见《手札影真》。

致俞平伯

  1930 年 1 月 27 日作,见《手札影真》。

致俞平伯

  1930 年 1 月 30 日作,见《手札影真》。

致胡适

  1930 年 2 月 1 日作,收《胡适来往书信选》。

关于《古希腊恋歌》——质李金发先生

  1930 年 2 月 2 日作,载当年 3 月《开明》第 21 号,署名岂明。

致俞平伯

1930年2月8日作,收《周作人书信》。

致俞平伯

1930年2月10日作,见《手札影真》。

致俞平伯

1930年2月12日作,见《手札影真》。

致俞平伯

1930年2月13日作,见《手札影真》。

致俞平伯

1930年2月18日作,见《手札影真》。

致俞平伯

1930年2月23日作,见《手札影真》。

从小乘戒到大乘戒(日本松本文三郎作)

1930年2月23日至28日译,载当年3月5日、6日、7日、10日《益世报·副刊》第79至82期,署岂明译。

致俞平伯

1930年3月3日作,见《手札影真》。

致俞平伯

1930年3月4日作,见《手札影真》。

致废名

1930年3月11日作。收《周作人书信》。

论居丧(古希腊路吉亚诺思原著)

1930年3月15日作,载当年4月30日《未名》第2卷第9、10、11、12号合刊终刊号,署岂明译。收《看云集》。

中年

载1930年3月18日《益世报·副刊》第88期,署名岂明。收《看云集》。

致江绍原

1930年3月19日作,见《佚简笺注》。

致江绍原

> 1930 年 3 月 28 日作,见《佚简笺注》。

致江绍原

> 1930 年 3 月 29 日作,见《佚简笺注》。

致江绍原

> 1930 年 3 月 31 日作,见《佚简笺注》。

金鱼

> 1930 年 3 月 31 日作,载当年 4 月 17 日《益世报·副刊》第 107 期,署名岂明。收《看云集》。

半封回信——致锦明

> 1930 年 4 月 3 日,载当月 7 日《新晨报·副刊》第 565 号,署名岂明。

虱子

> 1930 年 4 月 5 日作,载当月 30 日《未名》第 2 卷第 9 期、10 期、11 期、12 期合刊终刊号,署名岂明。收《看云集》

致俞平伯

> 1930 年 4 月 7 日作,见《手札影真》。

致俞平伯

> 1930 年 4 月 15 日作,见《手札影真》。

写《金鱼》的月日——致荪荃女士

> 载 1930 年 4 月 23 日《新晨报·副刊》第 58 号,署名岂明。

致俞平伯

> 1930 年 4 月 24 日作,见《手札影真》。

致江绍原

> 1930 年 5 月 10 日作,见《佚简笺注》。

水里的东西

> 载 1930 年 5 月 12 日《骆驼草》第 1 期,署名岂明。收《看云集》。

日本新旧医学的兴废

载1930年5月13日《益世报·副刊》。

致江绍原

1930年5月15日作,见《佚简笺注》。

论八股文

载1930年5月19日《骆驼草》第2期,署名启明。收《看云集》。

希腊的古歌

1930年5月25日作,载当年6月2日《骆驼草》第4期,署名岂明。收《看云集》。

西班牙的古城

载1930年5月26日《骆驼草》第3期,署名岂明。收《看云集》。

体罚

1930年5月作,收《看云集》。

《蒙古故事集》序

1930年6月1日作,载当月9日《骆驼草》第5期,署名岂明。收《看云集》。

《妒妇》(拟曲,古希腊海罗达思作)

1930年6月4日译,载当年7月14日《骆驼草》第10期,署岂明译。收《希腊拟曲》。

村里的戏班子

载1930年6月9日《骆驼草》第5期,署名难明。收《看云集》。

致俞平伯

1930年6月11日作,见《手札影真》。

致江绍原

1930年6月13日作,见《佚简笺注》。

拥护《达生编》等

　　载6月16日《骆驼草》第6期,署名岂明。收《看云集》。

致俞平伯

　　1930年6月17日作,见《手札影真》。

致江绍原

　　1930年6月18日作,见《佚简笺注》。

论剽窃

　　1930年6月22日作,载当月30日《骆驼草》第8期,署名岂明。收《看云集》。

介绍政治工作

　　载1930年6月23日《骆驼草》第7期,署名岂明。收《看云集》。

致江绍原

　　1930年6月26日作,见《佚简笺注》。

致俞平伯

　　1930年6月30日作,见《手札影真》。

致江绍原

　　1930年7月1日作,见《佚简笺注》。

致俞平伯

　　1930年7月2日作,见《手札影真》。

反书石刻

　　载1930年7月7日《骆驼草》第9期,署名岂明。

文字的魔力

　　载1930年7月7日《骆驼草》第9期,署名岂明。收《看云集》。

塾师(拟曲,古希腊海罗达斯作)

　　1930年7月17日译,载当月28日《骆驼草》第12期,署名岂明。收《希腊拟曲》。

关于蝙蝠——致启无

1930年7月23日作,载当年8月4日《骆驼草》第13期,署名岂明。收《看云集》。

致俞平伯

1930年7月24日作,见《手札影真》。

致俞平伯

1930年7月30日作。收《周作人书信》。

致俞平伯

1930年8月6日作,见《手札影真》。

致俞平伯

1930年8月8日作,见《手札影真》。

致俞平伯

1930年8月10日作,见《手札影真》。

致俞平伯

1930年8月11日作,见《手札影真》。

杨柳风

1930年8月14日作,载当月18日《骆驼草》第15期,署名岂明。收《看云集》。

乐户(拟曲,古希腊海罗达思作)

1930年8月14日译,载8月25日《骆驼草》第16期,署岂明译。收《希腊拟曲》。

致俞平伯

1930年9月1日作,见《手札影真》。

致俞平伯

1930年9月6日作,见《手札影真》。

致俞平伯

1930年9月7日作,见《手札影真》。

致俞平伯

1930年9月9日作,见《手札影真》。

致俞平伯

　　　　1930 年 9 月 13 日作,见《手札影真》。

古希腊拟曲

　　　　载 1930 年 9 月 15 日《骆驼草》第 19 期,署名岂明。收《看云集》。

春在堂所藏苦雨斋尺牍跋

　　　　1930 年 9 月 15 日作。收《夜读抄》。

上庙(拟曲,古希腊海罗达思作)

　　　　1930 年 9 月 15 日译,载当月 22 日《骆驼草》第 20 期,署岂明译。收《希腊拟曲》。

致俞平伯

　　　　1930 年 9 月 18 日作,见《手札影真》。

致俞平伯

　　　　1930 年 9 月 20 日作,见《手札影真》。

致许世瑛

　　　　1930 年 9 月 20 日作,藏北京鲁迅博物馆。

《冰雪小品选》序

　　　　1930 年 9 月 21 日作,载 9 月 29 日《骆驼草》第 21 期,署名岂明。收《看云集》。

致俞平伯

　　　　1930 年 9 月 21 日作,见《手札影真》。

致俞平伯

　　　　1930 年 9 月 29 日作,见《手札影真》。

致俞平伯

　　　　1930 年 10 月 3 日作,见《手札影真》。

致俞平伯

　　　　1930 年 10 月 6 日作。收《周作人书信》。

草木虫鱼小引

　　　　1930 年 10 月 6 日作,载当月 13 日《骆驼草》第 23 期,署名岂明。收《看云集》。

致俞平伯

1930年10月8日作,见《手札影真》。

致俞平伯

1930年10月10日作,见《手札影真》。

致俞平伯

1930年10月14日作,见《手札影真》。

重刻《霓裳续谱》序

1930年10月14日作,载当月20日《骆驼草》第24期,署名岂明。收《看云集》。

致俞平伯

1930年10月15日作,见《手札影真》。

致俞平伯

1930年10月17日作。收《周作人书信》。

致俞平伯

1930年10月17日作,见《手札影真》。

致俞平伯

1930年10月22日作,见《手札影真》。

《艺术与生活》序二

1930年10月30日作。收《艺术与生活》。

致俞平伯

1930年10月30日作,见《手札影真》。

致俞平伯

1930年11月2日作,见《手札影真》。

骂人论

载1930年11月3日《骆驼草》第26期,署名岂明。收《看云集》。

致废名

1930年11月18日作,收《周作人书信》。

致俞平伯

  1930年11月10日作,见《手札影真》。

致俞平伯

  1930年11月21日作。收《周作人书信》。

致俞平伯(二通)

  1930年11月27日作,见《手札影真》。

致俞平伯

  1930年12月9日作,见《手札影真》。

北大的支路

  1930年12月11日作。收《苦竹杂记》。

致俞平伯

  1930年12月20日作,见《手札影真》。

两株树

  1930年12月25日作,载1931年3月10日《青年界》第1卷创刊号,署名岂明。收《看云集》。

致俞平伯

  1930年12月28日作,见《手札影真》。

1931年

致俞平伯

  1931年1月9日作,见《手札影真》。

致江绍原

  1931年1月11日作,见《佚简笺注》。

致俞平伯

  1931年1月12日作,见《手札影真》。

致俞平伯

  1931年1月15日作,见《手札影真》。

致俞平伯

  1931年1月20日作,见《手札影真》。

致俞平伯

  1931年1月26日作,见《手札影真》。

致俞平伯(二通)

  1931年1月29日作,见《手札影真》。

致俞平伯

  1931年1月30日作,见《手札影真》。

致汪馥泉信

1931年2月2日作,收孔另境编《现代作家书简》(生活书店1936年5月版)。

致废名

1931年2月3日作。收《周作人书信》。

致俞平伯

1931年2月5日作,见《手札影真》。

致俞平伯

1931年2月8日作。收《周作人书信》。

致汪馥泉信

1931年2月11日作。收《现代作家书简》。

异书四种题记(遗作)

1931年2月15日作,见赵龙江《从周家的一个遗物说起》,载《文汇读书周报》。

致俞平伯

1931年2月17日作,见《手札影真》。

答杂志问

载1931年3月1日《新学生》第1卷第3期,署名周作人。

致俞平伯

1931年3月4日作。收《周作人书信》。

蔷薇颊的故事

1931年3月7日作。收《看云集》。

致俞平伯

1931年3月13日作。收《周作人书信》。

致翟永坤

1931年4月2日作,载当月10日《北京大学日刊》第2599号。

致翟永坤

1931年4月5日作,载当月12日《北京大学日刊》第2601号。

关于体罚

　　载 1931 年 4 月 10 日《新学生》第 1 卷第 4 期,署名岂明。收《看云集》。

致废名

　　1931 年 4 月 12 日作。收《周作人书信》。

致俞平伯

　　1931 年 4 月 17 日作,见《手札影真》。

致俞平伯

　　1931 年 4 月 23 日作,见《手札影真》。

致许世瑛

　　1931 年 4 月 25 日作,藏北京鲁迅博物馆。

致俞平伯

　　1931 年 4 月 30 日作,见《手札影真》。

致俞平伯

　　1931 年 5 月 26 日作,见《手札影真》。

致俞平伯

　　1931 年 5 月 31 日作,见《手札影真》。

致俞平伯

　　1931 年 6 月 4 日作,见《手札影真》。

致俞平伯(二通)

　　1931 年 6 月 9 日作,见《手札影真》。

《文学论》译本序

　　1931 年 6 月 18 日作。收《看云集》。

致俞平伯

　　1931 年 6 月 20 日作,见《手札影真》。

致俞平伯

　　1931 年 6 月 25 日作,见《手札影真》。

致废名

　　1931 年 7 月 4 日作。收《周作人书信》。

《枣》和《桥》的序
>1931 年 7 月 5 日作。收《看云集》。

《修辞学》序
>1931 年 7 月 7 日作。收《看云集》。

致俞平伯(二通)
>1931 年 7 月 7 日作,见《手札影真》。

《英吉利谣俗》序
>1931 年 7 月 9 日作。收《看云集》。

致俞平伯
>1931 年 7 月 12 日作,见《手札影真》。

致俞平伯
>1931 年 7 月 17 日作,见《手札影真》。

致俞平伯
>1931 年 7 月 23 日作,见《手札影真》。

致沈启无
>1931 年 7 月 27 日作。收《周作人书信》。

致沈启无
>1931 年 7 月 30 日作。收《周作人书信》。

致废名
>1931 年 7 月 30 日作。收《周作人书信》。

致俞平伯
>1931 年 7 月 31 日作,见《手札影真》。

致沈启无
>1931 年 8 月 10 日作。收《周作人书信》。

致俞平伯
>1931 年 8 月 11 日作,见《手札影真》。

致俞平伯
>1931 年 9 月 10 日作,见《手札影真》。

致俞平伯
> 1931 年 9 月 11 日作,见《手札影真》。

致废名
> 1931 年 9 月 14 日作。收《周作人书信》。

致俞平伯
> 1931 年 9 月 15 日作,见《手札影真》。

致沈启无
> 1931 年 9 月 25 日作。收《周作人书信》。

致俞平伯
> 1931 年 9 月 26 日作,见《手札影真》。

致江绍原
> 1931 年 9 月 28 日作,见《佚简笺注》。

致俞平伯
> 1931 年 10 月 2 日作,见《手札影真》。

致沈启无
> 1931 年 10 月 4 日作。收《周作人书信》。

现代青年的失业问题与出路问题
> 载 1931 年 10 月 10 日《学生杂志》第 18 卷第 10 号,署名作人。

案山子
> 1931 年 10 月 11 日作。收《看云集》。

致俞平伯
> 1931 年 10 月 13 日作,见《手札影真》。

老生常谈
> 载 1931 年 10 月 19 日《文艺新闻》第 32 号。

《朝鲜童话集》序
> 1931 年 10 月 20 日作。收《看云集》。

致俞平伯
> 1931 年 10 月 23 日作,见《手札影真》。

苋菜梗

  1931 年 10 月 26 日作。收《看云集》。

关于征兵

  1931 年 10 月 27 日在北京大学学生会抗日救国会讲。收《看云集》。

致废名

  1931 年 10 月 29 日作。收《周作人书信》。

致俞平伯

  1931 年 11 月 4 日作,见《手札影真》。

《苦茶随笔》小引

  1931 年 11 月 9 日作,载 1032 年 1 月 1 日《东方杂志》第 29 卷第 1 期,署名岂明。收《苦鱼斋序跋文》。

《战中人》译本序

  1931 年 11 月 13 日作。收《看云集》。

致沈启无

  1931 年 11 月 16 日作。收《周作人书信》。

《远野物语》

  1931 年 11 月 17 日作,载 1932 年 1 月 16 日《东方杂志》第 29 卷第 2 期。收《夜读抄》。

吃菜

  1931 年 11 月 18 日作。收《看云集》。

致江绍原

  1931 年 11 月 25 日作,见《佚简笺注》。

致俞平伯

  1931 年 11 月 28 日作,见《手札影真》。

志摩纪念

  1931 年 12 月 13 日作,载《新月》月刊第 4 卷第 1 期,署名周作人。收《看云集》。

致青木正儿

1931年12月15日作,载1975年6月香港《明报月刊》第114期。

致俞平伯

1931年12月18日作,见《手札影真》。

夏目漱石《文学论》译本序

收1931年神州国光社版《文学论》。

1932 年

《黄蔷薇》

载 1932 年 1 月 1 日《东方杂志》第 29 卷第 1 期,署名岂明。收《夜读抄》。

致俞平伯

1932 年 1 月 2 日作,见《手札影真》。

致沈启无

1932 年 1 月 6 日作。收《周作人书信》。

致俞平伯

1932 年 1 月 12 日作,见《手札影真》。

致沈启无

1932 年 1 月 14 日作。收《周作人书信》。

致俞平伯

1932 年 1 月 18 日作,见《手札影真》。

致废名

1932 年 1 月 18 日作。收《周作人书信》。

致俞平伯

1932 年 1 月 21 日作,见《手札影真》。

致废名

　　1932年2月5日作。收《周作人书信》。

沈启无

　　1932年2月6日作。收《周作人书信》。

致俞平伯(二通)

　　1932年2月6日作,见《手札影真》。

《莫须有先生传》序

　　1932年2月6日作,载当年3月20日《鞭策》周刊第1卷第3期,署名岂明。

致俞平伯

　　1932年2月8日作。收《周作人书信》。

致江绍原

　　1932年2月13日作,见《佚简笺注》。

致俞平伯

　　1932年2月13日作,见《手札影真》。

《儿童文学小论》序

　　1932年2月15日作,署名周作人。收《儿童文学小论》。

春在堂所藏苦雨斋尺牍跋(三则)

　　2月15日作,载1934年5月20日《人间世》第4期,署名岂明。收《夜读抄》。

致沈启无

　　1932年2月15日作。收《周作人书信》。

致江绍原

　　1932年2月16日作,见《佚简笺注》。

致江绍原

　　1932年2月17日作,见《佚简笺注》。

致沈启无

　　1932年2月24日作。收《周作人书信》。

《中国新文学的源流》

  1932年2月25日第一讲,共8次。

致沈启无

  1932年2月27日作。收《周作人书信》。

关于通俗文学

  1932年2月29日在北京大学二院国文系讲,载1933年4月《现代》第2卷第6期,署名周作人。

致江绍原

  1932年3月7日作,见《佚简笺注》。

致江绍原

  1932年3月10日作,见《佚简笺注》。

致江绍原

  1932年3月13日作,见《佚简笺注》。

姑恶诗话

  1932年3月15日作,载同年4月3日《鞭策》周刊第1卷第5期,署名岂明。收《夜读抄》。

致江绍原

  1932年3月19日作,见《佚简笺注》。

致沈启无

  1932年3月24日作。收《周作人书信》。

致沈启无

  1932年3月24日作。收《周作人书信》。

致俞平伯

  1932年3月29日作。收《周作人书信》。

致沈启无

  1932年3月30日作。收《周作人书信》。

致江绍原

  1932年4月1日作,见《佚简笺注》。

致沈启无

　　1932年4月5日作。收《周作人书信》。

致俞平伯

　　1932年4月11日作。收《周作人书信》。

致江绍原

　　1932年4月11日作,见《佚简笺注》。

致江绍原

　　1932年4月16日作,见《佚简笺注》。

致江绍原

　　1932年4月28日作,见《佚简笺注》。

致沈启无

　　1932年5月7日作。收《周作人书信》。

致江绍原

　　1932年5月14日作,见《佚简笺注》。

致江绍原

　　1932年5月28日作,见《佚简笺注》。

致沈启无

　　1932年7月3日作。收《周作人书信》。

致沈启无

　　1932年7月8日作。收《周作人书信》。

致江绍原

　　1932年7月10日作,见《佚简笺注》。

致施蛰存信

　　1932年7月17日作。收《现代作家书简》。

《新年风俗志》序

　　1932年7月21日作,见1935年1月上海商务印书馆版《新年风俗志》,娄子匡编述。收《苦雨斋序跋文》。

《中国新文学的源流》小引

　　1932年7月26日作,署名周作人。收当年9月北平人文书局版《中国新文学的源流》。

《看云集》自序

1932 年 7 月 26 日作。收《看云集》。

致沈启无

1932 年 8 月 7 日作。收《周作人书信》。

《儿童剧》序（二）

1932 年 8 月 24 日作，署名周作人。收 1932 年 11 月上海儿童书局版《儿童剧》。

致胡适

1932 年 8 月 26 日作，见《胡适来往书信》。

致江绍原

1932 年 9 月 1 日作，见《佚简笺注》。

《近代散文抄》新序

1932 年 9 月 6 日作，署名周作人。收《苦雨斋序跋文》。

致沈启无

1932 年 9 月 20 日作。收《周作人书信》。

致许寿裳

1932 年 9 月 25 日作，见《鲁迅研究资料》第 23 辑。

致江绍原

1932 年 9 月 30 日作，见《佚简笺注》。

苦雨斋之一周

1932 年 7 月 23 日至 29 日所作日记，载 1932 年 9 月《现代》第 1 卷第 5 期，署名周作人。

致许寿裳

1932 年 10 月 26 日作，见《名人手札》。

穷袴

载 1932 年 11 月 1 日《新月》月刊第 4 卷第 5 期，署名岂明。

致沈启无

1932 年 11 月 5 日，收《周作人书信》。

致沈启无

　　1932年11月11日作。收《周作人书信》。

致俞平伯

　　1932年11月13日作。收《周作人书信》。

致俞平伯

　　1932年11月15日作。收《周作人书信》。

致废名

　　1932年11月23日作。收《周作人书信》。

《杂拌儿之二》序

　　1932年11月25日作。收《苦雨斋序跋文》。

《越谚》跋

　　1932年11月26日作。收《苦雨斋序跋文》。

致俞平伯

　　1932年12月1日作。收《周作人书信》。

致废名

　　1932年12月12日作。收《周作人书信》。

致江绍原

　　1932年12月21日作,见《佚简笺注》。

1933年

致江绍原
　　1933年1月12日作,见《佚简笺注》。

致曹聚仁
　　1933年1月14日作,载1934年10月20日《人间世》第14期,署名知堂。

致江绍原
　　1933年1月21日作,见《佚简笺注》。

致江绍原
　　1933年1月24日作,见《佚简笺注》。

致沈启无
　　1933年1月30日作。收《周作人书信》。

致废名
　　1933年1月31日作。收《周作人书信》。

致江绍原
　　1933年1月31日作,见《佚简笺注》。

《知堂文集》序
　　1933年2月20日作。收《知堂文集》。

致废名
    1933年2月21日。收《周作人书信》。
致沈启无
    1933年2月24日。收《周作人书信》。
致俞平伯
    1933年2月24日。收《周作人书信》。
《潮州七贤故事集》序
    1933年2月24日作。收《苦雨斋序跋文》。
致俞平伯
    1933年2月25日作。收《周作人书信》。
致俞平伯
    1933年3月4日作。收《周作人书信》。
致江绍原
    1933年3月4日作,见《佚简笺注》。
致俞平伯
    1933年3月8日作。收《周作人书信》。
致江绍原
    1933年3月11日作,见《佚简笺注》。
致江绍原
    1933年3月17日作,见《佚简笺注》。
致俞平伯
    1933年3月18日作。收《周作人书信》。
致沈启无
    1933年3月31日作。收《周作人书信》。
与某君书
    1933年4月7日作,载当年5月20日《人间世》第4期,署名岂明。收《夜读抄》。
致施蛰存
    1933年4月9日作,署名周作人。收《现代作家书简》。

书与尺牍——致李小峰(《周作人书信》序信)

  1933年4月17日作,载当年6月5日《青年界》第3卷第4期,署名周作人。

题永明三年砖拓本

  载1933年5月5日作,载同年7月1日《艺风》月刊第1卷第7期,署名周作人。

题魏慰农先生家书后

  1933年5月30日作,载1934年5月20日《人间世》第4期,署名岂明。收《夜读抄》。

药庐短简

  载1933年6月5日《青年界》第3卷第4期,署名周作人。

致江绍原

  1933年6月12日作,见《佚简笺注》。

  载1933年6月日本《支那语》第2卷第6号,署周作人作、日本内之宫金城译注。

致江绍原

  1933年7月3日作,见《佚简笺注》。

《文学的艺术》译本序

  1933年7月9日作。收《苦雨斋序跋文》。

致施蛰存

  1933年7月11日作,署名周作人。收孔另境编《现代作家书简》。

废名所藏苦雨斋尺牍跋

  1933年7月25日作,载1934年5月20日《人间世》第4期,署名岂明。收《夜读抄》。

笑话论(《苦雨庵笑话选》序)

  1933年7月27日作,载当年9月1日《青年界》第4卷第2号,署名周作人。收《苦雨斋笑话集》。

为半农题撅跤图
   1933 年 8 月 4 日作,载 1934 年 6 月 5 日《人间世》第 5 期,署名岂明。收《夜读抄》。

致施蛰存信
   1933 年 8 月 13 日作,署名周作人。收《现代作家书简》。

性的心理
   1933 年 8 月 18 日作。收《夜读抄》。

《猪鹿狸》
   载 1933 年 9 月 23 日《大公报》文艺副刊第 1 期,署名岂明。收《夜读抄》。

致许寿裳
   1933 年 9 月 25 日作,见《鲁迅研究资料》第 23 辑。

致施蛰存信
   1933 年 10 月 16 日作,署名周作人。收《现代作家书简》。

缢女图考释
   1933 年 10 月 20 日作,载同年 11 月 16 日《论语》第 29 期,署名难知。收《夜读抄》。

《颜氏学记》
   载 1933 年 10 月 25 日《大公报》文艺副刊第 10 期,署名岂明。收《夜读抄》。

画蛇闲话
   1933 年 10 月作。收《夜读抄》。

《蠕范》
   1933 年 10 月作,载当月 14 日《大公报》文艺副刊第 7 期,署名岂明。收《夜读抄》。

性的知识
   载 1933 年 11 月 1 日《现代》第 4 卷第 1 期,署名周作人。

致江绍原
   1933 年 11 月 5 日作,见《佚简笺注》。

书赠陶辑民君

1933年11月13日作,载1934年6月5日《人间世》第5期,署名岂明。收《夜读抄》。

《兰学事始》

载1933年11月22日《大公报》文艺副刊第18期,署名岂明。收《夜读抄》。

致曹聚仁

1933年11月28日作,载1934年10月20日《人间世》第14期,署名知堂。

致江绍原

1933年12月5日作,见《佚简笺注》。

《习俗与神话》

1933年12月11日作,载1934年1月《青年界》第5卷第1号,署名岂明。收《夜读抄》。

《听耳草纸》

载1933年12月23日《大公报》文艺副刊第27期,署名岂明。收《夜读抄》。

1934年

《一岁货声》之余

　　1934年1月11日作,载当月17日《大公报》文艺副刊第33期,署名岂明。收《夜读抄》。

五十诞辰自咏诗稿(二首)

　　1934年1月13日、15日作,载当年2月《现代》第4卷第4期,署名知堂。

希腊神话(一)

　　1934年1月24日作,载当年3月《青年界》第5卷第3期,署名周作人。收《夜读抄》。

《金枝上的叶子》

　　1934年2月7日作,载当月21日《大公报》文艺副刊第43期,署名岂明。收《夜读抄》。

一岁货声之余

　　1934年2月10日作,载当月17日《大公报》文艺副刊第42期,署名岂明。收《夜读抄》。

指鬘故事的进化(日本松本文三郎作)

　　1934年2月16日译,载当年4月20日《文史》第1卷第1期,署周作人译。

《苦雨斋序跋文》自序

1934年2月18日作。收《苦雨斋序跋文》。

《清嘉录》

1934年3月4日作,载当月10日《大公报》文艺副刊第48期,署名岂明。收《夜读抄》。

《罗黑子手札》跋

1934年3月10日作,载当年6月5日《人间世》第5期,署名岂明。收《夜读抄》。

希腊神话(二)

1934年3月12日作,载5月《青年界》第5卷第5期,署名周作人。收《夜读抄》。

致江绍原

1934年3月13日作,见《佚简笺注》。

厂甸

1934年3月15日作,载当年4月5日《人间世》第1期,署名岂明。收《夜读抄》。

致许世瑛

1934年3月15日作,藏北京鲁迅博物馆。

致江绍原

1934年3月21日作,见《佚简笺注》。

《五老小简》

1934年3月22日作,载当月28日《大公报》文艺副刊第53期,署名岂明。收《夜读抄》。

《花镜》

1934年3月26日作,载当年4月2日《华北日报》文艺周刊创刊号,署名岂明。收《夜读抄》。

致江绍原

1934年3月26日作,见《佚简笺注》。

《颜氏家训》
   1934年4月9日作,载当月14日《大公报》文艺副刊第58期,署名岂明。收《夜读抄》。

鬼的生长
   1934年4月17日作,载当月21日《大公报》文艺副刊第60期,署名岂明。收《夜读抄》。

苦茶庵小文(一)·小引
   1934年4月18日作,载当年5月20日《人间世》第4期。

《塞耳彭自然史》
   1934年4月24日作,载当年6月《青年界》第6卷第1期,署名周作人。收《夜读抄》。

《甲行日注》
   1934年5月1日作,载当月7日《华北日报》文艺周刊第6期,署名岂明。收《夜读抄》。

《男化女》
   1934年5月7日作,载当月12日《大公报》文艺副刊第66期,署名岂明。收《夜读抄》。

太监
   1934年5月13日作,载当月20日《独立评论》第101期,署名岂明。收《夜读抄》。

论泄气
   载1934年5月13日《华北日报》每日谈座第61期,署名跫堂。收《夜读抄》。

《和尚与小僧》
   1934年5月21日作,载5月26日《大公报》文艺副刊第70期,署名岂明。收《夜读抄》。

论妒妇
   载1934年5月22日《华北日报》每日谈座,署名跫堂。收《夜读抄》。

论伊川说诗

载 1934 年 5 月 26 日《华北日报》每日谈座,署名跞堂。收《夜读抄》。

再论吃茶

1934 年 5 月作。收《夜读抄》。

《文饭小品》续

1934 年 6 月 5 日作,载 1934 年 8 月 5 日《人间世》第 9 期,署名岂明。收《夜读抄》。

《江洲笔谈》

1934 年 6 月 11 日作,载 6 月 16 日《大公报》文艺副刊第 76 期,署名岂明。收《夜读抄》。

文饭小品续

载 1934 年 6 月 20 日《人间世》第 10 期,署名岂明。

西洋也有臭虫——致适之

1934 年 6 月 20 日作,载当年 7 月 1 日《独立评论》第 107 期,署名周作人。

《五杂俎》

1934 年 6 月 22 日作,载当月 30 日《大公报》文艺副刊第 80 期,署名岂明。收《夜读抄》。

和刘半农《自题画像》(诗)

载 1934 年 7 月 1 日《论语》第 44 期,署名周作人。

《百廿虫吟》

1934 年 6 月作。收《夜读抄》。

致《大公报·图书副刊》

载 1934 年 7 月 7 日《大公报·图书副刊》第 34 期。

致江绍原

1934 年 7 月 17 日作,见《佚简笺注》。

现代支那文学

载 1934 年 7 月 26 日日本《读卖新闻》,署名周作人。

致江绍原

1934年8月8日作,见《佚简笺注》。

《朝鲜民间故事》序

载1934年9月1日《女子月刊》第2卷第9期,署名周作人。

闲话日本文学

1934年9月4日作,载1934年9月24日《国闻周报》第11卷第38期,署名周作人。

关于大众语问题的发言

载1934年9月15日《社会月报》第1卷第4期,署名周作人。

《夜读抄》后记

1934年9月17日作,收《夜读抄》。

现代支那文学

载1934年9月日本《支那语》第25卷第9期,署名周作人。

谈谈日本文学——与改造社记者谈话

载1934年9月日本《改造》杂志第16—10期,署名周作人。

致江绍原

1934年10月3日作,见《佚简笺注》。

致江绍原

1934年10月4日作,见《佚简笺注》。

致江绍原

1934年10月6日作,见《佚简笺注》。

骨董小记

1934年10月12日作,载当年11月10日《水星》月刊第1卷第2期,署名知堂。收《苦茶随笔》。

《洗斋病学草》

1934年10月17日作,载10月20日《大公报》文艺副刊第112期,署名知堂。收《苦茶随笔》。

《古槐梦遇》序

1934年10月21日作,载当年11月3日《大公报》文艺副刊第

116期,署名知堂。收《苦茶随笔》。

致江绍原

1934年10月25日作,见《佚简笺注》。

题刘半农钱玄同合影

1934年11月1日作,载当年12月5日《人间世》第17期,署名周作人。

谈日本文坛派别

载1934年11月2日《晨报》,署名周作人。

关于宫刑

1934年11月12日作,载当月16日《华北日报》每日谈座第217期,署名难知。收《苦茶随笔》。

重刊《袁中郎集》序

1934年11月13日作,载当月17日《大公报》文艺副刊第120期,署名知堂。收《苦茶随笔》。

《现代散文选》序

1934年11月16日作,载当年12月1日《大公报》文艺副刊第124期,署名知堂。收《苦茶随笔》。

论救救孩子——题李长之《文学论文集》后

1934年11月20日作,载当年12月8日《大公报》文艺副刊第126期,署名知堂。收《苦茶随笔》时改题为《〈长之文学论文集〉跋》。

谈冯梦龙与金圣叹

1934年11月24日作,载1935年1月5日《人间世》第19期,署名知堂。收《苦茶随笔》时改题为《墨憨斋编〈山歌〉跋》。

半农纪念

1934年11月30日作,载当年12月20日《人间世》第18期,署名知堂。收《苦茶随笔》。

关于林琴南

载《华北日报》每日文艺第3号,署名难知。收《苦茶随笔》。

关于读圣书

载 1934 年 12 月 5 日《华北日报》每日文艺,署名难知。收《苦茶随笔》。

致江绍原

1934 年 12 月 8 日作,见《佚简笺注》。

《论语》小记

1934 年 12 月 9 日作,载 1935 年 1 月 10 日《水星》月刊第 1 卷第 4 期,署名知堂。收《苦茶随笔》。

关于分娩

载 1934 年 12 月 10 日《华北日报》每日文艺,署名难知。收《苦茶随笔》。

致施蛰存

载 1934 年 12 月 11 日作,收《现代作家书简》,署名周作人。

《儿童故事》序

1934 年 12 月 13 日作,载当月 26 日《大公报》文艺副刊第 131 期,署名知堂。收《苦茶随笔》。

弃文就武

1934 年 12 月 22 日作,载 1935 年 1 月 6 日《独立评论》第 134 期,署名知堂。收《苦茶随笔》。

关于捉同性恋爱

载 1934 年 12 月 27 日《华北日报》每日文艺第 27 期,署名难知。收《苦茶随笔》。

《古音系研究》序

1934 年 12 月 31 日作,载 1935 年 2 月《文饭小品》创刊号,署名周作人。收《苦茶随笔》。

保定定县之游

1934 年 12 月作。收《苦茶随笔》。

孔德学校纪念日的旧话

1934 年 12 月作。收《苦竹杂记》。

周作人自述

1934年12月作。收1934年12月上海北新书局版陶明志编《周作人论》。

1935年

关于日本语

　　1935年1月1日作,载当月《日文》第2卷第1期,署名知堂。

　　收《苦竹杂记》。

男身化女身

　　载1935年1月1日《妇女旬刊》第19卷第1期,署名周作人。

巴斯妇人的故事(英国 Chaucer 作)

　　载1935年1月1日《论语》第56期,署开明译。

一九三四年我所爱读的书籍

　　载1935年1月5日《人间世》第19期,署名周作人。

致赵家璧

　　1935年1月6日作,收《现代作家书简》。

关于"王顾左右"

　　载1935年1月7日《华北日报》每日文艺第35期,署名不知。

　　收《苦茶随笔》。

中国妇女应上哪儿跑

　　载1935年1月7日《妇女旬刊》第19卷第2期。

谈韩退之与桐城派

  1935年1月15日作,载当年2月5日《人间世》第21期,署名知堂。收《苦茶随笔》时改题为《厂甸之二》。

致赵家璧

  1935年1月15日作,收《现代作家书简》。

蔼理斯的时代

  载1935年1月20日《大公报》文艺副刊第135期,署名知堂。收《苦茶随笔》。

希腊的神·英雄·人

  1935年1月28日作,载2月3日《大公报》文艺副刊第137期,署名知堂。收《苦茶随笔》。

阿Q的旧帐

  载1935年2月2日《华北日报》每日文艺第61期,署名不明。收《苦茶随笔》。

关于耆老行乞

  载1935年2月7日《华北日报》每日文艺第66期,署名不知。收《苦茶随笔》。

《中国新文学大系·散文一集》编选感想

  载1935年2月15日《新小说》第1卷第2期,署名周作人。

关于画廊

  1935年2月21日作,载当年3月10日《水星》第1卷第6期,署名知堂。收《苦茶随笔》时改题为《〈画廊集〉序》。

关于苦茶

  1935年2月作,载当年3月13日《益世报》文学副刊第2期,署名知堂。收《苦茶随笔》。

《食味杂咏》注

  1935年3月13日作,载当年4月《文饭小品》第3期,署名知堂。收《苦茶随笔》。

《现代作家笔名录》序
　　1935年3月18日作,载当年4月14日《大公报》文艺副刊第147期,署名知堂。收《苦茶随笔》。

岳飞与秦桧
　　载1935年3月21日《华北日报》每日文艺第108期,署名不知。收《苦茶随笔》。

关于写文章
　　载1935年3月24日《大公报》文艺副刊第144期,署名知堂。收《苦茶随笔》。

《思痛记》及其他
　　载1935年3月26日《华北日报》每日文艺第113期,署名不知。收《苦茶随笔》时改题为《讲道理》。

关于扫墓
　　1935年3月作,载当年4月1日《华北日报》每日文艺第119期,署名不知,收《苦茶随笔》。

关于写文章二
　　载1935年4月3日《华北日报》每日文艺第121期,署名不知。收《苦茶随笔》。

与谢野先生纪念
　　1935年4月3日作,载当年4月24日《益世报》文学副刊第8期,署名知堂。收《苦茶随笔》。

科学小品
　　1935年4月7日作,载当年5月《文饭小品》第4期,署名知堂。收《苦茶随笔》。

关于命运
　　载1935年4月21日《大公报》文艺副刊第148期,署名知堂。收《苦茶随笔》。

关于英雄崇拜
　　载1935年4月21日《华北日报》每日文艺第139期,署名不知。收《苦茶随笔》。

蛙的教训

载 1935 年 4 月 24 日《华北日报》每日文艺第 142 期,署名不知。收《苦茶随笔》。

杨柳

1935 年 4 月作,载当年 5 月 5 日《独立评论》第 149 期,署名知堂。收《苦茶随笔》。

《市河先生》

1935 年 4 月作。收《苦竹杂记》。

希腊的神.英雄.人

载《妇女旬刊》第 19 卷第 8 期,署名周作人。

《东京散策记》

载 1935 年 5 月 5 日《人间世》第 27 期,署名知堂。收《苦茶随笔》。

情理

载 1935 年 5 月 12 日《实报·星期偶感》,署名知堂。收《苦茶随笔》。

日本管窥

载 1935 年 5 月 13 日《国闻周报》第 12 卷第 18 期,署名知堂。收《苦茶随笔》。

致《日文与日语》编者信

1935 年 5 月 13 日作,载当年 6 月 1 日《日文与日语》第 2 卷第 6 期,署名周作人。

隅卿纪念

1935 年 5 月 15 日作,载当月 19 日《大公报》文艺副刊第 152 期,署名知堂。收《苦茶随笔》。

关于考试

载 1935 年 5 月 16 日《华北日报》每日文艺第 161 期,署名不知。收《苦茶随笔》。

惟有孟母可作女范
　　载1935年5月16日《妇女旬刊》第19卷第9号,署名周作人。
关于孟母
　　载1935年5月19日《独立评论》第151号,署名知堂。收《苦茶随笔》。
致梁实秋
　　1935年5月24日作,载《传记文学》第11卷第3期。
《关于十九篇》小引
　　1935年5月26日作。收《苦茶随笔》。
关于割股
　　1935年5月作。收《苦茶随笔》。
猫头鹰
　　1935年5月作,载1935年9月《青年界》第8卷第1号,署名周作人。收《苦茶随笔》。
《我是猫》
　　1935年5月作。收《苦茶随笔》。
《苦茶随笔》后记
　　1935年6月1日作,载当年7月24日《益世报》文学副刊第21期,署名知堂。收《苦茶随笔》。
关于命运之二
　　载1935年6月2日《大公报》文艺副刊第154期,署名知堂。收《苦茶随笔》。
地图(日本永井荷风作)
　　1935年6月2日译,载1935年6月《文饭小品》第5期,署知堂译。
谈金圣叹
　　1935年6月8日作,载当年7月5日《人间世》第31期,署名知堂。收《苦竹杂记》。

《苦竹杂记》小引

　　1935 年 6 月 13 日作,载当月 23 日《大公报》文艺副刊第 157 期。收《苦竹杂记》。

《冬天的蝇》

　　1935 年 6 月 15 日作,载当月 23 日《大公报》文艺副刊第 157 期,署名知堂。收《苦竹杂记》。

常识

　　载 1935 年 6 月 16 日《实报》星期偶感,署名知堂。收《苦竹杂记》。

《醉余随笔》

　　载 1935 年 6 月 21 日《华北日报》每日文艺第 196 期,署名不知。收《苦竹杂记》。

日本管窥之二

　　1935 年 6 月 21 日作,载当年 6 月 24 日《国闻周报》第 12 卷第 24 期,署名知堂。收《苦竹杂记》时改题为《日本的衣食住》。

王韬的酒色烟

　　1935 年 6 月 21 日作,载当年 7 月 4 日《益世报》读书周刊第 5 期,署名知堂。收《苦竹杂记》时改题为《关于王韬》。

十竹斋的小摆设

　　载 1935 年 6 月 25 日《文饭小品》第 1 卷第 5 期,署名难知。

《和文汉读法》

　　1935 年 6 月作。收《苦竹杂记》。

致梁实秋

　　1935 年 7 月 6 日作,载《传记文学》第 11 卷第 3 期。

日文丛谈

　　载 1935 年 7 月 6 日《日文》第 3 卷第 6 期,署名知堂。

致梁实秋

　　1935 年 7 月 7 日作,载《传记文学》第 11 卷第 3 期。

孙贲与大津皇子的诗

　　载1935年7月13日《京报》诗剧文副刊第71期,署名知堂。收《苦竹杂记》时改题为《孙贲绝命诗》。

刘青园常谈

　　1935年7月18日作,载当月28日《大公报》文艺副刊第162期,署名知堂。收《苦竹杂记》。

谈文

　　载1935年7月21日《实报》星期偶感,署名知堂。收《苦竹杂记》。

《柿子的种子》

　　1935年7月26日作,载8月11日《大公报》文艺副刊第164期,署名知堂。收《苦竹杂记》。

《如梦录》

　　1935年7月28日作,载8月3日《华北日报》每日文艺第238期,署名不知。收《苦竹杂记》。

《日本话本》

　　1935年7月作,收《苦竹杂记》。

关于焚书坑儒

　　1935年7月作,载当年9月16日《宇宙风》第1集第1期,署名知堂。收《苦竹杂记》

《煮药漫抄》

　　1935年7月作,载当年8月3日《大公报·小公园》。收《苦竹杂记》。

明末的兵与虏

　　1935年8月4日作,载当年10月1日《宇宙风》第2期,署名知堂。收《苦竹杂记》时改题为《拜环堂尺牍》。

《苦茶随笔》序

　　1935年8月15日作,载当月25日《大公报》文艺副刊第166期,署名知堂。收《苦茶随笔》。后收《苦竹杂记》时改题为《杜牧之句》。

读禁书

1935年8月16日作,载当年9月1日《独立评论》第166期,署名知堂。收《苦竹杂记》。

致施蛰存信

1935年8月18日作。收《现代作家书简》。

国难

载1935年8月21日《莘莘旬刊》第1卷第19至21期合刊,署名凯明。

《中国新文学大系·散文一集》导论

1935年8月24日作,载《中国新文学大系·散文一集》,署名周作人。

责任

载1935年8月25日《实报副刊》星期偶感,署名知堂。收《苦竹杂记》。

文字的趣味

1935年8月作。收《苦竹杂记》。

两国烟火

1935年9月2日作,载当月22日《大公报·文艺》第13期,署名知堂。收《苦竹杂记》。

文章的放荡

1935年9月5日作,载当月8日《大公报·文艺》第5期,署名知堂。收《苦竹杂记》。

笠翁与随园

载1935年9月6日《大公报》文艺第4期,署名知堂。收《苦竹杂记》。

关于禽言

1935年9月7日作,载9月13日《大公报》文艺副刊第8期,署名知堂。收《苦竹杂记》。

《广东新语》

1935年9月11日作,载当年10月20日《人间世》第38期,署名知堂。收《苦竹杂记》。

说闲情

1935年9月24日作,载当年11月1日《宇宙风》第4期,署名知堂。收《苦竹杂记》时改题为《〈古南余话〉》。

致施蛰存信

1935年9月25日作。收《现代作家书简》。

再谈文

载1935年9月29日《实报》星期偶感,署名知堂。收《苦竹杂记》。

情书与文章

载1935年9月30日《华北日报》每日文艺第295期,署名不知。收《苦竹杂记》时改题为《情书写法》。

关于活埋

1935年9月作,载当年10月7日《国闻周报》第12卷第39期,署名知堂。收《苦竹杂记》。

畏天悯人

1935年10月3日作,载当年10月7日《大公报》文艺副刊第21期,署名知堂,收《苦竹杂记》。

谈油炸鬼

1935年10月7日作,载当月16日《宇宙风》第3期,署名知堂。收《苦竹杂记》。

《岭南杂事诗钞》

1935年10月10日作,载当月25日《大公报》文艺副刊第31期,署名知堂。收《苦竹杂记》。

儿时的回忆

载1935年10月13日《大公报》文艺副刊第24期,署名知堂。收《苦竹杂记》。

《隅田川两岸一览》

  1935年10月19日作,载当年11月3日《大公报》文艺副刊第36期,署名知堂。收《苦竹杂记》。

致钱玄同

  1935年10月24日作,见《名人手札》。

致钱玄同

  1935年10月27日作,见《名人手札》。

《幼小者之声》

  1935年10月27日作。收《苦竹杂记》。

入厕读书

  1935年10月作,载当年11月16日《宇宙风》第5期,署名知堂。收《苦竹杂记》。

文字的趣味(二)

  1935年10月作。收《苦竹杂记》。

模糊

  1935年11月4日作,载当月15日《大公报》文艺副刊第43期,署名知堂。收《苦竹杂记》。

谈桐城派与随园

  1935年11月8日作,载当年12月1日《宇宙风》第6期,署名知堂。收《苦竹杂记》。

《苦竹杂记》题记

  1935年11月13日作,载当月17日《大公报》,署名知堂。收《苦竹杂记》时改为"后记"。

致许寿裳

  1935年11月19日作,见《鲁迅研究资料》第23辑。

郝氏说诗

  载1935年11月21日《益世报》读书周刊第25期,署名知堂。收《苦竹杂记》。

谈土拨鼠——为尤君题《杨柳风》译本

1935年11月23日作,载当月29日《晨报》,署名知堂。收《苦竹杂记》时改题为《谈土拨鼠》。

致钱玄同

1935年11月30日作,见《名人手札》。

谈中小学

1935年11月作。收《苦竹杂记》。

说鬼

1935年11月作。收《苦竹杂记》。

关于傅青主

1935年11月作,载当年12月16日《宇宙风》第7期,署名知堂。收《风雨谈》

忆童年

载1935年12月1日《妇女旬刊》第19卷第21期,署名周作人。

《风雨谈》小引

1935年12月6日作,载1936年1月1日《宇宙风》第8期,署名知堂。收《风雨谈》。

《游山日记》

1935年12月8日作,载1936年1月1日《宇宙风》第8期,署名知堂。收《风雨谈》。

衣食

载1935年12月8日《实报》,署名知堂。

老年

1935年12月11日作,载当月20日《晨报》,署名知堂。收《风雨谈》。

三部乡土诗

1935年12月15日作,载1936年1月1日《大公报》文艺副刊第70期,署名知堂。收《风雨谈》。

越中文献杂录

  1935年12月20日作,载1936年1月16日《越风》第6期,署名周作人。

致施蛰存信

  1935年12月24日作。收《现代作家书简》。

《记海错》

  1935年12月24日作,载1936年1月16日《宇宙风》第9期,署名知堂。收《风雨谈》。

民廿五贺年诗(遗作)

  1935年12月24日作,见止庵《知堂的一首佚诗》,载1998年11月28日《文汇读书周报》。

本色

  1935年12月25日作,载1935年12月30日《北平晨报》,署名知堂。收《风雨谈》。

宋人的文章思想

  1935年12月28日作,载1936年2月1日《宇宙风》第10期,署名知堂,收《风雨谈》时改题为《〈钝吟杂录〉》。

日本管窥之三

  1935年12月作,载1936年1月1日《国闻周报》第13卷第1期,署名知堂。收《风雨谈》。

刘半农先生挽辞

  载1935年《国语周刊》第159期,署名周作人。

白涤州先生挽辞

  载1935年《国语周刊》第161期,署名周作人。

故国立北平大学教授刘君墓志

  载1935年北京大学《国学季刊》第4卷第4号,署名周作人。

致许寿裳

  1935年冬作,见《鲁迅研究资料》第23辑。

1936年

二十四年我的爱读书

　　载1936年1月1日《宇宙风》第8期,署名周作人。

致江绍原

　　1936年1月2日作,见《佚简笺注》。

毛氏说诗

　　1936年1月4日作,载1月16日《益世报》读书周刊第32期,
　　署名知堂。收《风雨谈》。

谈策论

　　1936年1月8日作,载1936年1月17日《自由评论》第9期,
　　署名知堂。收《风雨谈》。

关于纸

　　1936年1月8日作。收《风雨谈》。

《燕京岁时记》

　　载1936年1月13日《北平晨报》,署名知堂。收《风雨谈》。

螟蛉与萤火

　　1936年1月14日作,载当年3月《青年界》第9卷第3期,署名
　　周作人。收《风雨谈》。

关于家训
    1936 年 1 月 17 日作,载当月 27 日《北平晨报》,署名知堂。收《风雨谈》。

安徒生的四篇童话
    1936 年 1 月作,载当年 2 月 10 日《国闻周报》第 13 卷第 5 期,署名知堂。收《风雨谈》。

说鬼
    1936 年 1 月作,载当月《青年界》第 9 卷第 1 期,署名周作人。收《苦竹杂记》。

《窭存》
    1936 年 1 月作,载当年 2 月 16 日《宇宙风》第 11 期,署名知堂。收《风雨谈》。

谈错字
    1936 年 2 月 4 日作,载当月 10 日《北平晨报》,署名知堂。收《风雨谈》。

关于王谑庵
    1936 年 2 月 10 日作,载当月 27 日《益世报》读书周刊第 37 期,署名知堂。收《风雨谈》。

陶筠厂论竟陵派
    1936 年 2 月 12 日作,载当年 4 月 1 日《宇宙风》第 14 期,署名知堂。收《风雨谈》。

北平的春天
    1936 年 2 月 14 日作,载当年 3 月 16 日《宇宙风》第 13 期,署名知堂。收《风雨谈》。

买墨小记
    1936 年 2 月 15 日作,载当月 24 日《北平晨报》,署名知堂。收《风雨谈》。

致陶亢德
    1936 年 2 月 27 日作,载 1943 年 4 月《古今》半月刊第 20、21 期

合刊。

逸语与论语并说到孔子的益友
1936年2月作,载当年4月16日《宇宙风》第15期,署名知堂。收《风雨谈》时改题为《论语与逸语》。

谈诗文
1936年2月作,载当年3月1日《宇宙风》第12期,署名知堂。收《风雨谈》时改题为《郁冈斋笔麈》。

《日本杂事诗》
1936年3月3日作,载当年4月5日《逸经》半月刊第3期,署名周作人。收《风雨谈》。

吴仲仙《读诗一得》跋
1936年3月8日作,署名知堂作人。

日本的落语
载1936年3月9日《北平晨报》,署名知堂。收《风雨谈》。

王锡侯书法精言
1936年3月10日作,载当年5月5日《逸经》第5期,署名周作人。收《风雨谈》时改题为《书法精言》。

文学的未来
1936年3月14日作,载1936年《自由评论》第17期,署名知堂。收《风雨谈》。

万民伞
1936年3月21日作。收《瓜豆集》。

文人之行
1936年3月28日作,载5月1日《宇宙风》第16期,署名知堂。收《风雨谈》时改题为《〈蒿庵闲话〉》。

连运
载1936年3月29日《大公报》文艺第118期,署名申寿。

旧日记抄
1936年3月30日作,收《风雨谈》。

《绍兴儿歌述略》序

　　1936年4月3日作,载当月18日《歌谣》第2卷第3期,署名周作人。收《风雨谈》。

谈雅片

　　1936年4月9日作,载当年5月16日《宇宙风》第17期,署名知堂。收《风雨谈》时改题为《〈雅片事略〉》。

《梅花草堂笔谈》等

　　1936年4月11日作,载《益世报·读书周刊》第46期,署名知堂。收《风雨谈》。

读戒律

　　1936年4月14日作,载当年9月《青年界》第10卷第2期,署名周作人。收《风雨谈》。

略谈中西文学

　　1936年4月15日作,载武汉《人间世》第1期,署名周作人。

关于童二树

　　1936年4月22日作,载当年5月28日《越风》第13期,署名周作人。收《瓜豆集》。

《风雨后谈》小引

　　1936年5月4日作,载当年6月1日《宇宙风》第18明,署名知堂。收《瓜豆集》。

关于雷公

　　1936年5月4日作,载当年6月1日《宇宙风》第18明,署名知堂。收《瓜豆集》。

北平的好坏

　　1936年5月9日作,载当年6月16日《宇宙风》第19期,署名知堂。收《瓜豆集》。

改名纪略

　　1936年5月13日作,载当年6月《实报》半月刊第16期,署名智堂。收《风雨谈》。

谈七月在野

  1936 年 5 月 18 日作,载当月 28 日《益世报·读书周刊》第 50 期,署名智堂。收《瓜豆集》。

窃案声明

  1936 年 5 月 25 日作。收《风雨谈》。

致林语堂

  1936 年 6 月 4 日作,载当年 9 月 16 日《宇宙风》第 25 期,署名知堂。

尾久杀人事件

  1936 年 6 月 6 日作,载 1937 年 7 月 1 日《宇宙风》第 20 期,署名知堂。收《瓜豆集》时改题为《尾久事件》。

谈鬼论

  1936 年 6 月 11 日作,载当年 7 月 1 日《论语》第 91 期,署名知堂。收《瓜豆集》。

国语与汉字——致胡适之

  1936 年 6 月 12 日作,载当月 28 日《独立评论》第 207 号,署名周作人。

再论万民伞

  1936 年 6 月 13 日作。收《瓜豆集》。

女子的去路

  1936 年 6 月 25 日作,载当年 7 月 16 日《宇宙风》第 21 期,署名知堂。收《瓜豆集》时改题为《刘香女》。

谈日本文化书

  1936 年 7 月 5 日作,载当年 10 月 1 日《宇宙风》第 26 期,署名知堂。收《瓜豆集》。

中国的滑稽文学

  1936 年 7 月 16 日作,载当年 8 月 16 日《宇宙风》第 23 期,署名知堂。收《瓜豆集》时改题为《常言道》。

《藤花亭镜谱》

  1936年7月24日作,载当月30日《益世报·读书周刊》第59期,署名知堂。收《瓜豆集》。

急进的妓女

  1936年7月25日作,载当年9月1日《宇宙风》第24期,署名知堂。收《瓜豆集》时改题为《鬼怒川事件》。

老人的胡闹

  1936年7月31日作,载当年9月16日《论语》第96期,署名知堂。收《瓜豆集》。

再谈油炸鬼

  1936年7月作,载当年9月1日《论语》第95期,署名知堂。收《瓜豆集》。

论马琴

  载1936年8月1日日本《新天地》16—8,署名周作人。

怀东京

  1936年8月8日作,载当年9月16日《宇宙风》第25期,署名知堂。收《瓜豆集》。

谈日本文化书其二

  1936年8月14日作,载当年10月1日《宇宙风》第26期,署名知堂。收《瓜豆集》。

关于邵无恙

  1936年8月20日作,载当年9月15日《越风》第19期,署名周作人。收《瓜豆集》。

怀东京之二

  1936年8月27日作,载当年10月1日《宇宙风》第26期,署名知堂。收《瓜豆集》。

希腊人的好学

  1936年8月作,载当年12月20日《西北风》第14期,署名知堂。收《瓜豆集》。

自己的文章

1936年9月2日作,载当年10月《青年界》第10卷第3期,署名周作人。收《瓜豆集》。

结缘豆

1936年9月8日作,载当年10月10日《谈风》第1期,署名周作人。收《瓜豆集》。

《风雨谈》后记

1936年9月10日作。收《风雨谈》。

读报者言

1936年9月17日作,载1936年10月16日《实报》半月刊第2年第1期,署名智堂。

伊索寓言的忌讳

1936年9月18日作,载当月22日《立报·言林》,署名周作人。

关于试帖

1936年9月20日作,载当年10月16日《宇宙风》第27期,署名知堂。收《瓜豆集》。

常谈丛录

1936年9月28日作,载当年11月《青年界》第10卷第4期,署名周作人。收《瓜豆集》。

关于贞女

1936年9月作《关于贞女》。收《瓜豆集》。

所谓亲日派

载1936年9月日本《新天地》16—9,署名周作人。

通俗文章

载1936年10月1日《世界日报·明珠》第1期,署名智堂。

常谈丛录其二

1936年10月3日作,收《瓜豆集》。

英雄崇拜

　　载 1936 年 10 月 3 日《世界日报·明珠》第 3 期,署名智堂。

宋人议论

　　载 1936 年 10 月 7 日《世界日报·明珠》第 7 期,署名知堂。

关于尺牍

　　1936 年 10 月 8 日作,载当年 11 月 1 日《宇宙风》第 28 期,署名知堂。收《瓜豆集》。

《水浒》里的杀人

　　1936 年 10 月 9 日作,载当月 17 日《世界日报·明珠》第 17 期,署名智堂。

谈养鸟

　　1936 年 10 月 11 日作,载当年 11 月 25 日《谈风》第 3 期,署名周作人。收《瓜豆集》。

佛骨与肉

　　载 1936 年 10 月 11 日《世界日报·明珠》第 11 期,署名智堂。

家之上下四旁

　　1936 年 10 月 18 日作,载当年 11 月 16 日《论语》第 100 期,署名知堂。收《瓜豆集》。

遵命文学

　　载 1936 年 10 月 20 日《世界日报·明珠》第 20 期,署名智堂。

关于瑶光寺尼

　　载 1936 年 10 月 21 日《世界日报·明珠》第 21 期,署名智堂。

关于鲁迅

　　1936 年 10 月 24 日作,载当年 11 月 16 日《宇宙风》第 29 期,署名知堂。收《瓜豆集》。

吃茶

　　载 1936 年 10 月日本《新天地》16—10,署名周作人。

《瓜豆集》题记

　　1936 年 11 月 1 日作,载当年 12 月 10 日《谈风》第 4 期,署名知堂。

称名与避讳
载1936年11月1日《世界日报·明珠》第32期,署名智堂。

爆竹
载1936年11月3日《世界日报·明珠》第34期,署名智堂。

关于鲁迅之二
1936年11月7日作,载当年12月1日《宇宙风》第30期,署名知堂。收《瓜豆集》。

《读风臆补》
1936年11月15日作,载当月22日《中央日报·文史》第3期,署名知堂。收《秉烛谈》。

关于鲁迅书后
1936年11月17作,收《瓜豆集》。

谈斧政
载1936年11月25日《世界日报·明珠》第56期,署名智堂。

谈东方文化
1936年11月28日作,载当年12月2日《立报·言林》,署名周作人。

论骂人文章
1936年11月30日作,载当年12月16日《论语》第102期,署名知堂。

致候力的信
1936年12月1日作,载1936年12月19日《歌谣》第2卷第9期,署名周作人。

儿歌里的萤火(日本北原白秋作)
1936年12月1日译,载1936年12月19日《歌谣》第2卷第29期,署名知堂。

谈韩文
载1936年12月2日《世界日报·明珠》第63期,署名知堂。

收《秉烛谈》。

谈儒家

载 1936 年 12 月 4 日《世界日报·明珠》第 65 期,署名知堂。收《秉烛谈》。

《林皋间集》

1936 年 12 月 5 日作,载当月 13 日《中央日报·文史》第 6 期,署名知堂。收《秉烛谈》。

谈教小学生

载 1936 年 12 月 6 日《世界日报·明珠》第 66 期,署名知堂。

关于俞理初

1936 年 12 月 8 日作,载 1937 年 1 月 16 日《宇宙风》第 33 期,署名知堂。收《秉烛谈》。

关于《谑庵悔谑》

1936 年 12 月 9 日作,载 1937 年 1 月 10 日《谈风》第 6 期,署名周作人。收《瓜豆集》。

谈方姚文

载 1936 年 12 月 13 日《世界日报·明珠》第 73 期,署名知堂。收《秉烛谈》。

读书随笔

载 1936 年 12 月 16 日《宇宙风》第 31 期,署名知堂。收《秉烛谈》。

《银茶匙》

1936 年 12 月 17 日作,载 1937 年 1 月《青年界》第 11 卷第 1 号,署名周作人。收《秉烛集》。

谈画梅画竹

载 1936 年 12 月 18 日《世界日报·明珠》第 78 期,署名知堂。收《秉烛谈》。

记章太炎先生学梵文事

1936 年 12 月 20 日作,载 1937 年 1 月 30 日《越风》第 2 卷第 1

期,署名周作人。收《秉烛谈》。

《谈字学举隅》

载1936年12月29日《世界日报·明珠》第90期,署名知堂。收《秉烛谈》。

《妇人之笑》

1936年12月作。收《秉烛谈》。

六朝散文课程纲要说明(遗文)

1936年作,见《周作人集外文》(下)。

1937年

二十五年我的爱读书

载1937年1月1日《宇宙风》第32期,署名知堂。

女人的命运

1937年1月11日作,载当年2月16日《宇宙风》第35期,署名知堂。收《秉烛谈》时改题为《双节堂庸训》。

《江都二色》

1937年1月17日作,载当年2月《青年界》第11卷第2号,署名周作人。收《秉烛谈》。

赋得猫

1937年1月26日作,载当年3月1日《国闻周报》第14卷第8期,署名知堂。收《秉烛谈》。

朴丽子

1937年1月作,载当年3月《青年界》第11卷第3号,署名周作人。收《秉烛谈》。

读《檀弓》

1937年1月作,载当年2月8日《北平晨报·文艺》第5期,署名知堂。收《秉烛谈》。

《人境庐诗草》

1937年2月4日作,载当年3月5日《逸经》第25期,署名周作人。收《秉烛谈》。

致周建人

1937年2月9日作,藏北京鲁迅博物馆。

明朝之亡

1937年2月11日作,载当年3月16日《宇宙风》第37期,署名知堂。收《秉烛谈》时改题为《茨村新乐府》

《莲花筏》

1937年2月16日作,载当月28日《中央日报·文史》第14期,署名知堂。收《秉烛谈》。

再谈试帖

1937年2月18日作,载当月25日《益世报·读书周刊》第88期,署名知堂。收《秉烛谈》。

《凡人崇拜》

1937年2月23日作,载当年4月《青年界》第8卷第4期,署名周作人。收《秉烛谈》。

《浮世风吕》

1937年2月25日作。收《秉烛谈》。

《姑苏杂咏》

1937年2月25日作,载1939年10月1日《中国文艺》第1卷第2期,署名知堂。

谈食人

1937年3月1日作,载当年4月1日《宇宙风》第38期,署名知堂。收《秉烛谈》时改题为《谈史志奇》。

谈笔记

1937年3月10日作。收《秉烛谈》。

《曝背余谈》

1937年3月13日作,载1937年3月21日《中央日报·文史》

第17期,署名知堂。收《秉烛谈》。

歌谣与名物

1937年3月18日作,载当年4月3日《歌谣》第3卷第1期,署名周作人。收《秉烛谈》。

再谈尺牍

1937年3月28日作,载当年4月8日《益世报·读书周刊》第94期,署名知堂。收《秉烛谈》。

《老学庵笔记》

1937年3月30日作,载当年5月《青年界》第11卷第5期,署名周作人。收《秉烛谈》。

谈文字狱

1937年4月9日作,载当年5月16日《宇宙风》第41期,署名知堂。收《秉烛后谈》。

《秉烛谈》序

1937年4月10日作。收《秉烛后谈》。

谈中日的滑稽文章

载1937年4月10日《谈风》第12期,署名周作人。

文字的巧妙

载1937年4月16日《宇宙风》第39期,署名知堂。

谈俳文

载1937年4月18日《文学杂志》第1卷第2期,署名知堂。收《药味集》。

读《晚明小品选注》

1937年4月20日作,载当年5月6日《益世报·读书周刊》第98期,署名知堂。

《南堂诗钞》的禁诗

1937年4月22日作,载当年5月20日《逸经》第30期,署名周作人。收《秉烛后谈》。

自己所能做的

1937年4月24日作,载当年6月1日《宇宙风》第42期,署名知堂,收《秉烛后谈》。

谈过癖

1937年4月29日作,载当年5月16日《论语》第112期,署名知堂。收《秉烛后谈》。

谈日本文化书

载1937年4月日本《中国文学月报》第25号,署周作人作,松枝茂夫译。

鲁迅的事业

载1937年4月日本《中国文学月刊》第25号,署周作人作,吉村永吉译。

关于鲁迅

载1937年4月日本《改造》杂志19—4,署名周作人。

老年的书

1937年5月4日作。收《秉烛后谈》。

关于陶筠厂

1937年5月7日作。收《药味集》。

《思痛记》及其他

载1937年5月10日《谈风》第14期,署名知堂。

再谈俳文

载1937年5月14日《文学杂志》第1卷第3期,署名知堂。收《药味集》。

关于酒诫

1937年5月18日作,载当年6月16日《宇宙风》第43期,署名知堂。收《秉烛后谈》。

儿童诗

1937年5月20日作,载当年6月25日《谈风》第17期,署周作人,收《秉烛后谈》。

谈卓文君
  载 1937 年 5 月 25 日《北平晨报·风雨谈》第 31 期,署名知堂。收《秉烛后谈》。

《桑下谈》序
  1937 年 6 月 3 日作。收《秉烛后谈》。

绝句(诗)
  1937 年 6 月 3 日作。收《知堂杂诗抄》。

读《东莱博议》
  1937 年 6 月 7 日作,载当年 7 月 1 日《宇宙风》第 44 期,署名知堂。收《秉烛后谈》。

日本管窥之四
  1937 年 6 月 16 日作,载当月 28 日《国闻周报》第 14 卷第 25 期,署名知堂。收《知堂乙酉文编》。

论诗
  1937 年 6 月 21 日作,载当年 7 月 16 日《宇宙风》第 45 期,署名知堂。收《秉烛后谈》时改题为《贺贻孙论〈诗〉》。

谈娱乐
  1937 年 6 月 23 日作。收《秉烛后谈》。

谈宴会
  1937 年 6 月 24 日作。收《秉烛后谈》。

关于看不懂——致适之
  1937 年 6 月 28 日作,载当年 7 月 4 日《独立评论》第 241 期,署名知堂。

四月十四日
  载 1937 年 6 月《青年界》第 12 卷第 1 期(日记特辑),署名周作人。

在日本居住时期的鲁迅
  载 1937 年 6 月日本《文艺》5—6,署名周作人。

黑眼镜
    1937年7月1日作,载当月10日《北平晨报·风雨谈》第51期,署名知堂。

致王云五(代羽太芳子及其子女诉周建人)
    1937年7月3日作,藏北京鲁迅博物馆。

贺贻孙村谣
    1937年7月6日作,载当年10月1日《宇宙风》第48期,署名知堂。收《秉烛后谈》时改题为《水田居存诗》。

女人骂街
    1937年7月10日作,载1939年1月10日《朔风》第2期,署名知堂。收《秉烛后谈》。

谈混堂
    1937年7月12日作,载当年11月《西风》周年纪念特大号,署名知堂。收《秉烛后谈》。

谈孟子的骂人
    载1937年7月16日《论语》第116期,署名知堂。

谈劝酒
    1937年7月18日作,载1938年11月10日《朔风》月刊第1期,署名知堂。收《秉烛后谈》。

关于自己
    1937年7月22日作,载当年12月21日《宇宙风》第55期,署名知堂。

谈关公
    1937年8月5日作,载1938年8月4日《晨报·副刊》,署名药堂,收《秉烛后谈》。

致陶亢德
    1937年8月6日作,见《宇宙风》第50期亢德作《知堂在北平》。

野草的俗名

　　1937年8月7日作,载1939年7月16日《宇宙风·乙刊》第10期,署名知堂,收《药味集》。

致陶亢德

　　1937年8月20日作,见《宇宙风》第50期亢德作《知堂在北平》。

致陶亢德

　　1937年8月29日作,见《宇宙风》第50期亢德作《知堂在北平》。

谈搔痒

　　1987年8月31日作,载1938年12月10日《朔风》月刊第2期,署名知堂。收《秉烛后谈》。

俞理初的诙谐

　　1937年9月8日作,载当月1日《中国文艺》第1期,署名知堂。收《秉后烛谈》。

乱离通信(一)

　　载1937年9月10日《逸经·宇宙风·西风联合刊》第2期,署名知堂。

儿时杂事

　　1937年9月21日作,载1938年11月12日《晨报·文艺周刊》创刊号,署名药堂。收《秉烛后谈》。

致陶亢德

　　1937年9月26日作,见《宇宙风》第50期亢德作《知堂在北平》,署名作人。

致陶亢德

　　1937年10月9日作,见《宇宙风》第50期亢德作《知堂在北平》,署名作人。

鲁迅手写《游仙窟》跋(遗作)

　　1937年11月8日作,见林辰《〈游仙窟〉的归来与传布》,载《群言》1989 年第 1 期。
二礼赞
载 1937 年 11 月日本《文艺》5—11,署周作人作,松枝茂夫译。
怀东京
载 1937 年 11 月日本《文艺》5—10,署周作人作,松枝茂夫译。
绝句(诗)
1937 年 12 月 11 日作。收《知堂杂诗抄》。
绝句(诗)
1937 年 12 月 31 日作。收《知堂杂诗抄》。
佛经文学课程纲要说明(遗作)
1937 年作,见《周作人集外文》(下)。

1938年

绝句二首（和顾随）

1938年1月26日作，收《知堂杂诗抄》。

致洪炎秋

1938年2月6日作，见台湾《传记文学》第11卷第1期。

北京的巡礼

载1938年1月日本《文艺》6—1，署周作人作，松枝茂夫译。

关于范爱农

1938年2月13日作，载当年5月1日《宇宙风》第67期，署名知堂。收《药味集》。

书《东山谈苑》后

1938年2月20日作，载当年6月24日《晨报·副刊》，署名药堂。收《书房一角》。

寄甘山

1938年2月21日作，载当年6月24日《晨报·副刊》，署名药堂。

谈卖糖

1938年2月25日作，载当年9月1日《宇宙风》第74期，署名知堂。收《药味集》。

读《礼记》

1938年3月5日作,载当年6月24日《晨报·副刊》,署名药堂。收《书房一角》时改题为《读〈大学〉中庸》。

寄法朋

1938年3月6日作,载当年6月24日《晨报·副刊》,署名药堂。

读《经律异相》

1938年3月9日作,载当年6月29日《晨报·副刊》,署名药堂。收《书房一角》。

读《柳崖外编》

1938年3月9日作,载当年6月29日《晨报·副刊》,署名药堂。收《书房一角》。

复某君函促南行

载1938年3月20日《戏言》创刊号,署名周作人。

读《云仙散录》

1938年3月21日作,载当年6月29日《晨报·副刊》,署名药堂。收《书房一角》。

题《藤阴杂记》

1938年4月13日作,载当年7月2日《晨报·副刊》,署名药堂。收《书房一角》。

读《孔子集语》

1938年4月14日作,载当年7月2日《晨报·副刊》,署名药堂。收《书房一角》。

友情的通信(致武者小路实笃)

1938年4月24日作,当年4月30日自译为中文,载当年9月16日《宇宙风》第75期,署名周作人。

题《乡言解颐》

1938年4月26日作,载当年7月2日《晨报·副刊》,署名药堂。收《书房一角》。

题《会稽三赋》

1938年4月28日作,载当年7月2日《晨报·副刊》,署名药堂。收《书房一角》。

题《十种古逸书》

1938年4月29日作,载当年7月2日《晨报·副刊》,署名药堂。收《书房一角》。

题《荛圃藏书题识续录》

1938年5月1日作,载当年7月2日《晨报·副刊》,署名药堂。收《书房一角》。

题《眉山诗案广证》

1938年5月1日作,载当年7月6日《晨报·副刊》,署名药堂,收《书房一角》。

题袁中郎《解脱集》

1938年5月8日作,载当年7月6日《晨报·副刊》,署名药堂。收《书房一角》时改题为《读〈解脱集〉》。

题古怀书屋制笺

1938年5月20日作。收《书房一角》。

读《养和轩随笔》

1938年5月21日作,载当年7月6日《晨报·副刊》,署名药堂。收《书房一角》。

读《陶庐五忆》

1938年5月23日作,载当年7月6日《晨报·副刊》,署名药堂。收《书房一角》。

读阮笔记

载1938年5月31日《晨报·副刊》,署名药堂。收《书房一角》。

记海瑞印文

1938年6月8日作,载当年7月15日《晨报·副刊》,署名药堂。收《书房一角》。

读《泊宅编》

1938年6月8日作,载当年7月15日《晨报·副刊》,署名药堂。收《书房一角》。

白石诗词题记

1938年6月15日作,载当年7月15日《晨报·副刊》,署名药堂。收《书房一角》。

关于《南浦秋波录》

1938年6月19日作,载当年7月20日《晨报·副刊》,署名药堂。收《书房一角》。

《诗经》中的雀与鼠

载1938年6月21日《晨报·副刊》,署名药堂。

药草堂题跋

载1938年6月24日《晨报·副刊》,署名药堂。

题《四奇合璧》

1938年6月27日作,载当年7月26日《晨报·副刊》,署名药堂。收《书房一角》。

读《小柴桑喃喃录》

1938年6月29日作,载当年7月26日《晨报·副刊》,署名药堂。收《书房一角》。

读《南阜山人诗集》

1938年6月29日作,载当年7月26日《晨报·副刊》,署名药堂。收《书房一角》。

药草堂记

1938年7月5日作,载当年8月14日《晨报·副刊》,署名药堂。

读《笑赞》

1938年7月10日作,载1938年8月14日《晨报·副刊》,署名药堂。

读《毛诗草木疏》

　　1938年7月22日作,载当年8月10日《晨报·副刊》,署名药堂。收《书房一角》。

记鼠嫁女

　　1938年7月23日作,载当年8月30日《晨报·副刊》,署名药堂。收《书房一角》时改题为《记嫁鼠词》。

读《舒艺室随笔》

　　1938年7月23日作,载当年8月10日《晨报·副刊》,署名药堂。收《书房一角》。

《黄生义府》

　　1938年7月24日作,载当年8月10日《晨报·副刊》,署名药堂。收《书房一角》。

记爱窝窝

　　1938年7月26日作,载当年8月30日《晨报·副刊》,署名药堂。收《书房一角》。

记盐豆

　　1938年7月26日作,载当年8月30日《晨报·副刊》,署名药堂,收《书房一角》。

与某君书

　　载1938年8月1日,见《宇宙风》第72期胡马文《关于周作人》。

《燕都风土丛书》序

　　1938年10月8日作,署名知堂。

题《谋野集删》

　　1938年10月15日作。收《书房一角》。

读《带经堂诗话》

　　1938年11月3日作。收《书房一角》。

读李氏见物

　　1938年11月14日作。收《书房一角》。

偶成诗

1938年12月16日作,载1939年6月16日《宇宙风》乙刊第8期,署名知堂。

致许世瑛

1938年12月20日作,藏北京鲁迅博物馆。

偶成诗三首

1938年12月21日作,载1939年9月16日《宇宙风》乙刊第8期,署名药堂。

绝句

1938年12月28日作。收《知堂杂诗抄》。

1939 年

玩具

载 1939 年 1 月 1 日《实报》，署名药堂。收《书房一角》。

印书纸

载 1939 年 1 月 5 日《实报》，署名药堂。收《书房一角》。

绝句

1939 年 1 月 8 日作，收《知堂杂诗抄》。

翁鞋

载 1939 年 1 月 9 日《实报》，署名药堂。收《书房一角》。

毛诗多识

载 1939 年 1 月 12 日《实报》，署名药堂。收《书房一角》。

绝句（二首）

1939 年 1 月 14 日作，收《知堂杂诗抄》。

桥

1939 年 1 月 22 日作。收《书房一角》。

关于多隆河

载 1939 年 1 月 22 日《实报》，署名药堂。收《书房一角》。

紫幢轩诗
　　载 1939 年 1 月 23 日《实报》，署名药堂。收《书房一角》。

题《留我相庵诗草》
　　1939 年 1 月 28 日作。收《书房一角》。

谈劝酒
　　载 1939 年 1 月日本《中央公论》54—1，署周作人作、记者译。

西斋偶得
　　载 1939 年 2 月 7 日《实报》，署名药堂。收《书房一角》。

《疑耀》
　　载 1939 年 2 月 11 日《实报》，署名药堂。收《书房一角》。

致许世瑛
　　1939 年 2 月 12 日作，藏北京鲁迅博物馆。

记杨妃脚
　　载 1939 年 2 月 16 日《实报》，署名药堂。收《书房一角》。

飞升
　　载 1939 年 2 月 22 日《实报》，署名药堂。收《书房一角》。

张皇亲胡同
　　载 1939 年 2 月 24 日《实报》，署名药堂。收《书房一角》。

北风集
　　载 1939 年 3 月 5 日《实报》，署名药堂。收《书房一角》。

诗话
　　载 1939 年 3 月 12 日《实报》，署名药堂。收《书房一角》。

张芑堂逸事
　　载 1939 年 3 月 18 日《实报》，署名药堂。收《书房一角》。

背书
　　载 1939 年 3 月 22 日《实报》，署名药堂。收《书房一角》。

《天咫偶闻》
　　载 1939 年 3 月 26 日《实报》，署名药堂。收《书房一角》。

輶轩语
　　　　载 1939 年 3 月 31 日《实报》,署名药堂。收《书房一角》。
变鬼人
　　　　载 1939 年 4 月 5 日《实报》,署名药堂。收《书房一角》。
药酒
　　　　载 1939 年 4 月 9 日《实报》,署名药堂。收《药堂语录》。
《文字蒙求》
　　　　载 1939 年 4 月 13 日《实报》,署名药堂。收《书房一角》。
《教童子法》
　　　　载 1939 年 4 月 15 日《实报》,署名药堂。收《书房一角》。
读书偶记
　　　　载 1939 年 4 月 18 日《实报》,署名药堂。
戊戌奏稿
　　　　载 1939 年 4 月 27 日《实报》,署名药堂。收《书房一角》。
最后的十七日——钱玄同先生纪念
　　　　1939 年 4 月 28 日作,载当年 6 月 16 日《宇宙风》(乙刊)第 8
　　期,署名知堂。收《药味集》。
越缦堂诗
　　　　载 1939 年 4 月 28 日《实报》,署名药堂。收《书房一角》。
《扪烛脞存》
　　　　载 1939 年 5 月 2 日《实报》,署名药堂。收《书房一角》。
《千百年眼》
　　　　载 1939 年 5 月 7 日《实报》,署名药堂。收《书房一角》。
《思元斋续集》
　　　　1939 年 5 月 8 日作。收《书房一角》。
《寒灯小话》
　　　　载 1939 年 5 月 10 日《实报》,署名药堂。收《书房一角》。
《多岁堂古诗存》
　　　　载 1939 年 5 月 20 日《实报》,署名药堂。收《书房一角》。

曲成图谱
    1939 年 5 月 23 日作。收《书房一角》。
乌里雅苏台
    载 1939 年 5 月 23 日《实报》,署名药堂。收《书房一角》。
凌厚堂
    1939 年 5 月 25 日作。收《书房一角》。
《儿女英雄传》一
    载 1939 年 5 月 30 日《实报》,署名药堂。收《书房一角》。
《儿女英雄传》二
    载 1939 年 6 月 7 日《实报》,署名药堂。收《书房一角》。
《品花宝鉴》一
    载 1939 年 6 月 12 日《实报》,署名药堂。收《书房一角》。
《品花宝鉴》二
    载 1939 年 6 月 13 日《实报》,署名药堂。收《书房一角》。
陶方琯
    载 1939 年 6 月 18 日《实报》,署名药堂。收《书房一角》。
刘备曹操
    载 1939 年 6 月 20 日《实报》,署名药堂。收《书房一角》。
读字书
    载 1939 年 6 月 25 日《实报》,署名药堂。收《书房一角》。
洪幼怀
    载 1939 年 7 月 5 日《实报》,署名药堂。收《药堂语录》。
烧鸡
    载 1939 年 7 月 25 日《实报》,署名药堂。收《书房一角》。
杨梅
    载 1939 年 7 月 27 日《实报》,署名药堂。收《书房一角》。
唐晏
    载 1939 年 7 月 29 日《实报》,署名药堂。收《书房一角》。

人世间
    载 1939 年 8 月 20 日《人世间》第 2 期,署名作人。

药草堂随笔
    1939 年 9 月 8 日作,载当年 11 月 15 日《学文》月刊第 1 期,署名知堂。

偶作用六松堂韵(诗)
    1939 年 9 月 12 日作,见《文史掇拾》,裘士雄著,中华书局 2001 年版。

金冬心题记
    载 1939 年 9 月 30 日《实报》,署名药堂。收《书房一角》。

《大瓢偶笔》
    载 1939 年 10 月 4 日《实报》,署名药堂。

分类诗话
    载 1939 年 10 月 6 日《实报》,署名药堂。收《书房一角》。

天津文抄
    载 1939 年 10 月 7 日《实报》,署名药堂。收《书房一角》。

《扬州画舫录》
    载 1939 年 10 月 11 日《实报》,署名药堂。收《书房一角》。

蟋蟀之类
    载 1939 年 10 月 16 日《实报》,署名药堂。收《书房一角》。

禹迹寺
    1939 年 10 月 17 日作,载 1940 年 1 月 1 日《中和月刊》第 1 卷第 1 期,署名知堂。收《药味集》。

孟心史
    1939 年 10 月 24 日作。收《书房一角》。

宝竹坡
    载 1939 年 10 月 26 日《实报》,署名药堂。收《书房一角》。

古文谈
    载 1939 年 10 月 28 日《华光》第 1 卷第 4 期,署名药堂。

李朴园

　　载 1939 年 10 月 29 日《实报》,署名药堂。收《书房一角》。

《谈鬼怪(一)洞灵小志》、《谈鬼怪(二)张天翁》

　　载 1939 年 11 月 1 日《中国文艺》第 1 卷第 3 期,署名知堂。收《药堂语录》。

关于覆瓿

　　载 1939 年 11 月 1 日《覆瓿》月刊第 11 月号,署名知堂。收《知堂乙酉文编》。

《春在堂杂文》

　　1939 年 11 月 1 日作,载 1940 年《学文月刊》第 2 期,署名知堂。收《药味集》。

钱竹汀论轮回

　　载 1939 年 11 月 6 日《实报》,署名药堂。收《书房一角》。

读《初潭集》

　　1939 年 11 月 27 日作,载 1940 年 1 月 1 日《中国文艺》第 1 卷第 5 号,署名知堂。收《药堂杂文》。

金陵游记

　　载 1939 年 12 月 14 日《实报》,署名药堂。收《书房一角》。

旗人著述

　　载 1939 年 12 月 22 日《实报》,署名药堂。收《书房一角》。

蚊虫药

　　载 1939 年 12 月 27 日《实报》,署名药堂。

国文谈

　　载 1939 年 12 月 28 日《华光》第 1 卷第 6 期,署名药堂。

关于阿 Q

　　1939 年 12 月 30 日作,载 1940 年 3 月 1 日《中国文艺》第 2 卷第 1 期,署名知堂。收《秉烛后谈》。

1940年

《太上感应篇》

　　载1940年1月1日《庸报》,署名药堂。收《药堂语录》。

谈食鳖

　　1940年1月10日作,载当年2月1日《中国文艺》第1卷第6期,署名知堂。收《秉烛后谈》。

《文海披沙》

　　1940年1月17日作,署名药堂。收《药堂语录》。

科目之蔽

　　载1940年1月20日《庸报》,署名药堂。收《药堂语录》。

《四史疑年录》

　　载1940年1月24日《实报》,署名药堂。收《书房一角》。

三千威仪

　　载1940年1月26日《实报》,署名药堂。收《书房一角》。

曲词秽亵

　　载1940年1月26日《庸报》,署名知堂。收《药堂语录》。

女人三护

　　载1940年2月2日《庸报》,署名药堂。收《药堂语录》。

扶桑两月记
  载 1940 年 2 月 4 日《实报》,署名药堂。收《书房一角》。

《习苦斋画絮》
  载 1940 年 2 月 13 日《庸报》,署名药堂。收《药堂语录》。

《耳食录》
  载 1940 年 2 月 13 日《实报》,署名药堂。收《药堂语录》。

鼠数钱
  载 1940 年 2 月 27 日《庸报》,署名药堂。收《药堂语录》。

《琐事闲录》
  载 1940 年 3 月 1 日《庸报》,署名药堂。收《药堂语录》。

《跨鹤吹笙谱》
  载 1940 年 3 月 6 日《庸报》,署名药堂。收《药堂语录》。

记蔡孑民先生事
  1940 年 3 月 6 日作,载当年 4 月 1 日《中国文艺》第 2 卷第 2 期,署名知堂。收《药味集》。

释子与儒生
  1940 年 3 月 7 日作。收《药堂杂文》。

九烟遗集
  载 1940 年 3 月 12 日《庸报》,署名药堂。收《药堂语录》。

《如梦录》
  载 1940 年 3 月 19 日《庸报》,署名药堂。收《药堂语录》。

炒栗子
  1940 年 3 月 20 日作,载当年 6 月 1 日《中和月刊》第 1 卷第 6 期,署名知堂。收《药味集》。

《存拙斋札疏》
  载 1940 年 3 月 26 日《庸报》,署名药堂。收《药堂语录》。

汉文学的传统
  1940 年 3 月 27 日作,载当年 5 月 1 日《中国文艺》第 2 卷第 3 期,署名知堂。收《药堂杂文》。

读《老老恒言》

　　1940年3月作,载当年7月1日《中和月刊》第1卷第7期,署名知堂。收《药味集》。

姚境塘集

　　载1940年4月2日《庸报》,署名药堂。收《药堂语录》。

《汴宋竹枝词》

　　载1940年4月4日《庸报》,署名药堂。收《药堂语录》。

卷地皮

　　载1940年4月7日《实报》,署名药堂。收《书房一角》。

林和靖集

　　载1940年4月8日《实报》,署名药堂。收《书房一角》。

《五祖肉身》

　　载1940年4月9日《庸报》,署名药堂。收《药堂语录》。

买洋书

　　1940年4月13日作,载当年6月1日《中国文艺》第2卷第4期,署名知堂。

《冷红轩集》

　　载1940年4月15日《实报》,署名药堂。收《书房一角》。

《思痛记》

　　1940年4月18日作,载当月29日《实报》,署名药堂,收《书房一角》。

稗海纪游

　　载1940年4月18日《实报》,署名药堂。收《书房一角》。

左庵词话

　　载1940年4月20日《实报》,署名药堂。收《书房一角》。

《七修类稿》

　　载1940年4月23日《庸报》,署名知堂。收《药堂语录》。

《辛卯侍行记》

　　载1940年4月26日《庸报》,署名知堂。收《药堂语录》。

《舌华录》
　　载1940年4月30日《庸报》,署名药堂。收《药堂语录》。
《鲊话》
　　1940年4月作,载1941年1月1日《中国文艺》第3卷第5期,署名知堂。收《药味集》。
《夷坚志》
　　载1940年5月5日《庸报》,署名药堂。收《药堂语录》。
麻团胜会
　　载1940年5月8日《庸报》,署名药堂。收《药堂语录》。
划水仙
　　载1940年5月10日《庸报》,署名药堂。收《药堂语录》。
辩解
　　1940年5月29日作,载当年7月1日《中国文艺》第2卷第5期,署名知堂。收《药堂杂文》。
药草堂语录
　　1940年6月5日作,载1940年6月30日《庸报》,署名知堂。收《药堂语录》时改题为《药堂语录·序》。
关于杨大飘
　　1940年6月10日作,载当年9月1日《中和月刊》第1卷第9期,署名知堂。收《药味集》。
上坟船
　　1940年6月21日作,载1941年4月1日《中和月刊》第2卷第4期,署名知堂。收《药味集》。
缘日
　　1940年6月21日作,载当年8月1日《中国文艺》第2卷第6期,署名知堂。收《药味集》。
钥匙牌
　　1940年上半年作,收《书房一角》。

列仙传

1940年上半年作。收《书房一角》。

倒悬求长生

1940年上半年作。收《书房一角》。

秃头

1940年上半年作。收《书房一角》。

带皮羊肉

1940年上半年作。收《书房一角》。

香祖笔记

1940年上半年作。收《书房一角》。

古诗里的女人

1940年上半年作。收《书房一角》。

大谷山堂集

1940年上半年作。收《书房一角》。

野园诗稿

1940年上半年作。收《书房一角》。

瘿鸥戏墨

1940年上半年作。收《书房一角》。

六祖真身

1940年上半年作。收《书房一角》。

学海谈龙

1940年上半年作。收《书房一角》。

致武者小路实笃

1940年上半年作,原载1940年(昭和十五)年6月22日《读买新闻》(发表时加题为《展示儒者与佛教的固有心态》),中译文见《中国现代文学研究丛刊》1999年第3期,董炳月译。

宣传

1940年7月3日作。收《药堂杂文》。

落花生
　　　　载1940年7月7日《庸报》,署名知堂。收《药堂语录》。
《入都日记》
　　　　载1940年7月14日《庸报》,署名知堂。收《药堂语录》
许敬宗语
　　　　载1940年7月21日《庸报》,署名知堂。收《药堂语录》。
观世音与周姥
　　　　1940年7月26日作,收《药堂杂文》。
消夏之书
　　　　载1940年7月28日《庸报》,署名知堂。收《药堂语录》。
关于朱舜水
　　　　1940年7月作,载当年9月1日《中国文艺》第3卷第1号,署名知堂,收《药味集》。
《绕竹山房诗稿》
　　　　载1940年8月4日《庸报》,署名知堂。收《药堂语录》。
《宋琐语》
　　　　载1940年8月11日《庸报》,署名知堂。收《药堂语录》。
《南园记》
　　　　载1940年8月18日《庸报》,署名知堂。收《药堂语录》。
《元元唱和集》
　　　　1940年8月24日作,载当年10月1日《中国文艺》第3卷第2期,署名知堂。收《药味集》。
郢人
　　　　载1940年8月25日《庸报》,署名知堂。收《药堂语录》。
人生的文学
　　　　载1940年9月1日《中国文艺》第3卷第1号,署名周作人。
《燕窗闲话》
　　　　载1940年9月2日《庸报》,署名知堂。收《药堂语录》。

道德漫谈

　　1940 年 9 月 4 日作。收《药堂杂文》。

撒豆

　　1940 年 9 月 7 日作,载当年 12 月 1 日《中和月刊》第 1 卷第 12 期,署名知堂。收《药味集》。

丁巳旧诗

　　载 1940 年 9 月 9 日《庸报》,署名知堂。

读书余记

　　载 1943 年 9 月 11 日《庸报》,署名药堂。

中秋的月亮

　　载 1940 年 9 月 16 日《庸报》,署名知堂。收《药堂语录》。

七夕

　　载 1940 年 9 月 23 日《庸报》,署名知堂。收《药堂语录》。

《正仓院考古记》

　　1940 年 9 月 30 日作,载 1944 年 11 月《文史》第 1 期,署名十堂。

朱詹

　　载 1940 年 10 月 1 日《庸报》,署名知堂。收《药堂语录》。

《松崖诗钞》

　　载 1940 年 10 月 16 日《庸报》,署名知堂。收《药堂语录》。

武藏无山

　　载 1940 年 10 月 22 日《庸报》,署名知堂。收《药堂语录》。

指画

　　载 1940 年 10 月 29 日《庸报》,署名知堂。收《药堂语录》。

读书的经验

　　1940 年 10 月 31 日作。收《药堂杂文》。

启蒙思想

　　1940 年 10 月 31 日作。收《药堂杂文》。

《如梦记》
　　载 1940 年 11 月 5 日《庸报》,署名知堂。收《药堂语录》。

《四鸣蝉》
　　1940 年 11 月 7 日作,载当年 12 月 1 日《中国文艺》第 3 卷第 4 期,署名知堂。收《药味集》。

旧书回想记·引言
　　1940 年 11 月 11 日作,载当年 11 月 25 日《晨报·文艺》第 17 期,署名知堂。收《书房一角》。

钱名世序文
　　载 1940 年 11 月 12 日《庸报》,署名知堂。收《药堂语录》。

日本国志
　　载 1940 年 11 月 19 日《庸报》,署名知堂。收《药堂语录》。

玛伽耳人的诗
　　载 1940 年 11 月《晨报·文艺》第 18 期,署名知堂。收《书房一角》。

童话
　　1940 年 11 月 21 日作,载当年 12 月 16 日《晨报·文艺》第 20 期,署名知堂。收《书房一角》。

歌谣
　　1940 年 11 月 23 日作,载当年 12 月 23 日《晨报·文艺》第 21 期,署名知堂。收《书房一角》。

匈加利小说
　　1940 年 11 月 25 日作,载当年 12 月 9 日《晨报·文艺》第 19 期,署名知堂。收《书房一角》。

医学史
　　1940 年 12 月 3 日作,载当月 30 日《晨报·文艺》第 22 期,署名知堂。收《书房一角》。

《读诗管见》
　　载 1940 年 12 月 3 日《庸报》,署名知堂。收《药堂语录》。

绝句

　　1940年12月7日作,收《知堂杂诗抄》。

曾衍东诗

　　载1940年12月10日《庸报》,署名知堂。收《药堂语录》。

日本之再认识

　　1940年12月17日作,载1942年1月1日《中和月刊》第3卷第1期,署名知堂。收《药味集》。另有国际文化振兴会单行本。

《右台仙馆笔记》

　　载1940年12月17日《庸报》,署名知堂。收《药堂语录》。

方晓卿《蠢存》

　　载1940年12月24日《庸报》,署名知堂。收《药堂语录》。

夜光珠

　　载1940年12月31日《庸报》,署名知堂。收《药堂语录》。

画谱

　　1940年12月31日作,载1941年1月6日《晨报·文艺》第23期,署名知堂。收《书房一角》。

绝句

　　1940年12月作。收《知堂杂诗抄》。

女人轶事

　　1940年作。收《药堂杂文》。

蔡文姬悲愤诗

　　1940年作。收《药堂杂文》。

流寇与女祸

　　1940年作。收《药堂杂文》。

新文字蒙求

　　1940年作。收《药堂杂文》。

女学一席话

　　1940年作。收《药堂杂文》。

读《列女传》

1940年作。收《药堂杂文》。

角先生（遗作）

1940年作，见《周作人集外文》（下），海南国际新闻出版社中心。

1941年

妖术史

　　1941年1月7日作,载当月30日《晨报·文艺》第24期,署名知堂。收《书房一角》。

小说

　　1941年1月9日作,载当月20日《晨报·文艺》第25期,署名知堂。收《书房一角》。

七巧图

　　1941年1月18日作,载当年2月3日《晨报·文艺》第26期,署名知堂。收《书房一角》。

《淞隐漫录》

　　1941年1月30日作,载当年2月17日《晨报·文艺》第28期,署名知堂。收《书房一角》。

怎样研究中国文学

　　载1941年2月1日《中国文艺》第3卷第6期,署名周作人。

记酒令

　　1941年2月8日作,载当月24日《晨报·文艺》第29期,署名知堂。收《书房一角》时改题为《西厢记酒令》。

日本之雏祭
　　载 1941 年 3 月 1 日《中国公论》第 4 卷第 6 期,署名知堂。

沮江随笔
　　1941 年 3 月 22 日作。收《书房一角》。

《药堂语录·后记》
　　1941 年 3 月 24 日作。

钱译《万叶集》跋
　　载 1941 年 4 月 3 日《新中国报·学艺》第 112 期,署名知堂。

中国维新和教育
　　载 1941 年 4 月 15 日日本《东京日日新闻》,署名周作人。

绝句
　　1941 年 4 月 26 日作,收《知堂杂诗抄》。

汤岛圣堂参拜之感想
　　1941 年 5 月 4 日作,载 1941 年 6 月《斯文》第 23 编第 6 号,署名周作人。

五月人形之说明
　　载 1941 年 5 月 29 日《实报》,署名知堂。

题影印《琵琶记》
　　1941 年 5 月 31 日作。收《书房一角》。

江都二色
　　载 1941 年 5 月日本《改造》杂志 23—10,署名周作人。

禹迹寺
　　载 1941 年 5 月日本《大陆》4—5,署周作人作、松枝茂夫译。

《尔雅义疏》杨氏刻本
　　1941 年 6 月 11 日作。收《书房一角》。

文章缘起
　　1941 年 7 月 8 日作。收《书房一角》。

治安强化运动与教育之关系
　　1941 年 7 月 17 日讲,载当年 9 月 1 日《教育时报》第 2

期。

迷藏一哂

　　1941年8月6日作。收《书房一角》。

唐才子传

　　1941年8月10日作。收《书房一角》。

中国的国民思想——在第三届中等学校教员暑期讲习班讲话

　　载1941年9月1日《教育时报》第2期,署名周作人。

致许世瑛

　　1941年9月6日作,藏北京鲁迅博物馆。

举办教育行政人员讲习班的意义

　　1941年10月7日讲,载1941年11月1日《教育时报》第3期,署名周作人。

燕京岁时记

　　载1941年10月日本《图书》第69期,署周作人作、松枝茂夫译。

柳如是事辑

　　1941年11月2日作。收《书房一角》。

东亚民族的前途

　　载1941年11月30日《晨报》,署名周作人。

《竹人录》

　　1941年12月10日作。收《书房一角》。

日美英战事的意义与青年的责任

　　1941年12月16日讲,载1942年1月《教育时报》第4期,署名周作人。

绝句

　　1941年12月30日作。收《知堂杂诗抄》。

绝句(二首)

　　1941年12月31日作。收《知堂杂诗抄》。

医师礼赞

　　1941年12月作。收《立春以前》。

日本的再认识

　　载1941年12月日本《文艺》9—12,署名周作人。

1942年

新年之辞

　　载1942年1月1日《教育时报》第4期,署名周作人。

绝句(题徐文长故事)

　　1942年1月5日作,收《知堂杂诗抄》。

《药味集》序

　　1942年1月24日作,载当年7月《古今》第5期,署名周作人,收《药味集》。

《中国文学与日本文学》序

　　1942年2月10日作,载1944年11月《文史》第1期,署名十堂。

东亚解放之证明

　　1942年2月21日讲,载当年3月1日《教育时报》第5期,署名周作人。

《汪精卫先生庚戌蒙难实录》序

　　1942年4月26日作,载当年6月《古今》第4期,署名周作人。

钱写本《说文管窥》后记

　　1942年5月16日作,署名周作人,收《说文管窥》。

和陶诗

  1942 年 5 月作,收《书房一角》。

华北教育家笔上座谈

  载 1942 年 6 月 1 日《晨报》。

《谪麟堂遗集》

  1942 年 6 月 11 日作。收《书房一角》。

《列仙图赞》

  1942 年 6 月 16 日作。收《书房一角》。

绝句(题子鹤藏大松手册)

  1942 年 7 月 11 日作。收《知堂杂诗抄》。

树立中心思想

  1942 年 7 月 13 日讲,载 1942 年 9 月 1 日《教育时报》第 8 期,署名周作人。

绝句(诗)

  1942 年 7 月 18 日作。收《知堂杂诗抄》。

绝句(题纪生赠扇)

  1942 年 7 月 21 日作。收《知堂杂诗抄》。

举办农事教育人员讲习班的意义

  1942 年 7 月 27 日讲,载 1942 年 11 月 1 日《教育时报》第 9 期,署名周作人。

《勤艺堂题跋》抄

  1942 年 7 月 28 日作,载 1942 年 9 月《中和月刊》第 3 卷第 9 期,署名知堂。收《药堂杂文》。

关于《燕京岁时记》译本

  1942 年 8 月 19 日作,载 1942 年 10 月 1 日《国立华北编译馆馆刊》,署名药堂。

华北作家协会评议员会主席周作人督办书面训词

  1942 年 9 月 13 日发表,载当年 10 月 5 日《中国文艺》第 7 卷第 2 期。

《骆驼祥子》日译本序
　　　　1942年9月25日作,收《万人文库·十月文园》号,署名知堂。
《汤尔和先生》序
　　　　1942年9月30日作,收当年10月北京东亚书局《汤尔和先生》。
《樵隐集》
　　　　1942年10月5日作。收《书房一角》。
《白川集》序
　　　　1942年10月18日作,载1944年11月《文史》第1期,署名十堂。
《画钟进士像题记》
　　　　1942年10月28日作,载1943年4月《风雨谈》创刊号,署名药堂。收《药堂杂文》。
绝句(二首)
　　　　1942年10月30日作,收《知堂杂诗抄》。
《憩亭杂俎》
　　　　1942年11月10日作。收《书房一角》。
《二十七松堂集》
　　　　1942年11月10日作。收《书房一角》。
中国的思想问题
　　　　1942年11月18日作,载1943年1月《中和月刊》第1卷第4期,署名知堂。收《药堂杂文》。
绝句(诗)
　　　　1942年11月30日作,收《知堂杂诗抄》。
齐一意志,发挥力量
　　　　1942年12月8日讲,载1943年1月《中国公论》第8卷第4期,署名周作人。
《栖云阁诗》
　　　　1942年12月8日作。收《书房一角》。

《清诗初集》

  1942 年 12 月 10 日作。收《书房一角》。

《印人传》

  1942 年 12 月 10 日作,收《书房一角》。

陈授衣诗

  1942 年 12 月 10 日作,收《书房一角》。

绝句(诗)

  1942 年 12 月 14 日作,收《知堂杂诗抄》。

1943年

名人书简抄存甲:李越缦家书乙:潘伯寅与李越缦书

　　1943年1月6日作,载当年3月1日《国立华北编译馆馆刊》二之三,署名药堂。收《药堂杂文》。

留学的回忆

　　1943年1月6日作,载《留日同学会季刊》。收《药堂杂文》。

《文史丛著》序

　　1943年1月12日作,载1944年11月《文史》第1期,署名十堂。

《文史通义》逸文二篇跋

　　1943年1月21日作,署名知堂。

《樱花国歌话》序

　　1943年1月31日作,收《樱花国歌话》,北京中国留日同学会1943年3月版。

名人书简存抄甲补:李越缦家书

　　1943年2月19日作,载当年4月1日《华北编译馆馆刊》二之四,署名药堂。收《药堂杂文》。

《枝巢四述》跋

　　1943年2月24日作,署名周作人,见夏仁虎著《枝巢四述》,北京大学 1943 年版。

桑下丛谈·小引

　　1943 年 3 月 8 日作。收《书房一角》。

怀废名

　　1943 年 3 月 15 日作,载 1943 年 4 月 16 日《古今》第 20、21 合刊,署名药堂。收《药堂杂文》。

《一蒉轩笔记》序

　　1943 年 4 月 5 日作,载当年 6 月 20 日《华北作家月报》第 6 期及 8 月《风雨谈》第 4 期,署名药堂。

绝句(诗)

　　1943 年 4 月 10 日作,收《知堂杂诗抄》。

绝句(二首)

　　1943 年 4 月 10 日作,收《知堂杂诗抄》。

绝句

　　1943 年 4 月 11 日作,收《知堂杂诗抄》。

中国文学上的两种思想

　　1943 年 4 月 13 日讲,载当年 7 月《艺文杂志》第 1 卷第 1 号,署名周作人。收《药堂杂文》。

绝句(友人邀游玄武湖作)

　　1943 年 4 月 14 日作,收《知堂杂诗抄》。

七夕(诗)

　　载 1943 年 4 月 15 日《同声月刊》第 3 卷第 2 号,署名知堂。

春日偶咏(诗)

　　载 1943 年 4 月 15 日《同声月刊》第 3 卷第 2 号,署名知堂。

绝句(诗)

　　1943 年 4 月 16 日作,收《知堂杂诗抄》。

先母行述

　　1943 年 4 月作,载当年 5 月 15 日《同声月刊》第 3 卷第 3 号,署名周作人。发表时改题为《先母事略》。

绝句(题画诗)

    1943年7月11日作,收《知堂杂诗抄》。

汉文学的前途

    1943年7月20日作,载当年9月《艺文杂志》第1卷第3期,署名药堂。收《药堂杂文》。

关于祭神迎会

    1943年7月30日作,载当年10月《艺文杂志》第1卷第4期,署名药堂。收《药堂杂文》。

岛崎藤村先生

    1943年8月23日作,载当年10月《艺文杂志》第1卷第4期,及11月《风雨谈》第7期,署名周作人。收《药堂杂文》。

俞理初论莠书

    载1943年8月25日《风雨谈》第5期,署名药堂。收《药堂杂文》。

关于日本画家

    载1943年8月《艺文杂志》第1卷第2期,署名药堂。收《药堂杂文》。

旧书回想记(13—19)

    载1943年9月1日《古今》第30期,署名周作人,收《书房一角》。

苦口甘口

    1943年9月1日作,载当年11月《艺文杂志》第1卷第5期及12月《风雨谈》第8期,署名药堂。收《苦口甘口》。

旧书回想记(20—26)

    载1943年9月16日《古今》第31期,署名知堂。收《书房一角》。

《妄妄录》

    1943年9月20日作,收《书房一角》。

《书房一角》新序

    1943年9月24日作。

武者先生和我

1943年9月24日作，载当年12月10日《天地》第3期，署名知堂。收《苦口甘口》。

绝句（三首）

1943年10月4日作，收《知堂杂诗抄》。

绝句

1943年10月8日作，收《知堂杂诗抄》。

吴歈百绝

1943年10月31日作，收《书房一角》。

两种祭规

1943年11月12日作，载1944年2月《中和月刊》第5卷第2期，署名知堂。收《苦口甘口》。

《虎口日记》及其他

1943年11月17日作，载1944年1、2月《风雨谈》第9期，署名知堂，收《苦口甘口》。

俞理初的著书

1943年11月20日作，载1944年1月1日《古今》第38期，署名知堂。收《苦口甘口》

陶集小记

1943年11月26日作，载1944年1月16日《古今》半月刊第39期，署名知堂。收《苦口甘口》。

论小说教育

1943年12月8日作，载1944年2月10月《天地》第5期，署名知堂。收《苦口甘口》。

《药堂杂文》序

1943年12月30日作。收《药堂杂文》。

女子与读书

1943年12月30日作。收《苦口甘口》。

1944年

《风雨后谈》序
  1944年1月15日作。出版时改为《秉烛后谈》。

怠工之辩
  1944年1月15日作。收《苦口甘口》。

关于送灶
  1944年1月18日作。收《立春以前》。

新中国文学复兴的途径
  载1944年1月20日《中国文学》创刊号,署名周作人。

谈翻译
  1944年1月作。收《苦口甘口》。

梦想之一
  1944年2月5日作,载当年3月1日《求是月刊》第1卷第1期,署名知堂。收《苦口甘口》。

草囤与茅屋
  1944年2月8日作。收《苦口甘口》。

《青灯小抄》小引
  载1944年2月11日《实报·文学旬刊》第1期,署名知堂。

甲申怀古

1944年2月18日作,载当年4月1日《古今》第43,44期合刊,署名知堂。收《苦口甘口》时改题为《阳九述略》。

崇祯遗诗

载1944年2月24日《实报·文学旬刊》第2期,署名知堂。

文艺复兴之梦

1944年2月29日作,载当年5月15日《求是月刊》第1卷第3号,署名知堂。收《苦口甘口》。

遇狼的故事

1944年3月6日作,载当年4月16日《古今》第45期,署名周作人。收《苦口甘口》。

苏州的回忆

1944年3月8日作,载当年4月《杂志》第13卷第1期及5月《艺文杂志》第2卷第5期,署名知堂。收《苦口甘口》。

关于老作家

1944年3月12日作,载当年4月10日《中华日报》,署名知堂,

破门声明

1944年3月15日作,载当月23日《中华日报》副刊,署名周作人。

绝句(二首)

1944年3月16日作。收《知堂杂诗抄》。

一封信(致文学报国会久米正雄局长)

1944年3月20日作,载当月27日《中华日报》,署名知堂。

关于王啸岩

1944年3月29日作,载当年4月《风雨谈》第11期,署名知堂。收《苦口甘口》。

文坛之分化

1944年4月5日作,载1944年4月13日《中华日报》,署名知

堂。

《秉烛后谈》序
1944年4月6日作。收《立春以前》。

文学杂谈
1944年4月8日作,载1944年6月15日《求是月刊》第1卷第4期,署名知堂。

一封信的后文
1944年4月25日作,载当年5月2日《中华日报》,署名知堂。

谈鬼神论
1944年5月16日作。收《苦口甘口》。

希腊的余光
1944年5月31日作,载当年8月《艺文杂志》第2卷第7、8期合刊,署名知堂。收《苦口甘口》。

我的杂学(1—20)
1944年7月5日作,其中一至十二连载于1944年5月1日至8月26日《华北新报·文学》第1至第12期,全文又连载于1944年6月1日至9月16日《古今》第48、50、51、52、55期,署名知堂。收《苦口甘口》。

致许寿裳
1944年7月11日作,藏北京鲁迅博物馆。

绝句(题画册)
1944年7月11日作。收《知堂杂诗抄》。

《苦口甘口》序
1944年7月20日作,载当年12月《风雨谈》第16期,署名周作人。收《苦口甘口》。

《谈新诗》序
1944年7月20日作。收《立春以前》。

如梦记(日本坂本文泉子作)
1944年7月译,载《艺文杂志》第1卷第6期至第2卷第9期,署名知堂。

灯下读书论

  1944年8月2日作,载当年10月《风雨谈》第15期,署名十堂。收《苦口甘口》。

《文抄》序

  1944年8月8日作,载当年9月1日《古今》第54期,署名周作人。收《立春以前》。

《希腊神话》引言

  1944年8月20日作,载当年10月《艺文杂志》第2卷第10期,署名周作人。收《立春以前》。

雨的感想

  1944年8月23日作,载当年10月1日《天地》第13期,署名十堂。收《立春以前》。

苦茶庵打油诗(诗)

  1944年9月10日作。载当年10月《杂志》第14卷第1期,署名周作人。收《立春以前》。

男人与女人

  1944年9月12日作,载《风雨谈》第21期,署名知堂。收《立春以前》。

女人的文章

  1944年9月23日作,载当年10月《古今》第57期,署名药堂。收《立春以前》。

蚯蚓

  1944年9月24日作。收《立春以前》。

记杜逢辰君的事

  1944年10月4日作,载当年11月15日《求是月刊》第1卷第7期,署名周作人。收《立春以前》。

绝句

  1944年10月8日作,收《知堂杂诗抄》。

关于教子法

  1944年10月10日作。收《立春以前》。

杨大瓢日记

  1944年10月15日作。收《立春以前》。

题《古赋识小录》(遗作)

  1944年10月作,署名作人,见刘思源《周作人的两则题记》,载《鲁迅研究月刊》1998年第11期。

萤火

  1944年11月2日作。收《立春以前》。

寄龛四志

  1944年11月10日作。收《立春以前》。

关于测字

  1944年11月11日作,载1945年1月1日《天地》第15,16期合刊,署名十堂。收《立春以前》。

《茶之书》序

  1944年11月20日作。收《立春以前》。

十堂序跋选

  载1944年11月20日《文史》第1期,署名十堂。

和纸之美

  1944年12月1日作。收《立春以前》。

艺文社与《艺文杂志》社

  载1944年12月1日《艺文杂志》第2卷第12期,署名知堂。

文坛之外

  1944年12月5日作。收《立春以前》。

《沙滩小集》序

  1944年12月7日作。收《立春以前》。

十堂笔谈(一)小引

  1944年12月10日作,载当月18日《新民声》报,署名东郭生。收《立春以前》。

明治文学的追忆

  1944 年 12 月 20 日作。收《立春以前》。

十堂笔谈(二)汉字

  载 1944 年 12 月 21 日《新民声》报,署名东郭生。收《立春以前》。

十堂笔谈(三)国文

  载 1944 年 12 月 24 日《新民声》报,署名东郭生。收《立春以前》。

十堂笔谈(四)外国语

  载 1944 年 12 月 27 日《新民声》报,署名东郭生。收《立春之前》。

女人的禁忌

  1944 年 12 月 31 日作,载 1945 年 2 月《天地》第 17 期,署名什堂。收《立春以前》。

《广阳杂记》

  1944 年 12 月 31 日作。收《立春以前》。

杂文的路

  1944 年 12 月作,载 1945 年《读书》第 1 卷第 1 期,署名知堂,收《立春以前》。

希腊神话

  1944 年 12 月译,载当年 10 月至 12 月《艺文杂志》第 2 卷第 10、11、12 期,署名周作人。

1945年

十堂笔谈(五)国史

　　载1945年1月4日《新民声》报,署名东郭生。收《立春以前》。

关于宽容

　　1945年1月6日作,载当年2月12日《新民声》报,署名十堂。收《立春以前》。

立春以前

　　1945年1月6日作,载1945年1月31日《新民声》报,署名东郭生。收《立春以前》。

十堂笔谈(六)博物

　　载1945年1月7日《新民声》报,署名东郭生。收《立春以前》。

十堂笔谈(七)医学

　　载1945年1月10日《新民声》报,署名东郭生。收《立春以前》。

绝句

　　1945年1月10日作,收《知堂杂诗抄》。

文学史的教训

　　载 1945 年 1 月 12 日《艺文杂志》第 3 卷第 1、2 期,署名十堂。收《立春以前》。

十堂笔录(八)佛经

　　载 1945 年 1 月 13 日《新民声》报,署名东郭生。收《立春以前》。

《银茶匙》引言

　　1945 年 1 月 15 日作,载当月《艺文杂志》第 3 卷第 1、2 期合刊,署名知堂。

十堂笔谈(九)风土志

　　载 1945 年 1 月 16 日《新民声》报,署名东郭生。收《立春以前》。

大乘的启蒙书

　　1945 年 1 月 17 日作,载当年 3 月 30 日《求是月刊》第 1 卷第 8 期,署名知堂。收《立春以前》。

笑赞

　　1945 年 1 月 20 日作,载当年 3 月《杂志》第 14 卷第 6 期,署名十堂。收《立春以前》。

十堂笔记(十)梦

　　载 1945 年 1 月 22 日《新民声》报,署名东郭生。收《立春以前》。

国语文的三类

　　1945 年 1 月作。收《立春以前》。

绝句(二首)

　　1945 年 1 月作。收《知堂杂诗抄》。

《广阳杂记》题记(遗作)

　　1945 年 2 月 12 日作,见刘思源《周作人的两则题记》,载《鲁迅研究月刊》1998 年第 11 期。

《立春以前》后记

  1945 年 2 月 28 日作。

焦理堂的笔记

  1945 年 4 月 15 日作。收《过去的工作》。

风的话

  1945 年 5 月 11 日作,载当年 6 月《天地》第 21 期,署名十堂。收《知堂乙酉文编》。

再谈禽言

  1945 年 5 月 13 日作。收《过去的工作》。

关于红姑娘

  1945 年 5 月 15 日作。收《过去的工作》。

读书疑

  1945 年 5 月 25 日作。收《过去的工作》。

佐藤女士的事

  1945 年 6 月 7 日作,载当年 7 月 15 日《女声》第 4 卷第 2 期,署名知堂。

北京的风俗诗

  1945 年 6 月 15 日作。收《知堂乙酉文编》。

无生老母的信息

  1945 年 6 月 20 日作,载当年 7 月《杂志》第 15 卷第 4 期,署名十堂。收《知堂乙酉文编》。

关于东郭

  1945 年 6 月 24 日作,署名十堂。

遗失的原稿

  1945 年 6 月 28 日作。收《知堂乙酉文编》。

谈文章

  1945 年 6 月作。收《知堂乙酉文编》。

东昌坊故事

  1945 年 7 月 4 日作。收《过去的工作》。

饼斋的尺牍

  1945 年 7 月 12 日作。收《过去的工作》。

关于竹枝词

  1945 年 7 月 20 日作。收《过去的工作》。

关于近代散文

  1945 年 7 月 27 日作。收《知堂乙酉文编》。

曲庵的尺牍

  1945 年 8 月 27 日作。收《过去的工作》。

实庵的尺牍

  1945 年 8 月 29 日作。收《过去的工作》。

凡人的信仰

  1945 年 8 月 31 日作。收《过去的工作》。

苦茶庵打油诗·附录

  1945 年 9 月 10 日作。

过去的工作

  1945 年 9 月 30 日作。收《过去的工作》。

致许世瑛

  1945 年 10 月 12 日作,藏北京鲁迅博物馆。

致许世瑛

  1945 年 10 月 17 日作,藏北京鲁迅博物馆。

致许世瑛

  1945 年 10 月 30 日作,藏北京鲁迅博物馆。

道义的事功化

  1945 年 11 月 7 日作。收《知堂乙酉文编》。

关于遗令

  1945 年 11 月 12 日作。收《过去的工作》。

两个鬼的文章

  1945 年 11 月 16 日作。收《过去的工作》。

石板路

1945年12月2日作。收《过去的工作》。

炮局杂诗

1945年12月作,1946年7月8日写出,收《老虎桥杂诗》。

孔融的故事

1945年作。收《知堂乙酉文编》。

古文与理学

1945年作。收《知堂乙酉文编》。

红楼内外

1945年作。收《知堂乙酉文编》。

谈胡俗

1945年作。收《知堂乙酉文编》。

1946年

渡江（诗二首）

　　1946年5月27日作。收《老虎桥杂诗》。

纪梦诗（绝句三首）

　　1946年6月19日作。收《老虎桥杂诗》。

夏日怀旧（五言排律）

　　1946年6月22日作。收《老虎桥杂诗》。

骑驴（诗）

　　1946年6月作。收《老虎桥杂诗》。

偶作（诗）

　　1946年6月作。收《老虎桥杂诗》。

数典诗（六首）

　　1946年7月2日作。收《老虎桥杂诗》。

瓜洲（诗）

　　1946年7月作。收《老虎桥杂诗》。

灌云（诗）

　　1946年7月作。收《老虎桥杂诗》。

题画五言绝句
  1946 年 10 月 7 日作。收《老虎桥杂诗》。
绝句(诗)
  1946 年 10 月作。收《老虎桥杂诗》。
绝句(诗)
  1946 年 10 月作。收《老虎桥杂诗》。

1947年

往昔诗三十首·后记

　　1947年1月20日作。收《老虎桥杂诗》。

儿童杂事诗

　　1947年6、7月作,载1950年2月23日至5月6日《亦报》。

绝句

　　1947年6月作。收《老虎桥杂诗》。

绝句

　　1947年7月6日作。收《老虎桥杂诗》

《儿童杂事诗》序

　　1947年8月5日作,见竹坡《周作人的儿童杂事诗》,载《大成》第13期。

杂诗题记

　　1947年9月20日作。收《知堂杂诗抄》。

题画五言绝句二首

　　1947年11月21日作。收《老虎桥杂诗》。

题画诗

1947年11月28日作。收《老虎桥杂诗》。

《往昔·修禊》说明

1947年12月作。收《知堂集外文》。

1948年

作诗

1948年1月27日作。收《老虎桥杂诗》。

题画诗

1948年3月6日作。收《老虎桥杂诗》。

《虎牢吟啸》序

1948年3月13日作,署名周作人。

《儿童杂事诗》序记

1948年3月20日作。收1973年香港崇文书局版《儿童杂事诗》。

《呐喊》索隐

1948年7月作,载1948年8月31日《子曰丛刊》第3辑,署名王寿遐。

红楼内外

载1948年9月《子曰丛刊》第4辑,署名王寿遐。

《虎牢吟啸》后序

1948年12月7日作,署名周作人。收1978年香港上海书局版《虎牢吟啸》。

题画诗

1948年作。收《老虎桥杂诗》。

1949 年

拟题壁（诗）

　　1949 年 1 月 26 日作，收《老虎桥杂诗》。

北平的事情

　　1949 年 1 月作，载《子曰丛刊》第 6 辑。

希腊运粮记（希腊妥玛格拉罗斯作）

　　载 1949 年 2 月《好文章》第 4 集，署十鹤译。

鲁迅与周瘦鹃

　　载 1949 年 3 月 20 日上海《自由论坛晚报·未晚》，署名鹤生。

刘半农与礼拜六派

　　载 1949 年 3 月 22 日上海《自由论坛晚报·未晚》，署名鹤生。

吃人肉的方法

　　载 1949 年 3 月 26 日上海《自由论坛晚报·未晚》，署名鹤生。

漫谈《四库全书》

　　载 1949 年 3 月 31 日上海《自由论坛晚报·未晚》，署名鹤生。

小人书

　　载 1949 年 4 月 2 日上海《自由论坛晚报·未晚》，署名十鹤。

关于绍兴师爷
　　载 1949 年 4 月 5 日上海《自由论坛晚报·未晚》,署名长年。
写文章之难
　　载 1949 年 4 月 7 日上海《自由论坛晚报·未晚》,署名长年。
谈康梁
　　载 1949 年 4 月 9 日、10 日上海《自由论坛晚报·未晚》,署名长年。
一封信(致中共领导人)
　　1949 年 7 月 4 日作,署名周作人。见《新文学史料》1987 年第 6 期。
《希腊女诗人萨波》序言
　　1949 年 8 月 2 日作。收《希腊女诗人萨波》,上海出版公司 1951 年版。
《丁亥暑中杂诗》后记
　　1949 年 8 月 27 日作。收《老虎桥杂诗》。
《希腊的神与英雄》译后附记
　　1949 年 10 月 31 日作。收《希腊的神与英雄》。
说书人
　　载 1949 年 11 月 22 日《亦报》,署名申寿。
历史小说
　　载 1949 年 11 月 24 日《亦报》,署名申寿。
博浪椎
　　载 1949 年 11 月 26 日《亦报》,署名申寿。
垓下叹
　　载 1949 年 11 月 28 日《亦报》,署名申寿。
新妇女一
　　载 1949 年 11 月 30 日《亦报》,署名申寿。
新妇女二
　　载 1949 年 12 月 2 日《亦报》,署名申寿。

恋爱解
>载 1949 年 12 月 4 日《亦报》,署名申寿。

《红楼梦》
>载 1949 年 12 月 6 日《亦报》,署名申寿。

《儿女英雄传》
>载 1949 年 12 月 8 日《亦报》,署名申寿。

《水浒传》
>载 1949 年 12 月 10 日《亦报》,署名申寿。

小人书
>载 1949 年 12 月 12 日《亦报》,署名申寿。

读旧书一
>载 1949 年 12 月 14 日《亦报》,署名申寿。

秋瑾与鲁迅
>载 1949 年 12 月 15 日《亦报》,署名鹤生。

焕强盗和蒋二秃子
>载 1949 年 12 月 16 日《亦报》,署名鹤生。

读旧书二
>载 1949 年 12 月 16 日《亦报》,署名申寿。

冻死人
>载 1949 年 12 月 18 日《亦报》,署名申寿。

作文难
>载 1949 年 12 月 20 日《亦报》,署名申寿。

祝英台的脚
>载 1949 年 12 月 22 日《亦报》,署名申寿。

苍蝇之微
>载 1949 年 12 月 24 日《亦报》,署名申寿。

三味书屋的轶事
>载 1949 年 12 月 26 日《亦报》,署名鹤生。

臭豆腐

载 1949 年 12 月 26 日《亦报》,署名申寿。

袁文薮与蒋抑卮

载 1949 年 12 月 27 日《亦报》,署名鹤生。收《鲁迅的故家》。

续作文难

载 1949 年 12 月 28 日《亦报》,署名申寿。

关于陈百年

载 1949 年 12 月 28 日《亦报》,署名鹤生。

章太炎的法律

载 1949 年 12 月 29 日《亦报》,署名鹤生。

吃豆腐

载 1949 年 12 月 30 日《亦报》,署名申寿。

旧军阀的故事

载 1949 年 12 月 30 日《亦报》,署名鹤生。

自袁至蒋

载 1949 年 12 月 31 日《亦报》,署名申寿。

1950年

砚台的寿命
　　　　载 1950 年 1 月 1 日《亦报》,署名申寿。

新青年与北大
　　　　载 1950 年 1 月 3 日《亦报》,署名鹤生。

医生颂
　　　　载 1950 年 1 月 3 日《亦报》,署名十山。

吃鱼
　　　　载 1950 年 1 月 4 日《亦报》,署名十山。

吃肉
　　　　载 1950 年 1 月 5 日《亦报》,署名十山。

徐伯荪在东湖
　　　　载 1950 年 1 月 6 日《亦报》,署名鹤生。

吸收文明
　　　　载 1950 年 1 月 6 日《亦报》,署名十山。

二十四孝
　　　　载 1950 年 1 月 7 日《亦报》,署名十山。

忌十三

载 1950 年 1 月 8 日《亦报》,署名十山。

张三李四

载 1950 年 1 月 9 日《亦报》,署名十山。

谈天

载 1950 年 1 月 10 日《亦报》,署名十山。

双日开市

载 1950 年 1 月 10 日《大报》,署名荣纪。

名从主人

载 1950 年 1 月 11 日《亦报》,署名十山。

禹恶旨酒

载 1950 年 1 月 12 日《大报》,署名荣纪。

历史剧

载 1950 年 1 月 12 日《亦报》,署名十山。

谈迷信

载 1950 年 1 月 13 日《亦报》,署名十山。

鲁迅与周瘦鹃

载 1950 年 1 月 13 日《亦报》,署名鹤生。

绍兴酒的将来

载 1950 年 1 月 14 日《大报》,署名荣纪。

文化遗产

载 1950 年 1 月 14 日《亦报》,署名十山。

扶乩的故事

载 1950 年 1 月 14 日《亦报》,署名鹤生。

写文章的副业

载 1950 年 1 月 15 日《亦报》,署名十山。

小伙计看书

载 1950 年 1 月 16 日《亦报》,署名十山。

读书人的今昔
　　　　载 1950 年 1 月 16 日《大报》,署名荣纪。

嫖客态度
　　　　载 1950 年 1 月 17 日《亦报》,署名十山。

洋囡囡
　　　　载 1950 年 1 月 18 日《亦报》,署名十山。

红番薯
　　　　载 1950 年 1 月 18 日《大报》,署名荣纪。

坐船
　　　　载 1950 年 1 月 19 日《亦报》,署名十山。

河伯与龙王
　　　　载 1950 年 1 月 19 日《亦报》,署名鹤生。

萝卜与白薯
　　　　载 1950 年 1 月 20 日《亦报》,署名十山。

古药方
　　　　载 1950 年 1 月 20 日《大报》,署名荣纪。

吃酒
　　　　载 1950 年 1 月 21 日《亦报》,署名十山。

成舍我与刘半农
　　　　载 1950 年 1 月 22 日《亦报》,署名鹤生。

坐车
　　　　载 1950 年 1 月 22 日《亦报》,署名十山。

华陀的麻醉药
　　　　载 1950 年 1 月 22 日《大报》,署名荣纪。

孙伏园与副刊
　　　　载 1950 年 1 月 23 日《亦报》,署名鹤生。

学名与俗名
　　　　载 1950 年 1 月 23 日《亦报》,署名十山。

金钢钻的用处
　　　　载 1950 年 1 月 24 日《亦报》,署名十山。

打差别的笑活
　　　　载 1950 年 1 月 24 日《大报》,署名荣纪。

章太炎与国民党
　　　　载 1950 年 1 月 25 日《亦报》,署名鹤生。

照顾小朋友
　　　　载 1950 年 1 月 25 日《亦报》,署名十山。

章太炎的弟子
　　　　载 1950 年 1 月 26 日《亦报》,署名鹤生。

山里红
　　　　载 1950 年 1 月 26 日《亦报》,署名十山。

咬菜根
　　　　载 1950 年 1 月 26 日《大报》,署名荣纪。

雷峰塔
　　　　载 1950 年 1 月 27 日《亦报》,署名十山。

坟地的改革
　　　　载 1950 年 1 月 28 日《亦报》,署名十山。

钱玄同与《章氏丛书》
　　　　载 1950 年 1 月 28 日《亦报》,署名鹤生。

关于《章氏丛书》
　　　　载 1950 年 1 月 28 日《大报》,署名荣纪。

关于身边琐事
　　　　载 1950 年 1 月 29 日《亦报》,署名十山。

展览会
　　　　载 1950 年 1 月 30 日《亦报》,署名十山。

押不芦
　　　　载 1950 年 1 月 30 日《大报》,署名荣纪。

关于别号
　　　　载 1950 年 1 月 31 日《亦报》，署名十山。

鲁迅在 S 会馆
　　　　载 1950 年 2 月 1 日《亦报》，署名鹤生。收《鲁迅的故家》。

外国来的蔬菜
　　　　载 1950 年 2 月 1 日《亦报》，署名十山。

S 会馆的来客
　　　　载 1950 年 2 月 2 日《亦报》，署名鹤生。收《鲁迅的故家》。

点心与饭
　　　　载 1950 年 2 月 2 日《亦报》，署名十山。

鬼夜哭
　　　　载 1950 年 2 月 2 日《大报》，署名荣纪。

南北的点心
　　　　载 1950 年 2 月 3 日《亦报》，署名十山。

糖与盐
　　　　载 1950 年 2 月 4 日《亦报》，署名十山。

雄憨的白话
　　　　载 1950 年 2 月 4 日《大报》，署名荣纪。

猫头鹰
　　　　载 1950 年 2 月 5 日《亦报》，署名十山。

新历本
　　　　载 1950 年 2 月 6 日《亦报》，署名十山。

看笔记
　　　　载 1950 年 2 月 6 日《大报》，署名荣纪。

女人与蛇
　　　　载 1950 年 2 月 7 日《亦报》，署名十山。

行孝的故事
　　　　载 1950 年 2 月 8 日《亦报》，署名鹤生。

航船与埠船

　　载 1950 年 2 月 8 日《亦报》,署名十山。

护生的意见

　　载 1950 年 2 月 8 日《大报》,署名荣纪。

咬人的虫

　　载 1950 年 2 月 9 日《亦报》,署名十山。

蠹鱼的变化

　　载 1950 年 2 月 10 日《亦报》,署名十山。

馄饨担

　　载 1950 年 2 月 10 日《大报》,署名荣纪。

关于章太炎与国民党

　　载 1950 年 2 月 10 日《亦报》,署名鹤生。

香烛店

　　载 1950 年 2 月 11 日《亦报》,署名十山。

谈报应

　　载 1950 年 2 月 12 日《亦报》,署名十山。

经史学的教训

　　载 1950 年 2 月 12 日《大报》,署名荣纪。

小孩的花草

　　载 1950 年 2 月 13 日《亦报》,署名十山。

作画难

　　载 1950 年 2 月 14 日《亦报》,署名十山。

主客谈诗

　　载 1950 年 2 月 14 日《大报》,署名荣纪。

外国语

　　载 1950 年 2 月 15 日《亦报》,署名十山。

求仙

　　载 1950 年 2 月 16 日《亦报》,署名十山。

裱糊房屋
> 载 1950 年 2 月 16 日《大报》，署名荣纪。

难认识的原稿
> 载 1950 年 2 月 20 日《亦报》，署名十山。

吃烧鹅
> 载 1950 年 2 月 20 日《大报》，署名荣纪。

肥皂的今昔
> 载 1950 年 2 月 21 日《亦报》，署名十山。

俟堂与陈师曾
> 载 1950 年 2 月 22 日《亦报》，署名鹤生。收《鲁迅的故家》。

梅兰竹菊
> 载 1950 年 2 月 22 日《亦报》，署名十山。

东坡的坦白
> 载 1950 年 2 月 22 日《大报》，署名荣纪.

陈师曾的风俗画
> 载 1950 年 2 月 23 日《亦报》，署名鹤生。收《鲁迅的故家》。

腌鱼腊肉
> 载 1950 午 2 月 23 日《亦报》，署名十山。

新年(诗)
> 载 1950 年 2 月 23 日《亦报》，署名东郭生。收 1973 年香港崇文书店版《儿童杂事诗》。

无暇看花
> 载 1950 年 2 月 24 日《亦报》，署名十山。

炮格与炸弹
> 载 1950 年 2 月 24 日《大报》，署名荣纪。

新年二(诗)
> 载 1950 年 2 月 24 日《亦报》，署名东郭生。收《儿童杂事诗》。

国粹
> 载 1950 年 2 月 25 日《亦报》，署名十山。

新年三（诗）

　　　　载1950年2月25日《亦报》，署名东郭生。

中古的医院

　　　　载1950年2月26日《亦报》，署名十山。

贪污的汤马斯

　　　　载1950年2月26日《大报》，署名荣纪。

汤马斯的倒灶

　　　　载1950年2月26日《大报》，署名荣纪。

上元（诗）

　　　　载1950年2月26日《亦报》，署名东郭生。收《儿童杂事诗》。

理发店的标识

　　　　载1950年2月27日《亦报》，署名十山。

风筝（诗）

　　　　载1950年2月27日《亦报》，署名东郭生。

印书的进步

　　　　载1950年2月28日《亦报》，署名十山。

讲得通的误字

　　　　载1950年2月28日《大报》，署名荣纪。

上学（诗）

　　　　载1950年2月28日《亦报》，署名东郭生。收《儿童杂事诗》。

弄潮

　　　　载1950年3月1日《亦报》，署名十山。

扫墓（诗）

　　　　载1950年3月1日《亦报》，署名东郭生。收《儿童杂事诗》。

比目鱼

　　　　载1950年3月2日《亦报》，署名十山。

牛山猫儿诗

　　　　载1950年3月2日《大报》，署名荣纪。

扫墓二(诗)

　　　　载1950年3月2日《亦报》,署名东郭生。收《儿童杂事诗》。

祭祖的商榷

　　　　载1950年3月3日《亦报》,署名十山。

扫墓三(诗)

　　　　载1950年3月3日《亦报》,署名东郭生。收《儿童杂事诗》。

《聊斋志异》

　　　　载1950年3月4日《亦报》,署名十山。

古董的活用

　　　　载1950年3月4日《大报》,署名荣纪。

书房一(诗)

　　　　载1950年3月4日《亦报》,署名东郭生。收《儿童杂事诗》。

旨年画

　　　　载1950年3月5日《亦报》,署名十山。

书房二(诗)

　　　　载1950年3月5日《亦报》,署名东郭生。收《儿童杂事诗》。

蛆的用处

　　　　载1950年3月6日《亦报》,署名十山。

狼的故事

　　　　载1950年3月6日《大报》,署名荣纪。

立夏(诗)

　　　　载1950年3月6日《亦报》,署名东郭生。收《儿童杂事诗》。

小孩的歌

　　　　载1950年3月7日《亦报》,署名十山。

端午(诗)

　　　　载1950年3月7日《亦报》,署名东郭生。收《儿童杂事诗》。

白日升天

　　　　载1950年3月8日《亦报》,署名十山。

吃茶
　　　　载 1950 年 3 月 8 日《大报》，署名荣纪。

端午二(诗)
　　　　载 1950 年 3 月 8 日《亦报》，署名东郭生。收《儿童杂事诗》。

瓜子鸡
　　　　载 1950 年 3 月 9 日《亦报》，署名十山。

夏日食物一(诗)
　　　　载 1950 年 3 月 9 日《亦报》，署名东郭生。收《儿童杂事诗》。

儿童诗与补遗
　　　　载 1950 年 3 月 10 日《亦报》，署名十山。

怕鬼
　　　　载 1950 年 3 月 10 日《大报》，署名荣纪。

夏日食物二(诗)
　　　　载 1950 年 3 月 10 日《亦报》，署名东郭生。收《儿童杂事诗》。

神仙的无聊
　　　　载 1950 年 3 月 11 日《亦报》，署名十山。

蚊烟(诗)
　　　　载 1950 年 3 月 11 日《亦报》，署名东郭生。收《儿童杂事诗》。

孟姜女
　　　　载 1950 年 3 月 12 日《亦报》，署名十山。

鬼头
　　　　载 1950 年 3 月 12 日《大报》，署名荣纪。

瓜(诗)
　　　　载 1950 年 3 月 12 日《亦报》，署名东郭生。收《儿童杂事诗》。

冬天的麻雀
　　　　载 1950 年 3 月 13 日《亦报》，署名十山。

夏日急雨(诗)
　　　　载 1950 年 3 月 13 日《亦报》，署名东郭生。收《儿童杂事诗》。

鳄鱼
>载 1950 年 3 月 14 日《亦报》,署名十山。

中国人的心脏
>载 1950 年 3 月 14 日《大报》,署名荣纪。

苍蝇(诗)
>载 1950 年 3 月 14 日《亦报》,署名东郭生。收《儿童杂事诗》。

惭妇子
>载 1950 年 3 月 15 日《亦报》,署名十山。

菱(诗)
>载 1950 年 3 月 15 日《亦报》,署名东郭生。收《儿童杂事诗》。

看姣姣者的来源
>载 1950 年 3 月 16 日《亦报》,署名十山。

钱大王的歌
>载 1950 年 3 月 16 日《大报》,署名荣纪。

蟋蟀(诗)
>载 1950 年 3 月 16 日《亦报》,署名东郭生。收《儿童杂事诗》。

街树
>载 1950 年 3 月 17 日《亦报》,署名十山。

人变虎
>载 1950 年 3 月 17 日《大报》,署名荣纪。

中元(诗)
>载 1950 年 3 月 17 日《亦报》,署名东郭生。收《儿童杂事诗》。

耕织图
>载 1950 年 3 月 18 日《亦报》,署名十山。

纪念寿石工
>载 1950 年 3 月 18 日《亦报》,署名鹤生。

北京的风俗图
>载 1950 年 3 月 18 日《大报》,署名荣纪。

中秋(诗)

　　　　载1950年3月18日《亦报》,署名东郭生。收《儿童杂事诗》。

螺蛳经

　　　　载1950年3月19日《亦报》,署名十山。

寿石工的刻印

　　　　载1950年3月19日《亦报》,署名鹤生。

俗谚的背景

　　　　载1950年3月19日《大报》,署名荣纪。

老子(诗)

　　　　载1950年3月19日《亦报》,署名东郭生。收《儿童杂事诗》。

朱天君

　　　　载1950年3月20日《亦报》,署名十山。

于非庵的笔记

　　　　载1950年3月20日《亦报》,署名鹤生。

男性中心思想

　　　　载1950年3月20日《大报》,署名荣纪。

晋惠帝(诗)

　　　　载1950年3月20日《亦报》,署名东郭生。

头发的问题

　　　　载1950年3月21日《亦报》,署名十山。

顾亭林论火葬

　　　　载1950年3月21日《大报》,署名荣纪。

赵伯公(诗)

　　　　载1950年3月21日《亦报》,署名东郭生。收《儿童杂事诗》。

说龙

　　　　载1950年3月22日《亦报》,署名十山。

旧民主的侵略

　　　　载1950年3月22日《大报》,署名荣纪。

陶渊明一(诗)

载 1950 年 3 月 22 日《亦报》,署名东郭生。收《儿童杂事诗》。

大脚仙

载 1950 年 3 月 23 日《亦报》,署名十山。

饱的饥饿

载 1950 年 3 月 23 日《大报》,署名荣纪。

陶渊明二(诗)

载 1950 年 3 月 23 日《亦报》,署名东郭生。收《儿童杂事诗》。

盐茶

载 1950 年 3 月 24 日《亦报》,署名十山。

汉字不难学

载 1950 年 3 月 24 日《大报》,署名荣纪。

杜子美一(诗)

载 1950 年 3 月 24 日《亦报》,署名东郭生。收《儿童杂事诗》。

《伊索寓言》

载 1950 年 3 月 25 日《亦报》,署名十山。

谈翻译

载 1950 年 3 月 25 日《大报》,署名荣纪。

杜子美二(诗)

载 1950 年 3 月 25 日《亦报》,署名东郭生。收《儿童杂事诗》。

无意义的古迹

载 1950 年 3 月 26 日《亦报》,署名十山。

生活力

载 1950 年 3 月 26 日《大报》,署名荣纪。

杜子美三(诗)

载 1950 年 3 月 26 日《亦报》,署名东郭生。收《儿童杂事诗》。

咏臭象棋

载 1950 年 3 月 27 日《亦报》,署名十山。

写白字
　　　　载1950年3月27日《大报》，署名荣纪。
关于白果
　　　　载1950年3月27日《大报》，署名荣纪。
李太白（诗）
　　　　载1950年3月27日《亦报》，署名东郭生。收《儿童杂事诗》。
典故的用法
　　　　载1950年3月28日《亦报》，署名十山。
李季真（诗）
　　　　载1950年3月28日《亦报》，署名东郭生。收《儿童杂事诗》。
猩猩的血
　　　　载1950年3月29日《亦报》，署名十山。
杜牧之（诗）
　　　　载1950年3月29日《亦报》，署名东郭生。收《儿童杂事诗》。
怎么唱喏
　　　　载1950年3月30日《亦报》，署名十山．
陆放翁（诗）
　　　　载1950年3月30日《亦报》，署名东郭生。收《儿童杂事诗》。
借水
　　　　载1950年3月31日《亦报》，署名十山。
姜白石（诗）
　　　　载1950年3月31日《亦报》，署名东郭生。收《儿童杂事诗》。
小儿的哭声
　　　　载1950年4月1日《亦报》，署名十山。
辛稼轩（诗）
　　　　载1950年4月1日《亦报》，署名东郭生。收《儿童杂事诗》。
重译书
　　　　载1950年4月2日《亦报》，署名十山。

王季重（诗）

　　　　载 1950 年 4 月 2 日《亦报》，署名东郭生。收《儿童杂事诗》。

垃圾书

　　　　载 1950 年 4 月 3 日《亦报》，署名十山。

清顺治帝（诗）

　　　　载 1950 年 4 月 3 日《亦报》，署名东郭生。收《儿童杂事诗》。

活的迷信

　　　　载 1950 年 4 月 4 日《亦报》，署名十山。

学堂生活

　　　　载 1950 年 4 月 4 日《亦报》，署名鹤生。

翟晴江（诗）

　　　　载 1950 年 4 月 4 日《亦报》，署名东郭生。收《儿童杂事诗》。

周主山的印象

　　　　载 1950 年 4 月 5 日《亦报》，署名鹤生。

洗三的咒语

　　　　载 1950 年 4 月 5 日《亦报》，署名十山。

高南阜（诗）

　　　　载 1950 年 4 月 5 日《亦报》，署名东郭生。收《儿童杂事诗》。

古诗里的儿童

　　　　载 1950 年 4 月 6 日《亦报》，署名十山。

外交家的打牌

　　　　载 1950 年 4 月 6 日《亦报》，署名鹤生。

郑板桥（诗）

　　　　载 1950 年 4 月 6 日《亦报》，署名东郭生。收《儿童杂事诗》。

旅馆怪客

　　　　载 1950 年 4 月 7 日《亦报》，署名鹤生。

美国小说

　　　　载 1950 年 4 月 7 日《亦报》，署名十山。

陈授衣(诗)

　　　　载1950年4月7日《亦报》,署名东郭生。收《儿童杂事诗》。

八珍之一

　　　　载1950年4月8日《亦报》,署名十山。

俞理初(诗)

　　　　载1950年4月8日《亦报》,署名东郭生。收《儿童杂事诗》。

看戏的经验

　　　　载1950年4月9日《亦报》,署名十山。

王某友(诗)

　　　　载1950年4月9日《亦报》,署名东郭生。收《儿童杂事诗》。

枕上看书

　　　　载1950年4月10日《亦报》,署名十山。

凯乐而(诗)

　　　　载1950年竿4月10日《亦报》,署名东郭生。收《儿童杂事诗》。

稿里的简字

　　　　载1950年4月11日《亦报》,署名十山。

萨洛延(诗)

　　　　载1950年4月11日《亦报》,署名东郭生。收《儿童杂事诗》。

《儿童杂事诗》乙编后记

　　　　载1950年4月11日《亦报》,署名东郭生。

改良衣服

　　　　载1950年4月12日《亦报》,署名十山。

花纸一(诗)

　　　　载1950年4月12日《亦报》,署名东郭生。收《儿童杂事诗》。

拜年看游记

　　　　载1950年4月13日《亦报》,署名十山。

花纸二(诗)

　　　　载1950年4月13日《亦报》,署名东郭生。收《儿童杂事诗》。

打油诗与文字狱
　　　　载 1950 年 4 月 14 日《亦报》,署名十山。

花纸三(诗)
　　　　载 1950 年 4 月 14 日《亦报》,署名东郭生。收《儿童杂事诗》。

弓足
　　　　载 1950 年 4 月 15 日《亦报》,署名十山。

故事一(诗)
　　　　载 1950 年 4 月 15 日《亦报》,署名东郭生。收《儿童杂事诗》。

太戈尔的生日
　　　　载 1950 年 4 月 16 日《亦报》,署名鹤生。

吃饭与筷子
　　　　载 1950 年 4 月 16 日《亦报》,署名十山。

故事二(诗)
　　　　载 1950 年 4 月 16 日《亦报》,署名东郭生。收《儿童杂事诗》。

小鬼
　　　　载 1950 年 4 月 17 日《亦报》,署名十山。

故事三(诗)
　　　　载 1950 年 4 月 17 日《亦报》,署名东郭生。收《儿童杂事诗》。

讲义风潮
　　　　载 1950 年 4 月 18 日《亦报》,署名鹤生。

爱竹的缘故
　　　　载 1950 年 4 月 18 日《亦报》,署名十山。

歌谣(诗)
　　　　载 1950 年 4 月 18 日《亦报》,署名东郭生。收《儿童杂事诗》。

佩服老戏文
　　　　载 1950 年 4 月 19 日《亦报》,署名十山。

歌谣二(诗)
　　　　载 1950 年 4 月 19 日《亦报》,署名东郭生。收《儿童杂事诗》。

士大夫的习气
　　　　载 1950 年 4 月 20 日《亦报》,署名十山。

歌谣三(诗)
　　　　载 1950 年 4 月 20 日《亦报》,署名东郭生。收《儿童杂事诗》。

麻沸汤的成分
　　　　载 1950 年 4 月 21 日《亦报》,署名十山。

玩具一(诗)
　　　　载 1950 年 4 月 21 日《亦报》,署名东郭生。收《儿童杂事诗》。

说到粪缸
　　　　载 1950 年 4 月 22 日《亦报》,署名十山。

看花书
　　　　载 1950 年 4 月 23 日《亦报》,署名十山。

献九鼎
　　　　载 1950 年 4 月 23 日《亦报》,署名鹤生。

养猪
　　　　载 1950 年 4 月 24 日《亦报》,署名十山。

定县车站
　　　　载 1950 年 4 月 25 日《亦报》,署名十山。

精神病问题
　　　　载 1950 年 4 月 26 日《亦报》,署名十山。

谁写秃子外传
　　　　载 1950 年 4 月 27 日《亦报》,署名鹤生。

买笔
　　　　载 1950 年 4 月 27 日《亦报》,署名十山。

花柳病问题
　　　　载 1950 年 4 月 28 日《亦报》,署名十山。

宝竹坡
　　　　载 1950 年 4 月 28 日《亦报》,署名鹤生。

美妇人
　　载 1950 年 4 月 29 日《亦报》,署名十山。

鬼物二(诗)
　　载 1950 年 4 月 29 日《亦报》,署名东郭生。收《儿童杂事诗》。

捕蛇者说
　　载 1950 年 4 月 30 日《亦报》,署名十山。

朱逖先
　　载 1950 年 4 月 30 日《亦报》,署名鹤生。

果饵一(诗)
　　载 1950 年 4 月 30 日《亦报》,署名东郭生。收《儿童杂事诗》。

北京的春雨
　　载 1950 年 5 月 1 日《亦报》,署名十山。

果饵二(诗)
　　载 1950 年 5 月 1 日《亦报》,署名东郭生。收《儿童杂事诗》。

妻代夫死
　　载 1950 年 5 月 3 日《亦报》,署名十山。

秃先生是谁
　　载 1950 年 5 月 3 日《亦报》,署名鹤生。收《鲁迅的故家》。

果饵三(诗)
　　载 1950 年 5 月 3 日《亦报》,署名东郭生。收《儿童杂事诗》。

北大的史迹
　　载 1950 年 5 月 4 日《亦报》,署名鹤生。

自然界的男性
　　载 1950 年 5 月 4 日《亦报》,署名十山。

果饵四(诗)
　　载 1950 年 5 月 4 日《亦报》,署名东郭生。收《儿童杂事诗》。

吃酒的本领
　　载 1950 年 5 月 5 日《亦报》,署名十山。

果饵五(诗)
  载1950年5月5日《亦报》,署名东郭生。收《儿童杂事诗》。

酒的起源
  载1950年5月6日《亦报》,署名十山。

白光的本事
  载1950年5月6日《亦报》,署名鹤生。

果饵六(诗)
  载1950年5月6日《亦报》,署名十山。收《儿童杂事诗》。

汉文难学
  载1950年5月7日《亦报》,署名十山。

作文的故事
  载1950年5月8日《亦报》,署名十山。

其休疟
  载1950年5月9日《亦报》,署名十山。

孔乙己时代
  载1950年5月9日《亦报》,署名鹤生。收《鲁迅的故家》。

中国气味
  载1950年5月10日《亦报》,署名十山。

咸亨的老板
  载1950年5月10日《亦报》,署名鹤生。收《鲁迅的故家》。

买书
  载1950年5月11日《亦报》,署名十山。

小酒店里
  载1950年5月11日《亦报》,署名鹤生。收《鲁迅的故家》。

啄木鸟及其他
  载1950年5月12日《亦报》,署名十山。

泰山堂里的人
  载1950年5月12日《亦报》,署名鹤生。收《鲁迅的故家》。

农具图说

载 1950 午 5 月 13 日《亦报》,署名十山。

街坊上的悲喜剧

载 1950 午 S 月 13 日《亦报》,署名鹤生。

陈仪与鲁迅

载 1950 年 5 月 14 日《亦报》,署名鹤生。

男女的装扮

载 1950 年 5 月 14 日《亦报》,署名十山。

折狱龟鉴

载 1950 年 5 月 15 日《亦报》,署名十山。

长庆寺

载 1950 年 5 月 15 日《亦报》,署名鹤生。收《鲁迅的故家》。

吃青椒

载 1950 年 5 月 16 日《亦报》,署名十山。

街坊上的悲喜剧二

载 1950 年 5 月 16 日《亦报》,署名鹤生。

李越缦与胡适之

载 1950 年 5 月 17 日《亦报》,署名鹤生。

夜读的境界

载 1950 年 5 月 17 日《亦报》,署名十山。

酒望子

载 1950 年 5 月 18 日《亦报》,署名十山。

四进士都坏

载 1950 年 5 月 19 日《亦报》,署名十山。

月亮婆婆

载 1950 年 5 月 20 日《亦报》,署名十山。

避讳

载 1950 年 5 月 21 日《亦报》,署名十山。

改地名
　　　　载1950年5月22日《亦报》,署名十山。
琉球的"下海边"
　　　　载1950年5月23日《亦报》,署名十山。
接生的故事
　　　　载1950年5月24日《亦报》,署名十山。
水果与仙丹
　　　　载1950年5月25日《亦报》,署名鹤生。
关于水鸟他
　　　　载1950年5月25日《亦报》,署名十山。
祖母的一生
　　　　载1950年5月26日《亦报》,署名十山。
壁虎尾巴
　　　　载1950年5月27日《亦报》,署名十山。
守宫砂
　　　　载1950年5月28日《亦报》,署名十山。
竹枝词的打油
　　　　载1950年5月29日《亦报》署名十山。
不写说理文
　　　　载1950年5月30日《亦报》,署名十山。
戏文故事书
　　　　载1950年5月31日《亦报》,署名十山。
动物园
　　　　载1950年6月1日《亦报》,署名十山。
小破脚骨
　　　　载1950年6月1日《亦报》,署名鹤生。
张邦华
　　　　载1950年6月2日《亦报》,署名鹤生。

石板路

　　载 1950 年 6 月 2 日《亦报》，署名十山。

石板路二

　　载 1950 年 6 月 3 日《亦报》，署名十山。

冯汉叔

　　载 1950 年 6 月 4 日《亦报》，署名鹤生。

路旁水果摊

　　载 1950 年 6 月 4 日《亦报》，署名十山。

器字车

　　载 1950 年 6 月 5 日《亦报》，署名鹤生。

桥与天灯

　　载 1950 年 6 月 5 日《亦报》，署名十山。

西汉第一石刻

　　载 1950 年 6 月 6 日《亦报》，署名鹤生。

副净与二丑

　　载 1950 年 6 月 6 日《亦报》，署名十山。

"六三"的回忆

　　载 1950 年 6 月 7 日《亦报》，署名鹤生。

活无常与女吊

　　载 1950 年 6 月 7 日《亦报》，署名十山。

马熊拖人

　　载 1950 年 6 月 8 日《亦报》，署名鹤生。

没有题目的文章

　　载 1950 年 6 月 8 日《亦报》，署名十山。

杨梅与笋

　　载 1950 年 6 月 9 日《亦报》，署名十山。

诗里的市声

　　载 1950 年 6 月 10 日《亦报》，署名十山。

赞成大团圆

　　载 1950 年 6 月 11 日《亦报》，署名十山。

懊恼祖师

　　载 1950 年 6 月 12 日《亦报》，署名十山。

有水无鱼

　　载 1950 年 6 月 13 日《亦报》，署名十山。

新潮的泡沫

　　载 1950 年 6 月 13 日《亦报》，署名鹤生。

新潮的泡沫（二）

　　载 1950 年 6 月 14 日《亦报》，署名鹤生。

三顿饭

　　载 1950 年 6 月 14 日《亦报》，署名十山。

饼斋的名号

　　载 1950 年 6 月 15 日《亦报》，署名鹤生。

黑头发

　　载 1950 年 6 月 15 日《亦报》，署名十山。

饼斋的名号（二）

　　载 1950 年 6 月 16 日《亦报》，署名鹤生。

爱窝窝

　　载 1950 年 6 月 16 日《亦报》，署名十山。

我的酒友

　　载 1950 年 6 月 17 日《亦报》，署名鹤生。

殿试的矮桌

　　载 1950 年 6 月 17 日《亦报》，署名十山。

二云居士

　　载 1950 年 6 月 18 日《亦报》，署名鹤生。

五美图

　　载 1950 年 6 月 18 日《亦报》，署名十山。

打狗之道
　　　　载 1950 年 6 月 19 日《亦报》,署名十山。

塾师的故事
　　　　载 1950 年 6 月 20 日《亦报》,署名鹤生。

长衫的问题
　　　　载 1950 年 6 月 20 日《亦报》,署名十山。

风俗的记录
　　　　载 1950 年 6 月 21 日《亦报》,署名十山。

煨乌鱼
　　　　载 1950 年 6 月 21 日《亦报》,署名鹤生。

叶德辉案
　　　　载 1950 年 6 月 22 日《亦报》,署名鹤生。

妇女会的工作
　　　　载 1950 年 6 月 22 日《亦报》,署名十山。

女的村干部
　　　　载 1950 年 6 月 23 日《亦报》,署名十山。

咭咯菩萨
　　　　载 1950 年 6 月 24 日《亦报》,署名十山。

愚公移山
　　　　载 1950 年 6 月 25 日《亦报》,署名十山。

阿斗的喜剧
　　　　载 1950 年 6 月 25 日《亦报》,署名鹤生。

头世人
　　　　载 1950 年 6 月 26 日《亦报》,署名十山。

人与虫
　　　　载 1950 年 6 月 27 日《亦报》,署名十山。

《狂人日记》里的人
　　　　载 1950 年 6 月 28 日《亦报》,署名鹤生。

狼的声名

　　载 1950 年 6 月 28 日《亦报》,署名十山。

书家的故事

　　载 1950 年 6 月 29 日《亦报》,署名鹤生。

横滨桥边

　　载 1950 年 6 月 29 日《亦报》,署名十山。

陈仪的下场

　　载 1950 年 6 月 30 日《亦报》,署名鹤生。

勇敢的重婚

　　载 1950 年 6 月 30 日《亦报》,署名十山。

戴帽子

　　载 1950 年 7 月 1 日《亦报》,署名十山。

艳史丛编

　　载 1950 年 7 月 2 日《亦报》,署名十山。

传记里的故事

　　载 1950 年 7 月 3 日《亦报》,署名十山。

卢冀野

　　载 1950 年 7 月 3 日《亦报》,署名鹤生。

蚊子与白蛉

　　载 1950 年 7 月 4 日《亦报》,署名十山。

妙峰山与无底洞

　　载 1950 年 7 月 5 日《亦报》,署名十山。

故事里的蚊子

　　载 1950 年 7 月 6 日《亦报》,署名十山。

鸟吐蚊子

　　载 1950 年 7 月 7 日《亦报》,署名十山。

瓠子汤

　　载 1950 年 7 月 8 日《亦报》,署名十山。

王敬轩
    载 1950 年 7 月 9 日《亦报》,署名鹤生。

琐事难写
    载 1950 年 7 月 9 日《亦报》,署名十山。

辜鸿铭
    载 1950 年 7 月 10 日《亦报》,署名鹤生。

骂与咒
    载 1950 年 7 月 10 日《亦报》,署名十山。

重婚与离婚
    载 1950 年 7 月 11 日《亦报》,署名十山。

法院院长的话
    载 1950 年 7 月 12 日《亦报》,署名十山。

名判决
    载 1950 年 7 月 13 日《亦报》,署名十山。

北海与故宫
    载 1950 年 7 月 14 日《亦报》,署名十山。

进京香糕
    载 1950 年 7 月 15 日《亦报》,署名十山。

许寿裳之死
    载 1950 年 7 月 16 日《亦报》,署名鹤生。

迷信的辫子
    载 1950 年 7 月 16 日《亦报》,署名十山。

故事难讲
    载 1950 年 7 月 17 日《亦报》,署名十山。

许寿裳之死(二)
    载 1950 年 7 月 17 日《亦报》,署名鹤生。

女师大旧事
    载 1950 年 7 月 18 日《亦报》,署名鹤生。

儿歌中的吃食
    载 1950 年 7 月 19 日《亦报》,署名十山。
文章的包袱
    载 1950 年 7 月 20 日《亦报》,署名十山。
游长城
    载 1950 年 7 月 21 日《亦报》,署名十山。
闲话皇帝
    载 1950 年 7 月 21 日《亦报》,署名鹤生。
闲话皇帝(二)
    载 1950 年 7 月 22 日《亦报》,署名鹤生。
上学堂
    载 1950 年 7 月 22 日《亦报》,署名十山。
果子糖
    载 1950 年 7 月 23 日《亦报》,署名十山。
乾隆的恶诗
    载 1950 年 7 月 23 日《亦报》,署名鹤生。
蝉的一生
    载 1950 年 7 月 24 日《亦报》,署名十山。
罗汉豆
    载 1950 年 7 月 25 日《亦报》,署名十山。
天京录
    载 1950 年 7 月 26 日《亦报》,署名十山。
短衣三便
    载 1950 年 7 月 27 日《亦报》,署名十山。
香酥饼
    载 1950 年 7 月 28 日《亦报》,署名十山。
香瓜
    载 1950 年 7 月 29 日《亦报》,署名十山。

赶尸

　　载 1950 年 7 月 30 日《亦报》，署名十山。

马面鬼

　　载 1950 年 7 月 31 日《亦报》，署名十山。收《鲁迅的故家》。

堕民的生活

　　载 1950 年 8 月 1 日《亦报》，署名十山。

懒惰头

　　载 1950 年 8 月 2 日《亦报》，署名十山。

醉酒

　　载 1950 年 8 月 3 日《亦报》，署名十山。

馒头

　　载 1950 年 8 月 4 日《亦报》，署名十山。

冷开水

　　载 1950 年 8 月 5 日《亦报》，署名十山。

藕与莲花

　　载 1950 年 8 月 6 日《亦报》，署名十山。

《四库全书》与《康熙字典》

　　载 1950 年 8 月 6 日《亦报》，署名鹤生。

谈梅子

　　载 1950 年 8 月 7 日《亦报》，署名十山。

竹席

　　载 1950 年 8 月 8 日《亦报》，署名十山。

湿蜜饯

　　载 1950 年 8 月 9 日《亦报》，署名十山。

作文与讲演

　　载 1950 年 8 月 10 日《亦报》，署名十山。

味之素

　　载 1950 年 8 月 11 日《亦报》，署名十山。

希特勒们
　　　　载 1950 年 8 月 12 日《亦报》,署名十山。

吃白食
　　　　载 1950 年 8 月 13 日《亦报》,署名十山。

谈卖糖
　　　　载 1950 年 8 月 14 日《亦报》,署名十山。

朝鲜文字
　　　　载 1950 年 8 月 15 日《亦报》,署名十山。

祝福
　　　　载 1950 年 8 月 16 日《亦报》,署名十山。

家族意义的称呼
　　　　载 1950 年 8 月 18 日《亦报》,署名十山。

关于沈尹默
　　　　载 1950 年 8 月 18 日《亦报》,署名鹤生。

东方朔
　　　　载 1950 年 8 月 19 日《亦报》,署名持光。

天河配
　　　　载 1950 年 8 月 20 日《亦报》,署名持光。

坏文章
　　　　载 1950 年 8 月 21 日《亦报》,署名持光。

坏文章(二)
　　　　载 1950 年 8 月 22 日《亦报》,署名持光。

故乡的雨
　　　　载 1950 年 8 月 23 日《亦报》,署名持光。

老朋友的话
　　　　载 1950 年 8 月 24 日《亦报》,署名持光。

勾践的绍兴话
　　　　载 1950 年 8 月 25 日《亦报》,署名持光。

魏龙常
> 载1950年8月26日《亦报》,署名鹤生。

赤脚
> 载1950年8月27日《亦报》,署名持光。

俞恪士
> 载1950年8月27日《亦报》,署名鹤生。

旧日记的用处
> 载1950年8月28日《亦报》,署名鹤生。

赤背
> 载1950年8月29日《亦报》,署名持光。

喇叭的回忆
> 载1950年8月30日《亦报》,署名鹤生。

吃蟹
> 载1950年8月30日《亦报》,署名持光。

南京绍兴饭馆
> 载1950年8月31日《亦报》,署名鹤生。

吃蟹(二)
> 载1950年8月31日《亦报》,署名持光。

绿珠坠楼
> 载1950年9月1日《亦报》,署名持光。

绿珠的时代
> 载1950年9月2日《亦报》,署名持光。

何为父范
> 载1950年9月3日《亦报》,署名持光。

西施
> 载1950年9月4日《亦报》,署名持光。

笑话的技术
> 载1950年9月5日《亦报》,署名持光。

蓑衣虫
　　载 1950 年 9 月 6 日《亦报》,署名持光。

拿手戏
　　载 1950 年 9 月 7 日《亦报》,署名持光。

猪肉
　　载 1950 年 9 月 8 日《亦报》,署名持光。

放焰火
　　载 1950 年 9 月 9 日,《亦报》,署名持光。

砖上的手迹
　　载 1950 年 9 月 10 日《亦报》,署名持光。

西游记
　　载 1950 年 9 月 11 日《亦报》,署名持光。

师爷笔法
　　载 1950 年 9 月 12 日《亦报》,署名持光。

目连戏的情景
　　载 1950 年 9 月 13 日《亦报》,署名持光。

姑恶鸟
　　载 1950 年 9 月 14 日《亦报》,署名持光。

田螺精
　　载 1950 年 9 月 15 日《亦报》,署名持光。

十三与五十二
　　载 1950 年 9 月 16 日《亦报》,署名持光。

妾的故事
　　载 1950 年 9 月 17 日《亦报》,署名持光。

朝鲜的陶器
　　载 1950 年 9 月 18 日《亦报》,署名持光。

朝鲜的雕刻
　　载 1950 年 9 月 19 日《亦报》,署名持光。

北平与辽宁
　　　　　载1950年9月20日《亦报》,署名持光。

夜航船里
　　　　　载1950年9月21日《亦报》,署名持光。

三样的题目
　　　　　载1950年9月22日《亦报》,署名持光。

南北的花木
　　　　　载1950年9月23日《亦报》,署名持光。

不是病
　　　　　载1950年9月24日《亦报》,署名持光。

文盲问题
　　　　　载1950年9月25日《亦报》,署名持光。

国乐的经验
　　　　　载1950年9月26日《亦报》,署名持光。

在过塘行
　　　　　载1950年9月27日《亦报》,署名持光。

钱塘江
　　　　　载1950年9月28日《亦报》,署名持光。

鱼腊
　　　　　载1950年9月29日《亦报》,署名持光。

瓜熟蒂落
　　　　　载1950年9月30日《亦报》,署名持光。

戏文里的考试
　　　　　载1950年10月1日《亦报》,署名持光。

语体的古文
　　　　　载1950年10月2日《亦报》,署名持光。

戏文里的写信
　　　　　载1950年10月4日《亦报》,署名持光。

中药可用
　　　　载1950年10月5日《亦报》,署名持光。

姚长子坟
　　　　载1950年10月6日《亦报》,署名持光。

党太尉赏雪
　　　　载1950年10月7日《亦报》,署名持光。

买墨的教训
　　　　载1950年10月8日《亦报》,署名持光。

渡黄河
　　　　载1950年10月9日《亦报》,署名持光。

争取中医
　　　　载1950年10月10日《亦报》,署名持光。

争取中医(二)
　　　　载1950年10月11日《亦报》,署名持光。

家常菜
　　　　载1950年10月12日《亦报》,署名持光。

旅行的故事
　　　　载1950年10月13日《亦报》,署名持光。

戏台上的皇帝
　　　　载1950年10月14日《亦报》,署名持光。

珊瑚粉
　　　　载1950年10月15日《亦报》,署名持光。

鸭先知
　　　　载1950年10月16日《亦报》,署名持光。

学做点心
　　　　载1950年10月17日《亦报》,署名持光。

学徒的故事
　　　　载1950年10月18日《亦报》,署名持光。

康又华说书

　　载1950年10月19日《亦报》,署名持光。

西藏的情歌

　　载1950年10月20日《亦报》,署名持光。

蝎子

　　载1950年10月21日《亦报》署名持光。

蝎子(二)

　　载1950年10月22日《亦报》,署名持光。

慢慢去

　　载1950年10月23日《亦报》,署名持光。

四大门

　　载1950年10月24日《亦报》,署名持光。

五毒

　　载1950年10月25日《亦报》,署名持光。

鹤寿

　　载1950年10月26日《亦报》,署名持光。

养猫狗

　　载1950年10月27日《亦报》,署名持光。

疲劳的小伙子

　　载1950年10月28日《亦报》,署名持光。

对相杂字

　　载1950年10月29日《亦报》,署名持光。

木工器具箱

　　载1950年10月30日《亦报》,署名持光。

鞭炮的用途

　　载1950年10月31日《亦报》,署名持光。

瓜子

　　载1950年11月1日《亦报》,署名持光。

火葬与土葬
    载 1950 年 11 月 2 日《亦报》,署名持光。

中国的纸
    载 1950 年 11 月 3 日《亦报》,署名持光。

举案齐眉
    载 1950 年 11 月 4 日《亦报》,署名十山。

天气哈哈哈
    载 1950 年 11 月 5 日《亦报》,署名十山。

《水浒》的诗
    载 1950 年 11 月 6 日《亦报》,署名十山。

成语对联
    载 1950 年 11 月 7 日《亦报》,署名十山。

兰州通讯
    载 1950 年 11 月 8 日《亦报》,署名十山。

辛稼轩的词句
    载 1950 年 11 月 9 日《亦报》,署名十山。

籍贯问题
    载 1950 年 11 月 10 日《亦报》,署名十山。

农作物的名字
    载 1950 年 11 月 11 日《亦报》,署名十山。

占验与风俗
    载 1950 年 11 月 12 日《亦报》,署名十山。

咸鱼的名字
    载 1950 年 11 月 13 日《亦报》,署名十山。

回忆的文章
    载 1950 年 11 月 14 日《亦报》,署名十山。

开卷有益
    载 1950 年 11 月 15 日《亦报》,署名十山。

堂名的故事
　　　　载1950年11月16日《亦报》，署名十山。

杨乃武案
　　　　载1950年11月16日《亦报》，署名鹤生。

黑奴吁天录
　　　　载1950年11月17日《亦报》，署名鹤生。

小孩的反感
　　　　载1950年11月17日《亦报》，署名十山。

魏聪叔
　　　　载1950年11月18日《亦报》，署名鹤生。

颊上添毫
　　　　载1950年11月18日《亦报》，署名十山。

鸡蛋
　　　　载1950年11月19日《亦报》，署名十山。

凉菜
　　　　载1950年11月20日《亦报》，署名十山。

宗族里的畸人
　　　　载1950年11月21日《亦报》，署名十山。

盐与糖
　　　　载1950年11月22日《亦报》，署名十山。

石工的尊贵
　　　　载1950年11月23日《亦报》，署名十山。

名师的传授
　　　　载1950年11月24日《亦报》，署名十山。

观音弄的畸人
　　　　载1950年11月25日《亦报》，署名十山。

我对于宗教
　　　　载1950年11月26日《亦报》，署名十山。

今不如古
　　　　载 1950 年 11 月 27 日《亦报》,署名十山。

俗语的意义
　　　　载 1950 年 11 月 28 日《亦报》,署名十山。

真说凉莱
　　　　载 1950 年 11 月 29 日《亦报》,署名十山。

总理衙门
　　　　载 1950 年 11 月 30 日《亦报》,署名十山。

聊斋稿本
　　　　载 1950 年 12 月 1 日《亦报》,署名十山。

海乙那
　　　　载 1950 年 12 月 2 日《亦报》,署名十山。

钱念劬
　　　　载 1950 年 12 月 3 日《亦报》,署名十山。

家之宜
　　　　载 1950 年 12 月 4 日《亦报》,署名十山。

嘻子与八脚
　　　　载 1950 年 12 月 5 日《亦报》,署名十山。

瓦釜集
　　　　载 1950 年 12 月 6 日《亦报》,署名十山。

三开党
　　　　载 1950 年 12 月 7 日《亦报》,署名十山。

黑人问题
　　　　载 1950 年 12 月 8 日《亦报》,署名十山。

黄人问题
　　　　载 1950 年 12 月 9 日《亦报》,署名十山。

酋长
　　　　载 1950 年 12 月 10 日《亦报》,署名十山。

高南阜左手书

载 1950 年 12 月 11 日《亦报》,署名十山。

招牌的效用

载 1950 年 12 月 12 日《亦报》,署名十山。

锅块

载 1950 年 12 月 13 日《亦报》,署名十山。

关于才子文

载 1950 年 12 月 14 日《亦报》,署名鹤生。

萨齐玛

载 1950 年 12 月 14 日《亦报》,署名十山。

钱玄同

载 1950 年 12 月 15 日《亦报》,署名鹤生。

气候的转变

载 1950 年 12 月 15 日《亦报》,署名十山。

朱家骅的训话

载 1950 年 12 月 16 日《亦报》,署名十山。

脱节

载 1950 年 12 月 17 日《亦报》,署名十山。

眼高手低

载 1950 年 12 月 18 日《亦报》,署名十山。

一壶洒

载 1950 年 12 月 19 日《亦报》,署名十山。

汤料

载 1950 年 12 月 20 日《亦报》,署名十山。

马先生汤

载 1950 年 12 月 21 日《亦报》,署名十山。

磨墨

载 1950 年 12 月 22 日《亦报》,署名十山。

英文商标
　　　　载 1950 年 12 月 23 日《亦报》,署名十山。
贞节牌坊
　　　　载 1950 年 12 月 24 日《亦报》,署名十山。
美国实业家在小说里
　　　　载 1950 年 12 月 25 日《亦报》,署名十山。
蒋观云
　　　　载 1950 年 12 月 26 日《亦报》,署名鹤生。收《鲁迅的故家》。
古代的酒
　　　　载 1950 年 12 月 26 日《亦报》,署名十山。
范爱农
　　　　载 1950 年 12 月 27 日《亦报》,署名鹤生。收《鲁迅的故家》。
陶焕卿
　　　　载 1950 年 12 月 28 日《亦报》,署名鹤生。
陈子英
　　　　载 1950 年 12 月 29 日《亦报》,署名鹤生。
牛肉锅
　　　　载 1950 年 12 月 29 日《亦报》,署名十山。
许陈邵蔡
　　　　载 1950 年 12 月 30 日《亦报》,署名鹤生。
关于跳舞
　　　　载 1950 年 12 月 31 日《亦报》,署名十山。

1951年

适口充肠

　　载1951年1月1日《亦报》,署名十山。

琉球的酒壶

　　载1951年1月3日《亦报》,署名十山。

反对关公

　　载1951年1月4日《亦报》,署名十山。

曹孟德等

　　载1951年1月5日《亦报》,署名十山。

乞食

　　载1951年1月6日《亦报》,署名十山。

《河南》杂志

　　载1951年1月7日《亦报》,署名鹤生。

笨贼

　　载1951年1月8日《亦报》,署名十山。

苏北小调

　　载1951年1月9日《亦报》,署名十山。

日本民谣

　　载1951年1月10日《亦报》,署名十山。

越铎日报

　　载1951年1月10日《亦报》,署名鹤生。

河南民歌

　　载1951年1月11日《亦报》,署名十山。

寿先生

　　载1951年1月12日《亦报》,署名鹤生。收《鲁迅的故家》。

恋爱与淫荡

　　载1951年1月12日《亦报》,署名十山。

傅斯年

　　载1951年1月13日《亦报》,署名鹤生。

覆盆桥

　　载1951年1月14日《亦报》,署名鹤生。

隐元豆

　　载1951年1月14日《亦报》,署名十山。

落花生的来路

　　载1951年1月15日《亦报》,署名十山。

蒯若木

　　载1951年1月15日《亦报》,署名鹤生。收《鲁迅的故家》。

五行与医

　　载1951年1月16日《亦报》,署名十山。

《河南》杂志(二)

　　载1951年1月17日《亦报》,署名鹤生。

卜星相的前途

　　载1951年1月17日《亦报》,署名十山。

爱人的占卜

　　载1951年1月18日《亦报》,署名十山。

英文与美文
　　　　载 1951 年 1 月 19 日《亦报》,署名十山。

寿先生(二)
　　　　载 1951 年 1 月 20 日《亦报》,署名鹤生。收《鲁迅的故家》。

租书看
　　　　载 1951 年 1 月 20 日《亦报》,署名十山。

吴友如的画
　　　　载 1951 年 1 月 21 日《亦报》,署名十山。

太平歌乐图
　　　　载 1951 年 1 月 22 日《亦报》,署名十山。

笨贼与民谣
　　　　载 1951 年 1 月 23 日《亦报》,署名十山。

祝福与过年
　　　　载 1951 年 1 月 24 日《亦报》,署名十山。

暖锅
　　　　载 1951 年 1 月 25 日《亦报》,署名十山。

仙鹿的死
　　　　载 1951 年 1 月 26 日《亦报》,署名十山。

重出天花
　　　　载 1951 年 1 月 27 日《亦报》,署名十山。

合食与分食
　　　　载 1951 年 1 月 28 日《亦报》,署名十山。

东向坐
　　　　载 1951 年 1 月 29 日《亦报》,署名十山。

百花袍
　　　　载 1951 年 1 月 30 日《亦报》,署名十山。

鲁迅与英文
　　　　载 1951 年 1 月 30 日《亦报》,署名鹤生。

解领扣
    载 1951 年 1 月 31 日《亦报》,署名十山。

纪念蒋抑卮君
    载 1951 年 1 月 31 日《亦报》,署名鹤生。

宫本百合子
    载 1951 年 2 月 1 日《亦报》,署名鹤生。

豆沙
    载 1951 年 2 月 1 日《亦报》,署名十山。

善书
    载 1951 年 2 月 2 日《亦报》,署名十山。

宫本百合子(二)
    载 1951 年 2 月 2 日《亦报》,署名鹤生。

跳灶王
    载 1951 年 2 月 3 日《亦报》,署名十山。

老棉鞋
    载 1951 年 2 月 4 日《亦报》,署名十山。

新的公案
    载 1951 年 2 月 5 日《亦报》,署名十山。

九九歌
    载 1951 年 2 月 9 日《亦报》,署名十山。

水龙会
    载 1951 年 2 月 10 日《亦报》,署名十山。

中国第一
    载 1951 年 2 月 10 日《亦报》,署名鹤生。

亚洲与非洲
    载 1951 年 2 月 11 日《亦报》,署名鹤生。

猪头肉
    载 1951 年 2 月 11 日《亦报》,署名十山。

治家格言

　　　　载1951年2月12日《亦报》，署名十山。

一年四节

　　　　载1951年2月13日《亦报》，署名十山。

煎茶

　　　　载1951年2月14日《亦报》，署名十山。

一日三秋

　　　　载1951年2月15日《亦报》，署名十山。

名从主人的音译

　　　　载1951年2月15日《翻译通报》第2卷第2期，署名遐寿。

花瓶

　　　　载1951年2月16日《亦报》，署名十山。

花瓶(二)

　　　　载1951年2月17日《亦报》，署名十山。

关于纸烟

　　　　载1951年2月18日《亦报》，署名十山。

迎春

　　　　载1951年2月19日《亦报》，署名十山。

烊雪

　　　　载1951年2月20日《亦报》，署名十山。

人变老虎

　　　　载1951年2月21日《亦报》，署名十山。

月夜

　　　　载1951年2月22日《亦报》，署名十山。

过年的酒

　　　　载1951年2月23日《亦报》，署名十山。

《离骚》与大众

　　　　载1951年2月24日《亦报》，署名十山。

徐仲可的笔记
　　　　载 1951 年 2 月 25 日《亦报》,署名鹤生。
徐仲可的笔记(二)
　　　　载 1951 年 2 月 26 日《亦报》,署名鹤生。
鲁迅笔述的诗
　　　　载 1951 年 2 月 27 日《亦报》,署名鹤生。收《鲁迅的故家》。
烤越鸡
　　　　载 1951 年 2 月 27 日《亦报》,署名十山。
花线鸡
　　　　载 1951 年 2 月 28 日《亦报》,署名十山。
孤立的吉田
　　　　载 1951 年 3 月 1 日《亦报》,署名十山。
甘蔗荸荠
　　　　载 1951 年 3 月 2 日《亦报》,署名十山。
关于荸荠
　　　　载 1951 年 3 月 3 日《亦报》,署名十山。
丁初我
　　　　载 1951 年 3 月 3 日《亦报》,署名十山。
鲁老太太
　　　　载 1951 年 3 月 4 日《亦报》,署名鹤生。收《鲁迅的故家》。
休沐日
　　　　载 1951 年 3 月 4 日《亦报》,署名十山。
踩跷与跌打
　　　　载 1951 年 3 月 5 日《亦报》,署名十山。
藕的吃法
　　　　载 1951 年 3 月 6 日《亦报》,署名十山。
再谈甘蔗
　　　　载 1951 年 3 月 7 日《亦报》,署名十山。

鸡鸭与鹅

　　载1951年3月8日《亦报》,署名十山。

女人的头

　　载1951年3月9日《亦报》,署名十山。

蠡叟与荆生

　　载1951年3月10日《亦报》,署名十山。

迦因小传

　　载1951年3月11日《亦报》,署名十山。

风俗调查

　　载1951年3月12日《亦报》,署名十山。

司徒乔

　　载1951年3月13日《亦报》,署名鹤生。

红脚梗考

　　载1951年3月13日《亦报》,署名十山。

鲁迅与书店

　　载1951年3月14日《亦报》,署名鹤生。收《鲁迅的故家》。

脸之贴金

　　载1951年3月14日《亦报》,署名鹤生。

画小人书

　　载1951年3月15日《亦报》,署名十山。

译名问题质疑

　　载1951年3月15日《翻译通报》第2卷第3期,署名遐寿。

悲歌当泣

　　载1951年3月16日《亦报》,署名十山。

怎么结绳

　　载1951年3月17日《亦报》,署名十山。

歇斯底里症

　　载1951年3月18日《亦报》,署名十山。

秋胡戏妻

　　载1951年3月19日《亦报》,署名十山。

钗头凤

　　载1951年3月20日《亦报》,署名十山。

一幅画

　　载1951年3月20日《亦报》,署名鹤生。收《鲁迅的故家》。

铃铛鞋

　　载1951年3月21日《亦报》,署名十山。

过关护照

　　载1951年3月22日《亦报》,署名十山。

西文的药名

　　载1951年3月23日《亦报》,署名十山。

迂病

　　载1951年3月24日《亦报》,署名十山。

杭州的市房

　　载1951年3月25日《亦报》,署名十山。

某先生的词

　　载1951年3月26日《亦报》,署名鹤生。

文人与吹鼓手

　　载1951年3月26日《亦报》,署名十山。

王敬轩的信

　　载1951年3月27日《亦报》,署名鹤生。

朝鲜的读书

　　载1951年3月27日《亦报》,署名十山。

真心话

　　载1951年3月28日《亦报》,署名十山。

林琴南与章太炎

　　载1951年3月28日《亦报》,署名鹤生。

历史的小说性
　　　　载 1951 年 3 月 29 日《亦报》,署名十山。

中国的古树
　　　　载 1951 年 3 月 30 日《亦报》,署名十山。

吃白果
　　　　载 1951 年 3 月 31 日《亦报》,署名十山。

康熙字典
　　　　载 1951 年 4 月 1 日《亦报》,署名十山。

四库全书
　　　　载 1951 年 4 月 2 日《亦报》,署名十山。

纪念戴望舒君
　　　　载 1951 年 4 月 3 日《亦报》,署名十山。

外行谈戏
　　　　载 1951 年 4 月 4 日《亦报》,署名十山。

外行谈戏(二)
　　　　载 1951 年 4 月 5 日《亦报》,署名十山。

水浒与红楼
　　　　载 1951 年 4 月 6 日《亦报》,署名十山。

文法与语法
　　　　载 1951 年 4 月 7 日《亦报》,署名十山。

小孩说话
　　　　载 1951 年 4 月 8 日《亦报》,署名十山。

写文章是那一行
　　　　载 1951 年 4 月 9 日《亦报》,署名十山。

朝鲜女人的服装
　　　　载 1951 年 4 月 10 日《亦报》,署名十山。

吃狗肉
　　　　载 1951 年 4 月 11 日《亦报》,署名十山。

河上肇的自传
　　　　载1951年4月12日《亦报》,署名十山。

天下第一的豆腐
　　　　载1951年4月13日《亦报》,署名十山。

元朝的白话
　　　　载1951年4月14日《亦报》,署名十山。

太平天国的故事
　　　　载1951年4月15日《亦报》,署名十山。

翻译与字典
　　　　载1951年4月15日《翻译通报》第2卷第4期,署名遐寿。

整顿学风令
　　　　载1951年4月16日《亦报》,署名十山。

国语在暹逻
　　　　载1951年4月17日《亦报》,署名十山。

短文章
　　　　载1951年4月18日《亦报》,署名十山。

妇女的力量
　　　　载1951年4月19日《亦报》,署名十山。

包书与订书
　　　　载1951年4月20日《亦报》,署名十山。

方言与官音
　　　　载1951年4月21日《亦报》,署名十山。

道墟乡
　　　　载1951年4月22日《亦报》,署名十山。

东湖五十年(上)
　　　　载1951年4月23日《亦报》,署名十山。

东湖五十年(下)
　　　　载1951年4月24日《亦报》,署名十山。

鲁迅的惜花诗
		载1951年4月25日《亦报》,署名十山。
忌讳尼姑的习惯
		载1951年4月26日《亦报》,署名十山。
中药的价值
		载1951年4月27日《亦报》,署名十山。
丁耀卿
		载1951年4月28日《亦报》,署名十山。收《鲁迅的故家》。
卢冀野与赵南星
		载1951年4月30日《亦报》,署名十山。
鲁迅的旧日记
		载1951年4月30日《亦报》,署名十山。
姑母的事情
		载1951年5月1日《亦报》,署名十山。收《鲁迅的故家》。
唐朝的公文
		载1951年5月2日《亦报》,署名十山。
买毛笔
		载1951年5月6日《亦报》,署名十山。
今年的立夏
		载1951年5月7日《亦报》,署名十山。
茶壶考证
		载1951年5月11日《亦报》,署名木寿。
翻译计划的一项目
		载1951年5月15日《翻译通报》第2卷第5期,署名遐寿。
渡船问题
		载1951年5月15日《亦报》,署名十山。
越谚
		载1951年5月16日《亦报》,署名十山。

温独公揣鱼
载 1951 年 5 月 17 日《亦报》,署名十山。

粪与矢
载 1951 年 5 月 23 日《亦报》,署名木寿。

范寅的日记
载 1951 年 5 月 28 日《亦报》,署名木寿。

王继香的日记
载 1951 年 5 月 29 日《亦报》,署名木寿。

东郭先生
载 1951 年 5 月 30 日《亦报》,署名木寿。

京汉路的回忆
载 1951 年 5 月 31 日《亦报》,署名木寿。

端午节
载 1951 年 6 月 5 日《亦报》,署名木寿。

世界第一名花
载 1951 年 6 月 10 日《亦报》,署名木寿。

身佩历本
载 1951 年 6 月 11 日《亦报》,署名木寿。

鲁迅在东京一、伏见馆
载 1951 年 5 月 9 日《亦报》,署名十山。收《鲁迅的故家》。

鲁迅在东京二、中越馆
载 1951 年 5 月 10 日《亦报》,署名十山。收《鲁迅的故家》。

鲁迅在东京三、中越馆(二)
载 1951 年 5 月 11 日《亦报》,署名十山。收《鲁迅的故家》。

鲁迅在东京四、中越馆(三)
载 1951 年 5 月 12 日《亦报》,署名十山。收《鲁迅的故家》。

鲁迅在东京五、伍舍
载 1951 年 5 月 13 日《亦报》,署名十山。收《鲁迅的故家》。

鲁迅在东京六、校对
    载1951年5月14日《亦报》,署名十山。收《鲁迅的故家》。

鲁迅在东京七、青木堂
    载1951年5月15日《亦报》,署名十山。收《鲁迅的故家》。

鲁迅在东京八、学俄文
    载1951年5月16日《亦报》,署名十山。收《鲁迅的故家》。

鲁迅在东京九、民报社听讲
    载1951年5月17日《亦报》,署名十山。收《鲁迅的故家》。

鲁迅在东京十、民报社听讲(二)
    载1951年5月18日《亦报》,署名十山。收《鲁迅的故家》。

鲁迅在东京十一、民报案
    载1951年5月19日《亦报》,署名十山。收《鲁迅的故家》。

鲁迅在东京十二、蒋抑卮
    载1951年5月20日《亦报》,署名十山。收《鲁迅的故家》。

鲁迅在东京十三、"眼睛石硬"
    载1951年5月21日《亦报》,署名十山。收《鲁迅的故家》。

鲁迅在东京十四、同乡学生
    载1951年5月22日《亦报》,署名十山。收《鲁迅的故家》。

鲁迅在东京十五、日常生活
    载1951年5月23日《亦报》,署名十山。收《鲁迅的故家》。

鲁迅在东京十六、旧书店
    载1951年5月24日《亦报》,署名十山。收《鲁迅的故家》。

鲁迅在东京十七、服装
    载1951年5月25日《亦报》,署名十山。收《鲁迅的故家》。

鲁迅在东京十八、落花生
    载1951年5月26日《亦报》,署名十山。收《鲁迅的故家》。

鲁迅在东京十九、酒
    载1951年5月27日《亦报》,署名十山。收《鲁迅的故家》。

鲁迅在东京二十、矮脚书几

载 1951 年 5 月 28 日《亦报》,署名十山。收《鲁迅的故家》。

鲁迅在东京二十一、劲草

载 1951 年 5 月 29 日《亦报》,署名十山。收《鲁迅的故家》。

鲁迅在东京二十二、《河南》杂志

载 1951 年 5 月 30 日《亦报》,署名十山。收《鲁迅的故家》。

鲁迅在东京二十三、新生

载 1951 年 5 月 31 日《亦报》,署名十山。收《鲁迅的故家》。

鲁迅在东京二十四、吃茶

载 1951 年 6 月 1 日《亦报》,署名十山。收《鲁迅的故家》。

鲁迅在东京二十五、看戏

载 1951 年 6 月 2 日《亦报》,署名十山。收《鲁迅的故家》。

鲁迅在东京二十六、画谱

载 1951 年 6 月 3 日《亦报》,署名十山。收《鲁迅的故家》。

鲁迅在东京二十七、花瓶

载 1951 年 6 月 4 日《亦报》,署名十山。收《鲁迅的故家》。

鲁迅在东京二十八、咳嗽药

载 1951 年 6 月 5 日《亦报》,署名十山。收《鲁迅的故家》。

鲁迅在东京二十九、维新号

载 1951 年 6 月 6 日《亦报》,署名十山。收《鲁迅的故家》。

鲁迅在东京三十、诨名

载 1951 年 6 月 7 日《亦报》,署名十山。收《鲁迅的故家》。

鲁迅在东京三十一、南江堂

载 1951 年 6 月 8 日《亦报》,署名十山。收《鲁迅的故家》。

鲁迅在东京三十二、德文书

载 1951 年 6 月 9 日《亦报》,署名十山。收《鲁迅的故家》。

鲁迅在东京三十三、补遗

载 1951 年 6 月 10 日《亦报》,署名十山。收《鲁迅的故家》。

鲁迅在东京三十四、补遗(二)
    载1951年6月11日《亦报》,署名十山。收《鲁迅的故家》。
鲁迅在东京三十五、补遗(三)
    载1951年6月12日《亦报》,署名十山。收《鲁迅的故家》。
胡韵仙
    载1951年6月13日《亦报》,署名十山。
胡韵仙(二)
    载1951年6月14日《亦报》,署名十山。
孙德卿
    载1951年6月15日《亦报》,署名十山。
翻译四题
    载1951年6月15日《翻译通报》第2卷第6期,署名遐寿。
三个医生
    载1951年6月16日《亦报》,署名十山。收《鲁迅的故家》。
两种书房
    载1951年6月17日《亦报》,署名十山。收《鲁迅的故家》。
文章与陶器
    载1951年6月19日《亦报》,署名十山。
本国字开药方
    载1951年6月20日《亦报》,署名十山。
故乡与土产
    载1951年6月21日《亦报》,署名十山。
北京的蘑菇
    载1951年6月22日《亦报》,署名十山。
李越缦的家变
    载1951年6月23日《亦报》,署名十山。
北方的席子
    载1951年6月24日《亦报》,署名十山。

婚丧的改革
    载1951年6月25日《亦报》,署名十山。

可吃的花
    载1951年6月26日《亦报》,署名十山。

文选与语法
    载1951年6月27日《亦报》,署名十山。

古文的不通
    载1951年6月29日《亦报》,署名十山。

吃鹅肉
    载1951年6月30日《亦报》,署名十山。

白蛇与嫦娥
    载1951年7月5日《亦报》,署名祝由。

嫦娥与孟姜女
    载1951年7月6日《亦报》,署名祝由。

蚊子与苍蝇
    载1951年7月7日《亦报》,署名祝由。

重译书与重出书
    载1951年7月15日《翻译通报》第3卷第1期,署名遐寿。

我的手艺
    载1951年7月22日《亦报》,署名祝由。

医书的问题
    载1951年7月23日《亦报》,署名祝由。

关于紫竹堂
    载1951年8月8日《亦报》,署名祝由。

天河配的牛
    载1951年8月11日《亦报》,署名祝由。

吃饭与吃面包
    载1951年8月12日《亦报》,署名祝由。

百草园一、从园说起
　　　　载1951年7月1日《亦报》,署名十山。收《鲁迅的故家》。

百草园二、东昌坊口
　　　　载1951年7月2日《亦报》,署名十山。收《鲁迅的故家》。

百草园三、新台门
　　　　载1951年7月3日《亦报》,署名十山。收《鲁迅的故家》。

百草园四、后园
　　　　载1951年7月4日《亦报》,署名十山。收《鲁迅的故家》。

百草园五、园里的植物
　　　　载1951年7月5日《亦报》,署名十山。收《鲁迅的故家》。

百草园六、园里的动物
　　　　载1951年7月6日《亦报》,署名十山。收《鲁迅的故家》。

百草园七、园里的动物(二)
　　　　载1951年7月7日《亦报》,署名十山。收《鲁迅的故家》。

百草园八、蔬菜
　　　　载1951年7月8日《亦报》,署名十山。收《鲁迅的故家》。

百草图九、晒谷
　　　　载1951年7月9日《亦报》,署名十山。收《鲁迅的故家》。

百草园十、园门口
　　　　载1951年7月10日《亦报》,署名十山。收《鲁迅的故家》。

百草园十一、灶头
　　　　载1951年7月11日《亦报》,署名十山。收《鲁迅的故家》。

百草园十二、厨房的大事件
　　　　载1951年7月12日《亦报》,署名十山。收《鲁迅的故家》。

百草园十三、祭灶
　　　　载1951年7月13日《亦报》,署名十山。收《鲁迅的故家》。

百草园十四、蓝门
　　　　载1951年7月14日《亦报》,署名十山。收《鲁迅的故家》。

百草园十五、橘子屋读书
　　　　载 1951 年 7 月 15 日《亦报》,署名十山。收《鲁迅的故家》。

百草园十六、橘子屋读书(二)
　　　　载 1951 年 7 月 16 日《亦报》,署名十山。收《鲁迅的故家》。

百草园十七、立房的三代
　　　　载 1951 年 7 月 17 日《亦报》,署名十山。收《鲁迅的故家》

百草园十八、白光
　　　　载 1951 年 7 月 18 日《亦报》,署名十山。收《鲁迅的故家》。

百草园十九、子京的末路
　　　　载 1951 年 7 月 19 日《亦报》,署名十山。收《鲁迅的故家》。

百草园二十、兴房的住屋
　　　　载 1951 年 7 月 20 日《亦报》,署名十山。收《鲁迅的故家》。

百草园二十一、吃饭间
　　　　载 1951 年 7 月 21 日《亦报》,署名十山。收《鲁迅的故家》。

百草园二十二、曾祖母
　　　　载 1951 年 7 月 22 日《亦报》,署名十山。收《鲁迅的故家》。

百草园二十三、房间的摆饰
　　　　载 1951 年 7 月 23 日《亦报》,署名十山。收《鲁迅的故家》。

百草园二十四、诚房的房客
　　　　载 1951 年 7 月 24 日《亦报》,署名十山。收《鲁迅的故家》。

百草园二十五、漫画与画谱
　　　　载 1951 年 7 月 25 日《亦报》,署名十山。收《鲁迅的故家》。

百草园二十六、烟与酒
　　　　载 1951 年 7 月 26 日《亦报》,署名十山。收《鲁迅的故家》。

百草园二十七、两个明堂
　　　　载 1951 年 7 月 27 日《亦报》,署名十山。收《鲁迅的故家》。

百草园二十八、两个明堂(二)
　　　　载 1951 年 7 月 28 日《亦报》,署名十山。收《鲁迅的故家》。

百草园二十九、廊下与堂前

　　　　载 1951 年 7 月 29 日《亦报》，署名十山。收《鲁迅的故家》。

百草园三十、伯宜公

　　　　载 1951 年 7 月 30 日《亦报》，署名十山。收《鲁迅的故家》。

百草园三十一、病

　　　　载 1951 年 7 月 31 日《亦报》，署名十山。收《鲁迅的故家》。

百草园三十二、介孚公

　　　　载 1951 年 8 月 1 日《亦报》，署名十山。收《鲁迅的故家》。

百草园三十三、介孚公（二）

　　　　载 1951 年 8 月 2 日《亦报》，署名十山。收《鲁迅的故家》。

百草园三十四、王府庄

　　　　载 1951 年 8 月 3 日《亦报》，署名十山。收《鲁迅的故家》。

百草园三十五、《荡寇志》的绣像

　　　　载 1951 年 8 月 4 日《亦报》，署名十山。收《鲁迅的故家》。

百草园三十六、娱园

　　　　载 1951 年 8 月 5 日《亦报》，署名十山。收《鲁迅的故家》。

百草园三十七、鲁家

　　　　载 1951 年 8 月 6 日《亦报》，署名十山。收《鲁迅的故家》。

百草园三十八、三味书屋

　　　　载 1951 年 8 月 7 日《亦报》，署名十山。收《鲁迅的故家》。

百草园三十九、老寿先生

　　　　载 1951 年 8 月 8 日《亦报》，署名十山。收《鲁迅的故家》。

百草园四十、广思堂

　　　　载 1951 年 8 月 9 日《亦报》，署名十山。收《鲁迅的故家》。

百草园四十一、贺家武秀才

　　　　载 1951 年 8 月 10 日《亦报》，署名十山。收《鲁迅的故家》。

百草园四十二、沈家山羊

　　　　载 1951 年 8 月 11 日《亦报》，署名十山。收《鲁迅的故家》。

百草园四十三、童话
　　　　载1951年8月12日《亦报》,署名十山。收《鲁迅的故家》。

百草园四十四、祖母
　　　　载1951年8月13日《亦报》,署名十山。收《鲁迅的故家》。

百草园四十五、祖母(二)
　　　　载1951年8月14日《亦报》,署名十山。收《鲁迅的故家》。

百草园四十六、关于穿衣服
　　　　载1951年8月15日《亦报》,署名十山。收《鲁迅的故家》。

百草园四十七、阿长的结局
　　　　载1951年8月16日《亦报》,署名十山。收《鲁迅的故家》。

百草图四十八、阿长的结局(二)
　　　　载1951年8月17日《亦报》,署名十山。收《鲁迅的故家》。

百草园四十九、山海经
　　　　载1951年8月18日《亦报》,署名十山。收《鲁迅的故家》。

百草园五十、山海经(二)
　　　　载1951年8月19日《亦报》,署名十山。收《鲁迅的故家》。

百草园五十一、仁房的大概
　　　　载1951年8月20日《亦报》,署名十山。收《鲁迅的故家》。

百草园五十二、玉田
　　　　载1951年8月21日《亦报》,署名十山。收《鲁迅的故家》。

百草园五十三、藏书
　　　　载1951年8月22日《亦报》,署名十山。收《鲁迅的故家》。

百草园五十四、抄书
　　　　载1951年8月23日《亦报》,署名十山。收《鲁迅的故家》。

百草园五十五、椒生
　　　　载1951年8月24日《亦报》,署名十山。收《鲁迅的故家》。

百草园五十六、监督
　　　　载1951年8月25日《亦报》,署名十山。收《鲁迅的故家》。

百草园五十七、监督(二)

　　载 1951 年 8 月 26 日《亦报》,署名十山。收《鲁迅的故家》。

百草园五十八、轶事

　　载 1951 年 8 月 27 日《亦报》,署名十山。收《鲁迅的故家》。

百草园五十九、墓碑

　　载 1951 年 8 月 28 日《亦报》,署名十山。收《鲁迅的故家》。

百草园六十、讲"西游记"

　　载 1951 年 8 月 29 日《亦报》,署名十山。收《鲁迅的故家》。

百草园六十一、恒训

　　载 1951 年 8 月 30 日《亦报》,署名十山。收《鲁迅的故家》。

秋虫的鸣声

　　载 1951 年 9 月 4 日《亦报》,署名祝由。

谈简笔字

　　载 1951 年 9 月 8 日《亦报》,署名祝由。

薑与姜

　　载 1951 年 9 月 9 日《亦报》,署名祝由。

简笔字重在写

　　载 1951 年 9 月 10 日《亦报》,署名祝由。

读古诗

　　载 1951 年 9 月 14 日《亦报》,署名祝由。

亚当的子孙

　　载 1951 年 9 月 15 日《亦报》,署名祝由。

自修外国语

　　载 1951 年 9 月 18 日《亦报》,署名祝由。

黄伞格的信

　　载 1951 年 9 月 20 日《亦报》,署名祝由。

避讳与改名

　　载 1951 年 9 月 21 日《亦报》,署名祝由。

基督教放弃旧约

载 1951 年 9 月 22 日《亦报》,署名祝由。

阿官与洋娃娃

载 1951 年 9 月 23 日《亦报》,署名祝由。

随手关门

载 1951 年 9 月 30 日《亦报》,署名祝由。

学堂生活一、五十年前的学堂

载 1951 年 10 月 2 日《亦报》,署名木仙。收《鲁迅小说里的人物》。

学堂生活二、学堂与书院

载 1951 年 10 月 3 日《亦报》,署名木仙。收《鲁迅小说里的人物》。

学堂生活三、歧途

载 1951 年 10 月 4 日《亦报》,署名木仙。收《鲁迅小说里的人物》。

学堂生活四、路程

载 1951 年 10 月 5 日《亦报》,署名木仙。收《鲁迅小说里的人物》。

学堂生活五、入学考试

载 1951 年 10 月 6 日《亦报》,署名木仙。收《鲁迅小说里的人物》。

学堂生活六、副额

载 1951 年 10 月 7 日《亦报》,署名木仙。收《鲁迅小说里的人物》。

学堂生活七、学堂的的房屋

载 1951 年 10 月 8 日《亦报》,署名木仙。收《鲁迅小说里的人物》。

学堂生活八、管轮堂

载 1951 年 10 月 9 日《亦报》,署名木仙。收《鲁迅小说里的人物》。

学堂生活九、宿舍的格式

　　　　载1951年10月10日《亦报》,署名木仙。收《鲁迅小说里的人物》。

学堂生活十、上饭厅

　　　　载1951年10月11日《亦报》,署名木仙。收《鲁迅小说里的人物》。

学堂生活十一、打靶

　　　　载1951年10月12日《亦报》,署名木仙。收《鲁迅小说里的人物》。

学堂生活十二、午前的点心

　　　　载1951年10月13日《亦报》,署名木仙。收《鲁迅小说里的人物》。

学堂生活十三、洋文讲堂

　　　　载1951年10月14日《亦报》,署名木仙。收《鲁迅小说里的人物》。

学堂生活十四、汉文讲堂

　　　　载1951年10月15日《亦报》,署名木仙。收《鲁迅小说里的人物》。

学堂生活十五、操练

　　　　载1951年10月16日《亦报》,署名十仙。收《鲁迅小说里的人物》。

学堂生活十六、点名以后

　　　　载1951年10月17日《亦报》,署名木仙。收《鲁迅小说里的人物》。

学堂生活十七、星期日

　　　　载1951年10月18日《亦报》,署名木仙。收《鲁迅小说里的人物》。

学堂生活十八、不平

载 1951 年 10 月 19 日《亦报》,署名十仙。收《鲁迅小说里的人物》。

学堂生活十九、不平（二）

载 1951 年 10 月 20 日《亦报》,署名木仙。收《鲁迅小说里的人物》。

学堂生活二十、争斗

载 1951 年 10 月 21 日《亦报》,署名十仙。收《鲁迅小说里的人物》。

学堂生活二十一、老师

载 1951 年 10 月 22 日《亦报》,署名木仙。收《鲁迅小说里的人物》。

学堂生活二十二、老师（二）

载 1951 年 10 月 23 日《亦报》,署名木仙。收《鲁迅小说里的人物》。

学堂生活二十三、天方夜谈

载 1951 年 10 月 24 日《亦报》,署名木仙。收《鲁迅小说里的人物》。

学堂生活二十四、打靶余闻

载 1951 年 10 月 26 日《亦报》,署名木仙。收《鲁迅小说里的人物》。

新人新事

载 1951 年 11 月 3 日《亦报》,署名木仙。

风俗的记载

载 1951 年 11 月 4 日《亦报》,署名木仙。

伟大的古迹

载 1951 年 11 月 5 日《亦报》,署名龙山。

爱惜人民币

载 1951 年 11 月 6 日《亦报》,署名龙山。

婚姻法与女干部
载 1951 年 11 月 7 日《亦报》,署名龙山。

财礼
载 1951 年 11 月 8 日《亦报》,署名龙山。

植物染料
载 1951 年 11 月 9 日《亦报》,署名木仙。

宣传婚姻法
载 1951 年 11 月 10 日《亦报》,署名龙山。

牛郎织女
载 1951 年 11 月 11 日《亦报》,署名龙山。

种树的谚语
载 1951 年 11 月 14 日《亦报》,署名龙山。

旁听婚姻案件
载 1951 年 11 月 15 日《亦报》,署名龙山。

胡豆与番茄
载 1951 年 11 月 17 日《亦报》,署名龙山。

国语与方言
载 1951 年 11 月 18 日《亦报》,署名木仙。

老鸹之误
载 1951 年 11 月 18 日《亦报》,署名龙山。

精细与亲切
载 1951 年 11 月 19 日《亦报》,署名木仙。

认别字
载 1951 年 11 月 19 日《亦报》,署名龙山。

语体文与文体语
载 1951 年 11 月 25 日《亦报》,署名龙山。

恐龙与壁虎
载 1951 年 11 月 26 日《亦报》,署名龙山。

左行的文字
　　　　载 1951 年 11 月 27 日《亦报》,署名龙山。

六谷糊
　　　　载 1951 年 11 月 28 日《亦报》,署名龙山。

主观与一般化
　　　　载 1951 年 11 月 29 日《亦报》,署名龙山。

整理抽屉
　　　　载 1951 年 11 月 30 日《亦报》,署名龙山。

鱼具图说
　　　　载 1951 年 12 月 1 日《亦报》,署名龙山。

龙骨
　　　　载 1951 年 12 月 2 日《亦报》,署名龙山。

保留牌坊
　　　　载 1951 年 12 月 4 日《亦报》,署名龙山。

汤婆子与脚炉
　　　　载 1951 年 12 月 5 日《亦报》,署名龙山。

妓院问题
　　　　载 1951 年 12 月 6 日《亦报》,署名龙山。

竹的好处
　　　　载 1951 年 12 月 7 日《亦报》,署名龙山。

贺年明信片
　　　　载 1951 年 12 月 8 日《亦报》,署名龙山。

《绿野仙踪》里的诗
　　　　载 1951 年 12 月 10 日《亦报》,署名龙山。

水乡的船店
　　　　载 1951 年 12 月 11 日《亦报》,署名龙山。

猿人与龙骨山
　　　　载 1951 年 12 月 12 日《亦报》,署名龙山。

翼宿与奎宿

  载 1951 年 12 月 14 日《亦报》，署名龙山。

贴邮票

  载 1951 年 12 月 16 日《亦报》，署名龙山。

姓名与常用字

  载 1951 年 12 月 17 日《亦报》，署名龙山。

金刚山僧的时代

  载 1951 年 12 月 18 日《亦报》，署名祝由。

常山

  载 1951 年 12 月 19 日《亦报》，署名龙山。

甲骨伪品

  载 1951 年 12 月 20 日《亦报》，署名祝由。

学说话

  载 1951 年 12 月 21 日《亦报》，署名祝由。

山楂与红果

  载 1951 年 12 月 22 日《亦报》，署名祝由。

《红楼梦》的改编问题

  载 1951 年 12 月 23 日《亦报》，署名祝由。

祖国语不难

  载 1951 年 12 月 24 日《亦报》，署名祝由。

民族服装

  载 1951 年 12 月 25 日《亦报》，署名龙山。

孙行者的神话

  载 1951 年 12 月 25 日《亦报》，署名祝由。

中外补药

  载 1951 年 12 月 26 日《亦报》，署名祝由。

谈《康熙字典》

  载 1951 年 12 月 27 日《亦报》，署名祝由。

迷信与医生
　　　　载1951年12月28日《亦报》,署名祝由。
土卫生法讲话
　　　　载1951年12月29日《亦报》,署名祝由。
糯米食
　　　　载1951年12月30日《亦报》,署名祝由。
邮局送报
　　　　载1951年12月31日《亦报》,署名祝由。

1952年

草囤生意

　　载1952年1月1日《亦报》,署名祝由。

中国菜的分食

　　载1952年1月3日《亦报》,署名祝由。

农具图解

　　载1952年1月4日《亦报》,署名祝由。

纪念徐光启

　　载1952年1月5日《亦报》,署名祝由。

多余的新字

　　载1952年1月6日《亦报》,署名龙山。

刘天华的南胡

　　载1952年1月6日《亦报》,署名祝由。

祖国的伟大

　　载1952年1月7日《亦报》,署名祝由。

改造

　　载1952年1月8日《亦报》,署名祝由。

董仲舒与空头文人
　　　　载 1952 年 1 月 9 日《亦报》,署名祝由。

速成识字法
　　　　载 1951 年 1 月 10 日《亦报》,署名祝由。

《水浒》里的唱喏
　　　　载 1952 年 1 月 11 日《亦报》,署名祝由。

识字拐棍
　　　　载 1952 年 1 月 12 日《亦报》,署名祝由。

注音字母的笑话
　　　　载 1952 年 1 月 13 日《亦报》,署名祝由。

民间的坟墓
　　　　载 1951 年 1 月 14 日《亦报》,署名祝由。

互相批评
　　　　载 1952 年 1 月 15 日《亦报》,署名祝由。

旧戏的印象
　　　　载 1952 年 1 月 19 日《亦报》,署名祝由。

旧戏的印象(二)
　　　　载 1952 年 1 月 20 日《亦报》,署名祝由。

他山之石
　　　　载 1952 年 1 月 21 日《亦报》,署名祝由。

论茅房用纸
　　　　载 1952 年 1 月 22 日《亦报》,署名祝由。

吃西餐的玩具
　　　　载 1952 年 1 月 23 日《亦报》,署名祝由。

画里的船
　　　　载 1952 年 1 月 24 日《亦报》,署名祝由。

写话与作文
　　　　载 1952 年 1 月 25 日《亦报》,署名祝由。

中医科学化
> 载 1952 年 1 月 26 日《亦报》,署名祝由。

小孩的浪费
> 载 1952 年 1 月 27 日《亦报》,署名祝由。

宋朝的桌椅
> 载 1952 年 2 月 1 日《亦报》,署名祝由。

补树书屋旧事一、缘起
> 载 1952 年 1 月 16 日《亦报》,署名仲密。收《鲁迅的故家》。

补树书屋旧事二、会馆
> 载 1952 年 1 月 17 日《亦报》,署名仲密。收《鲁迅的故家》。

补树书屋旧事三、树
> 载 1952 年 1 月 18 日《亦报》,署名仲密。收《鲁迅的故家》。

补树书屋旧事四、抄碑的房屋
> 载 1952 年 1 月 19 日《亦报》,署名仲密,收《鲁迅的故家》。

补树书屋旧事五、抄碑的目的
> 载 1952 年 1 月 20 日《亦报》,署名仲密。收《鲁迅的故家》。

补树书屋旧事六、抄碑的方法
> 载 1952 年 1 月 21 日《亦报》,署名仲密。收《鲁迅的故家》。

补树书屋旧事七、猫
> 载 1952 年 1 月 22 日《亦报》,署名仲密。收《鲁迅的故家》。

补树书屋旧事八、避辫子兵
> 载 1952 年 1 月 23 日《亦报》,署名仲密。收《鲁迅的故家》。

补树书屋旧事九、金心异
> 载 1952 年 1 月 24 日《亦报》,署名仲密。收《鲁迅的故家》。

补树书屋旧事十、"新青年"
> 载 1952 年 1 月 25 日《亦报》,署名仲密。收《鲁迅的故家》。

补树书屋旧事十一、茶饭
> 载 1952 年 1 月 26 日《亦报》,署名仲密。收《鲁迅的故家》。

补树书屋旧事十二、办公事
　　载 1952 年 1 月 27 日《亦报》,署名仲密。收《鲁迅的故家》。

补树书屋旧事十三、益锠与和记
　　载 1952 年 1 月 28 日《亦报》,署名仲密。收《鲁迅的故家》。

十山笔谈
　　1952 年初作,载 1980 年 5 月 1、6、15、23 日新加坡《南洋商报》副刊《艺文》。

补树书屋旧事十四、老长班
　　载 1952 年 2 月 1 日《亦报》,署名仲密。收《鲁迅的故家》。

补树书屋旧事十五、星期日
　　载 1952 年 2 月 2 日《亦报》,署名仲密。收《鲁迅的故家》。

放炮仗
　　载 1952 年 2 月 2 日《亦报》,署名祝由。

齐白石画白菜
　　载 1952 年 2 月 3 日《亦报》,署名祝由。

闲话风俗
　　载 1952 年 2 月 4 日《亦报》,署名祝由。

会与不会
　　载 1952 年 2 月 4 日《亦报》,署名龙山。

朝鲜的文房具
　　载 1952 年 2 月 5 日《亦报》,署名龙山。

鲞冻肉
　　载 1952 年 2 月 5 日《亦报》,署名祝由。

冬天不冷
　　载 1952 年 2 月 6 日《亦报》,署名祝由。

碗的名字
　　载 1952 年 2 月 6 日《亦报》,署名龙山。

鹿茸精
　　载 1952 年 2 月 7 日《亦报》,署名龙山。

旧名信片
        载 1952 年 2 月 7 日《亦报》,署名祝由。
腌菜
        载 1952 年 2 月 8 日《亦报》,署名祝由。
皇帝的灶司帽
        载 1952 年 2 月 9 日《亦报》,署名祝由。
关于"梁祝"
        载 1952 年 2 月 26 日《亦报》,署名祝由。
远地与近地
        载 1952 年 2 月 29 日《亦报》,署名祝由。
社戏的应用
        载 1952 年 3 月 1 日《亦报》,署名祝由。
羊角与蚌壳
        载 1952 年 3 月 9 日《亦报》,署名十山。
《呐喊》衍义一、开端
        载 1952 年 2 月 16 日《亦报》,署名十山。收《鲁迅小说里的人物》。
《呐喊》衍义二、父亲的病
        载 1952 年 2 月 17 日《亦报》,署名十山。收《鲁迅小说里的人物》。
《呐喊》衍义三、藤野先生
        载 1952 年 2 月 18 日《亦报》,署名十山。收《鲁迅小说里的人物》。
《呐喊》衍义四,"新生"
        载 1952 年 2 月 19 日《亦报》,署名十山。收《鲁迅小说里的人物》。
《呐喊》衍义五、金心异劝驾
        载 1952 年 2 月 20 日《亦报》,署名十山。收《鲁迅小说里的人物》。

《呐喊》衍义六、狂人是谁

　　载1952年2月21日《亦报》,署名十山。收《鲁迅小说里的人物》。

《呐喊》衍义七、礼教吃人

　　载1952年2月22日《亦报》,署名十山。收《鲁迅小说里的人物》。

《呐喊》衍义八、孔乙己

　　载1952年2月23日《亦报》,署名十山。收《鲁迅小说里的人物》。

《呐喊》衍义九、咸亨酒店

　　载1952年2月24日《亦报》,署名十山。收《鲁迅小说里的人物》。

《呐喊》衍义十、温酒的工作

　　载1952年2月25日《亦报》,署名十山。收《鲁迅小说里的人物》。

《呐喊》衍义十一、酒店余谈

　　载1952年2月26日《亦报》,署名十山。收《鲁迅小说里的人物》。

《呐喊》衍义十二、馒头

　　载1952年2月27日《亦报》,署名十山。收《鲁迅小说里的人物》。

《呐喊》衍义十三、秋瑾

　　载1952年2月28日《亦报》,署名十山。收《鲁迅小说里的人物》。

《呐喊》衍义十四、府横街

　　载1952年2月29日《亦报》,署名十山。收《鲁迅小说里的人物》。

《呐喊》衍义十五、灯笼

　　载1952年3月1日《亦报》,署名十山。收《鲁迅小说里的人物》。

《呐喊》衍义十六、何小仙

　　载 1952 年 3 月 2 日《亦报》,署名十山。收《鲁迅小说里的人物》。

《呐喊》衍义十七、老拱

　　载 1952 年 3 月 3 日《亦报》,署名十山。收《鲁迅小说里的人物》。

《呐喊》衍义十八、一件小事

　　载 1952 年 3 月 4 日《亦报》,署名十山。收《鲁迅小说里的人物》。

《呐喊》衍义十九、夏穗卿

　　载 1952 年 3 月 5 日《亦报》,署名十山。收《鲁迅小说里的人物》。

《呐喊》衍义二十、剪发

　　载 1952 年 3 月 6 日《亦报》,署名十山。收《鲁迅小说里的人物》。

《呐喊》衍义二十一、假辫子

　　载 1952 年 3 月 7 日《亦报》,署名十山。收《鲁迅小说里的人物》。

《呐喊》衍义二十二、男学生剪发

　　载 1952 年 3 月 8 日《亦报》,署名十山。收《鲁迅小说里的人物》。

《呐喊》衍义二十三、女学生剪发

　　载 1952 年 3 月 9 日《亦报》,署名十山。收《鲁迅小说里的人物》。

《呐喊》衍义二十四、风波

　　载 1952 年 3 月 10 日《亦报》,署名十山。收《鲁迅小说里的人物》。

《呐喊》衍义二十五、怕张顺

　　载1952年3月11日《亦报》,署名十山。收《鲁迅小说里的人物》。

《呐喊》衍义二十六、"孝道"

　　载1952年3月12日《亦报》,署名十山。收《鲁迅小说里的人物》。

《呐喊》衍义二十七、复辟的年代

　　载1952年3月13日《亦报》,署名十山。收《鲁迅小说里的人物》。

《呐喊》衍义二十八、六斤

　　载1952年3月14日《亦报》,署名十山。收《鲁迅小说里的人物》。

《呐喊》衍义二十九、九斤老太

　　载1952年3月15日《亦报》,署名十山。收《鲁迅小说里的人物》。

《呐喊衍义》后记

　　1952年3月30日作。收《鲁迅小说里的人物》。

《彷徨》衍义

　　1952年3、4月作,共26节。收《鲁迅小说里的人物》。

《乙酉文编》附记

　　1952年11月8日作,见《文类编》第9卷。

1953年

致孙五康
  1953年6月3日作,见《文类编》。

致王士菁
  1953年9月7日作,藏北京鲁迅博物馆。

致王士菁
  1953年9月18日作,藏北京鲁迅博物馆。

致王士菁
  1953年12月28日作,藏北京鲁迅博物馆。

1954年

读《庚辛》(遗作)

　　1954年5月14日作,见1989年6月《明报月刊》,署名知堂。

财神(剧本,古希腊阿里斯托芬作)

　　1954年11月译。收《阿里斯托芬喜剧集》。

《日本狂言选》引言

　　1954年8月作。

1955年

《浮世澡堂》译后记
　　1955 年 10 月 12 日作。

《浮世澡堂》引言
　　1955 年 10 月 13 日作。

日本的米饭（遗作）
　　1955 年作，见《文类编》第 7 卷。

1956年

致王士菁

  1956年3月6日作,藏北京鲁迅博物馆。

致王士菁

  1956年3月16日作,藏北京鲁迅博物馆。

致王士菁

  1956年3月29日作,藏北京鲁迅博物馆。

致王士菁

  1956年4月13日作,藏北京鲁迅博物馆。

致王士菁

  1956年4月24日作,藏北京鲁迅博物馆。

致王士菁

  1956年5月29日作,藏北京鲁迅博物馆。

致王士菁

  1956年6月15日作,藏北京鲁迅博物馆。

致王士菁

  1956年7月11日作,藏北京鲁迅博物馆。

致王士菁

  1956 年 7 月 15 日作,藏北京鲁迅博物馆。

关于花生

  载 1956 年 7 月 22 日《旅行家》第 7 期,署名周长年。

名家与别号

  载 1956 年 8 月 14 日《中国青年报》,署名周启明。收《鲁迅的青年时代》。

致王士菁

  1956 年 8 月 20 日作,藏北京鲁迅博物馆。

避难

  载 1956 年 8 月 21 日《中国青年报》,署名周启明。收《鲁迅的青年时代》。

致王士菁

  1956 年 8 月 22 日作,藏北京鲁迅博物馆。

致人民文学出版社稿件科

  1956 年 9 月 3 日作,藏北京鲁迅博物馆。

买新书

  载 1956 年 9 月 4 日《中国青年报》,署名周启明。收《鲁迅的青年时代》。

致王士菁

  1956 年 9 月 5 日作,藏北京鲁迅博物馆。

致曹聚仁

  1956 年 9 月 16 日作,见《周曹通信集》。

致王士菁

  1956 年 9 月 16 日作,藏北京鲁迅博物馆。

鲁迅在南京学堂

  载 1956 年 9 月 24 日南京《新华日报》,署名周遐寿。收《鲁迅的青年时代》。

鲁迅读古书

载 1956 年 9 月《读书月报》,署名周遐寿。收《鲁迅的青年时代》。

鲁迅与清末文坛

载 1956 年 10 月 5 日《文汇报》,署名周遐寿。收《鲁迅的青年时代》。

鲁迅与范爱农

载 1956 年 10 月 10 日《文汇报》署名周遐寿。收《鲁迅的青年时代》。

鲁迅的笑

载 1956 年 10 月 11 日《陕西日报》,署名周启明。收《鲁迅的青年时代》。

鲁迅与闰土

载 1956 年 10 月 11 日《工人日报》,署名周遐寿。收《鲁迅的青年时代》。

影写画谱

载 1956 年 10 月 12 日《中国青年报》,署名周启明。收《鲁迅的青年时代》。

鲁迅的别号

载 1956 年 10 月 14 日《陕西日报》,署名周启明。

鲁迅与歌谣

载 1956 年 10 月 23 日《民间文学》10 月号,署名周遐寿。收《鲁迅的青年时代》。

鲁迅与中学知识

载 1956 年 10 月 24 日《文汇报》,署名周遐寿。收《鲁迅的青年时代》。

药店与当铺

载 1956 年 10 月 25 日《中国青年报》,署名周启明。收《鲁迅的青年时代》。

鲁迅的国学与西学

　　载 1956 年 10 月《新港》第 4 期,署名周遐寿。收《鲁迅的青年时代》。

鲁迅的文学修养

　　载 1956 年《文艺学习》第 10 期,署名周遐寿。收《鲁迅的青年时代》。

裴多菲的小说

　　载 1956 年 11 月 24 日《文汇报》,署名长年。

读古诗学文言

　　载 1956 年 11 月 28 日《文汇报》,署名长年。

苦茶庵杂诗抄(上)

　　载 1956 年 11 月香港《热风》第 77 期,署名知堂。

苦茶庵杂诗抄(下)

　　载 1956 年 11 月香港《热风》第 77 期,署名知堂。

关于目连戏

　　载 1956 年 12 月 13 日《人民日报》,署名长年。

西安的古迹

　　载 1956 年 12 月 18 日《陕西日报》,署名周启明。

绍兴的糕点

　　载 1956 年 12 月 20 日《工人日报》,署名长年。

谈纸笔

　　载 1956 年 12 月 21 日《文汇报》,署名长年。

致王士菁

　　1956 年 12 月 28 日作,藏北京鲁迅博物馆。

1957年

夜半歌声

　　载 1957 年 1 月 3 日《工人日报》,署名长年。

塞浦路斯

　　载 1957 年 1 月 10 日《文汇报》,署名长年。

复辟避难的回忆

　　载 1957 年 1 月 13 日《北京日报》,署名长年。

爆竹

　　载 1957 年 2 月 7 日《文汇报》,署名长年。

《长明灯》里的谜语

　　载 1957 年 2 月 12 日《读书月报》第 2 期,署名长年。

绍兴山水补笔

　　载 1957 年 2 月 22 日《施行家》第 2 期,署名长年。

泥孩儿

　　载 1957 年 2 月 25 日《文汇报》,署名长年。

蒲公英

　　载 1957 年 3 月 16 日《文汇报》,署名长年。

工具书与旧学者
　　　　载 1957 年 3 月 23 日《文汇报》,署名长年。

大通学堂的号手
　　　　载 1957 年 4 月 6 日《文汇报》,署名长年。

不倒翁
　　　　1957 年 4 月 15 日作,载当年 7 月号《人民文学》,署名启明。

谈毒草
　　　　载 1957 年 4 月 25 日《人民日报》,署名启明。

"六三"的回忆
　　　　载 1957 年 5 月 5 日《北京日报》,署名长年。

人民语法
　　　　载 1957 年 5 月 14 日《人民日报》,署名长年。

钟馗送妹
　　　　载 1957 年 5 月 20 日《人民日报》,署名启明。

时迁偷鸡
　　　　载 1957 年 5 月 31 日《新民报晚刊》,署名十堂。

汉字与简化
　　　　载 1957 年 6 月 13 日《新民报晚刊》,署名十堂。

鬼和清规戒律
　　　　载 1957 年 6 月 21 日《新民报晚刊》,署名十堂。

会稽的古迹
　　　　载 1957 年 6 月 28 日《新民报晚刊》,署名十堂。

信封与稿纸
　　　　载 1957 年 7 月 4 日《新民报晚刊》,署名十堂。

谈酒
　　　　载 1957 年 7 月 14 日《新民报晚刊》,署名十堂。

爱竹
　　　　载 1957 年 7 月 23 日《新民报晚刊》,署名十堂。

种花和种菜
　　　　载 1957 年 7 月 28 日《新民报晚刊》,署名十堂。
《印度与以色列》
　　　　载 1957 年 7 月《人民文学》,署名启明。
梅兰竹菊
　　　　载 1957 年 7 月《人民文学》,署名启明。
羊肝饼
　　　　载 1957 年 8 月 1 日《新民报晚刊》,署名十堂。
踏桨船
　　　　载 1957 年 8 月 7 日《新民报晚刊》,署名十堂。
唐诗易解
　　　　载 1957 年 8 月 14 日《新民报晚刊》,署名十堂。
糯米食
　　　　载 1957 年 8 月 19 日《新民报晚刊》,署名十堂。
窃书的故事
　　　　载 1957 年 9 月 3 日《新民报晚刊》,署名十堂。
两个书家
　　　　载 1957 年 9 月 29 日《新民报晚刊》,署名十堂。
《语丝》的回忆
　　　　载 1957 年 10 月 3 日《羊城晚报》,署名启明。
茶汤
　　　　载 1957 年 10 月 6 日《新民报晚刊》,署名十堂。
乌鸦与鹦鹉
　　　　载 1957 年 10 月 12 日《新民报晚刊》,署名十堂。
窝窝头的历史
　　　　载 1957 年 10 月 16 日《新民报晚刊》,署名十堂。
鲁迅的编辑工作
　　　　载 1957 年 10 月 20 日《羊城晚报》,署名启明。

桃子
　　　　载 1957 年 10 月 25 日《新民报晚刊》,署名十堂。

关于鲁迅三数事
　　　　载 1957 年 10 月香港《乡土》杂志第 1 卷第 20 期,署名周启明。

题画
　　　　载 1957 年 11 月 1 日《新民报晚刊》,署名十堂。

养鹅
　　　　载 1957 年 11 月 8 日《新民报晚刊》,署名十堂。

古文观止
　　　　载 1957 年 11 月 13 日《新民报晚》,署名十堂。

杨子鳄
　　　　载 1957 年 11 月 19 日《新民报晚刊》,署名十堂。

澡豆与香皂
　　　　载 1957 年 11 月 25 日《新民报晚刊》,署名十堂。

钱玄同
　　　　载 1957 年 11 月 27 日《新民报晚刊》,署名启明。

说诗
　　　　载 1957 年 11 月 29 日《新民报晚刊》,署名十堂。

杜少陵与儿女
　　　　载 1957 年 12 月 3 日《新民报晚刊》,署名十堂。

蛇
　　　　载 1957 年 12 月 11 日《新民报晚刊》,署名十堂。

猩猩的故事
　　　　载 1957 年 12 月 16 日《新民报晚刊》,署名十堂。

致郑子瑜
　　　　1957 年 12 月 17 日作,见《文类编》第 9 卷。

农业管窥
　　　　载 1957 年 12 月 19 日《新民报晚刊》,署名十堂。

孙仲容论动物

载 1957 年 12 月 27 日《新民报晚刊》，署名十堂。

绝句(赠朱省斋)

1957 年作，见省斋《忆知堂老人》，载 1967 年 4 月《大华》第 28 期。

1958年

《太炎文录》的刊行

　　载1958年1月14日《新民报晚刊》,署名十堂。

麟凤龟龙

　　载1958年1月20日《新民报晚刊》,署名十堂。

致曹聚仁信

　　1958年1月20日作,见《周曹通信集》。

蔡孑民

　　载1958年1月21日《羊城晚报》,署名启明。

人熊

　　载1958年1月30日《新民报晚刊》,署名十堂。

无鬼论

　　载1958年2月5日《新民报晚刊》,署名十堂。

牙刷的起源

　　载1958年2月12日《新民报晚刊》,署名十堂。

致青木儿的信

　　1958年2月14日作,见梁国豪《周作人给青木正儿的信》,载1975年6月香港《明报》月刊第114期。

《日本民间故事》译者前言
　　　　载 1958 年 3 月 1 日《新民报晚刊》,署名十堂。

关于薄葬
　　　　载 1958 年 3 月 6 日《新民报晚刊》,署名十堂。

名从主人
　　　　载 1958 年 3 月 12 日《新民报晚刊》,署名十堂。

老屋的漏(日本民间故事)
　　　　载 1958 年 3 月 18 日《新民报晚刊》,署名十堂。

《四库全书》
　　　　载 1958 年 3 月 23 日《新民报晚刊》,署名十堂。

道士治狸(日本民间故事)
　　　　载 1958 年 3 月 25 日《新民报晚刊》,署名十堂。

唐诗三百首
　　　　载 1958 年 4 月 1 日《新民晚报》,署名十堂。

爱罗先珂
　　　　载 1958 年 4 月 1 日《羊城晚报》,署名启明。

急出家(日本民间故事)
　　　　载 1958 年 4 月 3 日《新民晚报》,署名十堂。

谈除四害
　　　　载 1958 年 4 月 9 日《新民晚报》,署名十堂。

卖闲话(日本民间故事)
　　　　载 1958 年 4 月 12 日《新民晚报》,署名十堂。

张碧诗
　　　　载 1958 年 4 月 16 日《新民晚报》,署名十堂。

古怪的植物名
　　　　载 1958 年 4 月 22 日《新民晚报》,署名十堂。

兰亭旧址
　　　　载 1958 年 4 月 27 日《新民晚报》,署名十堂。

货郎担
　　　　载 1958 年 5 月 1 日《新民晚报》,署名十堂。

蛇郎
　　　　载 1958 年 5 月 7 日《新民晚报》,署名十堂。

《希腊神话》引言(遗作)
　　　　1958 年 5 月 15 日作,见 1998 年 3 月 18 日《中华读书报》。

刘半农
　　　　载 1958 年 5 月 17 日《羊城晚报》,署名启明。

致曹聚仁
　　　　1958 年 5 月 19 日作,见《周曹通信集》。

希腊神话
　　　　载 1958 年 5 月 20 日《新民晚报》,署名十堂。

致曹聚仁
　　　　1958 年 5 月 20 日作,见《周曹通信集》。

墟集与庙会
　　　　载 1958 年 5 月 29 日《羊城晚报》,署名启明。

笔与筷子
　　　　载 1958 年 6 月 19 日《新民晚报》,署名十堂。

夸父追日
　　　　载 1958 年 6 月 19 日《羊城晚报》,署名启明。

拂子和麈尾
　　　　载 1958 年 6 月 29 日《羊城晚报》,署名启明。

喜剧的价值
　　　　载 1958 年 7 月 6 日《羊城晚报》,署名启明。

犀牛
　　　　载 1958 年 7 月 17 日《新民晚报》,署名十堂。

给蝙蝠等说一句话
　　　　载 1958 年 7 月 22 日《羊城晚报》,署名启明。

关于河马

  载 1958 年 8 月 10 日《新民晚报》,署名十堂。

诗人黄公度

  载 1958 年 8 月 14 日《羊城晚报》,署名启明。

狼的故事

  载 1958 年 8 月 17 日《新民晚报》,署名十堂。

大虫及其他

  载 1958 年 8 月 19 日《羊城晚报》,署名启明。

《浮世澡堂》引言

  载 1958 年 9 月《人民文学》第 9 期,署名周启明。

《浮世澡堂》译后记

  载 1958 年 9 月《人民文学》第 9 期,署名周启明。

女人的禁忌

  载 1958 年 10 月香港《乡土》杂志第 2 卷第 20 期,总第 44 期,署名周启明。

鲁迅与歌谣

  载 1958 年 10 月香港《文艺世纪》1958 年 10 月号,署名周遐寿。

偷火神的故事

  载 1958 年 11 月 23—26 日《羊城晚报》,署名启明。

与日本人往来情况交代材料(遗作)

  1958 年 12 月 7 日作,藏北京鲁迅博物馆。

1959年

《古事记》引言
　　1959年1月29日作,收《古事记》。

《如梦记》译本序
　　载1959年4月1日香港《星岛晚报》,署名知堂。

答鲁迅博物馆问(遗作)
　　1959年5月13日作,藏北京鲁迅博物馆。

《鲁迅旧诗笺注》商榷
　　载1959年12月5日《羊城晚报》,署名启明。

关于沈尹默兄弟
　　载1959年12月15日《羊城晚报》,署名启明。

1960 年

《知堂杂诗抄》前序

　　1960 年 1 月 28 日作。

致曹聚仁信

　　1960 年 2 月 6 日作,见《周曹通信集》。

《知堂乙酉文编》题记

　　1960 年 2 月 16 日作。收香港三育版《乙酉文编》。

致曹聚仁信

　　1960 年 2 月 17 日作,见《周曹通信集》。

致孙五康

　　1960 年 2 月 27 日作,见《文类编》。

老虎桥杂诗·苦茶庵打油诗

　　载 1960 年 3 月 21 日香港《乡土》杂志第 4 卷第 6 期,总第 78 期,署名知堂。

华侨与绍兴人

　　1960 年 4 月 22 日作,载 1960 年 6 月香港《乡土》杂志第 4 卷第 11 期,总第 83 期,署名周遐寿。

老虎桥杂诗·丙戌丁亥杂诗（一）

　　载 1960 年 5 月香港《乡土》杂志第 4 卷第 9 期，总第 81 期，署名知堂。

致鲍耀明信

　　1960 年 6 月 3 日作。收《周作人晚年书信》。

致吴海发

　　1960 年 6 月 21 日作，见《鲁迅研究动态》1987 年第 9 期。

致孙五康

　　1960 年 6 月 29 日作。收《文类编》第 9 卷。

致鲍耀明信

　　1960 年 7 月 31 日作。收《周作人晚年书信》。

致鲍耀明信

　　1960 年 8 月 12 日作。收《周作人晚年书信》。

致鲍耀明信

　　1960 年 8 月 18 日作。收《周作人晚年书信》。

《郑子瑜选集》序

　　1960 年 8 月 24 日作，载星洲世界书局 1960 年版《郑子瑜选集》。

致郑子瑜

　　1960 年 8 月 25 日作，见《文类编》第 10 卷。

致鲍耀明信

　　1960 年 8 月 30 日作。收《周作人晚年书信》。

致鲍耀明信

　　1960 年 9 月 1 日作。收《周作人晚年书信》。

致鲍耀明信

　　1960 年 9 月 2 日作。收《周作人晚年书信》。

致鲍耀明信

　　1960 年 9 月 14 日作。收《周作人晚年书信》。

致鲍耀明信

1960年10月13日作。收《周作人晚年书信》。

致鲍耀明信

1960年10月16日作。收《周作人晚年书信》。

致鲍耀明信

1960年10月22日作。收《周作人晚年书信》。

致鲍耀明信

1960年10月30日作。收《周作人晚年书信》。

致鲍耀明信

1960年11月15日作。收《周作人晚年书信》。

致鲍耀明信

1960年11月18日作。收《周作人晚年书信》。

致鲍耀明信

1960年11月20日作。收《周作人晚年书信》。

致曹聚仁

1960年11月24日作。收《周曹通信集》。

致鲍耀明信

1960年11月28日作。收《周作人晚年书信》。

致鲍耀明信

1960年12月1日作。收《周作人晚年书信》。

致鲍耀明信

1960年12月9日作。收《周作人晚年书信》。

致鲍耀明信

1960年12月10日作。收《周作人晚年书信》。

致曹聚仁

1960年12月13日作。收《周曹通信集》。

致鲍耀明信

1960年12月13日作。收《周作人晚年书信》。

致鲍耀明信

  1960 年 12 月 14 日作。收《周作人晚年书信》。

致鲍耀明信

  1960 年 12 月 20 日作。收《周作人晚年书信》。

致鲍耀明信

  1960 年 12 月 27 日作。收《周作人晚年书信》。

1961年

致鲍耀明信

  1961年1月3日作。收《周作人晚年书信》。

致鲍耀明信

  1961年1月9日作。收《周作人晚年书信》。

致鲍耀明信

  1961年1月17日作。收《周作人晚年书信》。

致郑子瑜

  1961年1月23日作。收《知堂杂诗抄》(手稿影印)。

致鲍耀明信

  1961年2月3日作。收《周作人晚年书信》。

致鲍耀明信

  1961年2月7日作。收《周作人晚年书信》。

致曹聚仁

  1961年2月12日作。收《周曹通信集》。

致鲍耀明信

  1961年2月13日作。收《周作人晚年书信》。

致曹聚仁

  1961 年 2 月 14 日作。收《周曹通信集》。

致郑子瑜

  1961 年 2 月 14 日作，见《文类编》第 10 卷。

致鲍耀明信

  1961 年 2 月 16 日作。收《周作人晚年书信》。

致曹聚仁

  1961 年 2 月 20 日作。收《周曹通信集》。

致鲍耀明信

  1961 年 2 月 20 日作。收《周作人晚年书信》。

致鲍耀明信

  1961 年 2 月 24 日作。收《周作人晚年书信》。

致鲍耀明信

  1961 年 2 月 26 日作。收《周作人晚年书信》。

致孙五康

  1961 年 3 月 2 日作。收《文类编》第 9 卷。

致鲍耀明信

  1961 年 3 月 5 日作。收《周作人晚年书信》。

致鲍耀明信

  1961 年 3 月 9 日作。收《周作人晚年书信》。

致鲍耀明信

  1961 年 3 月 11 日作。收《周作人晚年书信》。

致鲍耀明信

  1961 年 3 月 14 日作。收《周作人晚年书信》。

致曹聚仁

  1961 年 3 月 15 日作。收《周曹通信集》。

致孙五康

  1961 年 3 月 16 日作，见《文类编》第 9 卷。

致鲍耀明信

  1961 年 3 月 17 日作。收《周作人晚年书信》。

致鲍耀明信

  1961 年 3 月 20 日作。收《周作人晚年书信》。

致鲍耀明信

  1961 年 3 月 23 日作。收《周作人晚年书信》。

致鲍耀明信

  1961 年 3 月 25 日作。收《周作人晚年书信》。

致鲍耀明信

  1961 年 3 月 27 日作。收《周作人晚年书信》。

致鲍耀明信

  1961 年 3 月 30 日作。收《周作人晚年书信》。

致鲍耀明信

  1961 年 4 月 7 日作。收《周作人晚年书信》。

致鲍耀明信

  1961 年 4 月 12 日作。收《周作人晚年书信》。

致孙五康

  1961 年 4 月 16 日作,见《文类编》第 9 卷。

致鲍耀明信

  1961 年 4 月 18 日作。收《周作人晚年书信》。

《知堂杂诗抄》序

  1961 年 4 月 20 日作。收《知堂杂诗抄》。

致陈梦熊

  1961 年 4 月 22 日作,见陈梦熊《知堂老人谈哀尘。造人术的三封信》,载《鲁迅研究动态》1986 年第 12 期。

致鲍耀明信

  1961 年 4 月 25 日作。收《周作人晚年书信》。

致鲍耀明信

  1961 年 4 月 27 日作。收《周作人晚年书信》。

致郑子瑜

  1961年4月30日作,见《文类编》第10卷。

致鲍耀明信

  1961年4月30日作。收《周作人晚年书信》。

致鲍耀明信

  1961年5月4日作。收《周作人晚年书信》。

致鲍耀明信

  1961年5月12日作。收《周作人晚年书信》。

致鲍耀明信

  1961年5月13日作。收《周作人晚年书信》。

致鲍耀明信

  1961年5月15日作。收《周作人晚年书信》。

致鲍耀明信

  1961年5月26日作。收《周作人晚年书信》。

致鲍耀明信

  1961年5月29日作。收《周作人晚年书信》。

致鲍耀明信

  1961年5月30日作。收《周作人晚年书信》。

致鲍耀明信

  1961年5月31日作。收《周作人晚年书信》。

致鲍耀明信

  1961年6月4日作。收《周作人晚年书信》。

致鲍耀明信

  1961年6月8日作。收《周作人晚年书信》。

致鲍耀明信

  1961年6月11日作。收《周作人晚年书信》。

致鲍耀明信

  1961年6月13日作。收《周作人晚年书信》。

致鲍耀明信

1961年6月22日作。收《周作人晚年书信》。

致鲍耀明信

1961年6月23日作。收《周作人晚年书信》。

致鲍耀明信

1961年6月27日作。收《周作人晚年书信》。

致鲍耀明信

1961年6月28日作。收《周作人晚年书信》。

致鲍耀明信

1961年7月3日作。收《周作人晚年书信》。

致鲍耀明信

1961年7月4日作。收《周作人晚年书信》。

致鲍耀明信

1961年7月11日作。收《周作人晚年书信》。

致曹聚仁

1961年7月12日作。收《周曹通信集》。

致鲍耀明信

1961年7月12日作。收《周作人晚年书信》。

致鲍耀明信

1961年7月13日作。收《周作人晚年书信》。

致孙五康

1961年7月14日作,见《文类编》第9卷。

致鲍耀明信

1961年7月15日作。收《周作人晚年书信》。

致鲍耀明信

1961年7月19日作。收《周作人晚年书信》。

致鲍耀明信

1961年7月24日作。收《周作人晚年书信》。

致曹聚仁

　　1961年7月25日作。收《周曹通信集》。

致鲍耀明信

　　1961年7月26日作。收《周作人晚年书信》。

致鲍耀明信

　　1961年7月28日、29日作。收《周作人晚年书信》。

致鲍耀明信

　　1961年7月31日作。收《周作人晚年书信》。

致鲍耀明信

　　1961年8月3日作。收《周作人晚年书信》。

致鲍耀明信

　　1961年8月5日作。收《周作人晚年书信》。

致鲍耀明信

　　1961年8月8日作。收《周作人晚年书信》。

致鲍耀明信

　　1961年8月14日作。收《周作人晚年书信》。

致鲍耀明信

　　1961年8月23日作。收《周作人晚年书信》。

致陈梦熊

　　1961年8月23日作,见陈梦熊《知堂老人谈哀尘。造人术的三封信》,载《鲁迅研究动态》1986年第12期。

致鲍耀明信

　　1961年8月29日作。收《周作人晚年书信》。

致鲍耀明信

　　1961年9月1日作。收《周作人晚年书信》。

致鲍耀明信

　　1961年9月4日作。收《周作人晚年书信》。

致鲍耀明信

　　1961年9月6日作。收《周作人晚年书信》。

致陈梦熊

1961年9月6日作,见陈梦熊《知堂老人谈哀尘。造人术的三封信》,载《鲁迅研究动态》1986年第12期。

致鲍耀明信

1961年9月13日作。收《周作人晚年书信》。

致鲍耀明信

1961年9月26日作。收《周作人晚年书信》。

致鲍耀明信

1961年9月28日作。收《周作人晚年书信》。

致鲍耀明信

1961年9月30日作。收《周作人晚年书信》。

致鲍耀明信

1961年10月2日作。收《周作人晚年书信》。

致鲍耀明信

1961年10月9日作。收《周作人晚年书信》。

致鲍耀明信

1961年10月12日作。收《周作人晚年书信》。

致孙五康

1961年10月16日作,见《文类编》第9卷。

致鲍耀明信

1961年10月19日作。收《周作人晚年书信》。

致孙五康

1961年10月24日作,见《文类编》第10卷。

致鲍耀明信

1961年10月26日作。收《周作人晚年书信》。

致鲍耀明信

1961年10月28日作。收《周作人晚年书信》。

致鲍耀明信

1961年11月1日作。收《周作人晚年书信》。

致鲍耀明信

  1961 年 11 月 7 日作。收《周作人晚年书信》。

致鲍耀明信

  1961 年 11 月 8 日作。收《周作人晚年书信》。

致鲍耀明信

  1961 年 11 月 11 日作。收《周作人晚年书信》。

致鲍耀明信

  1961 年 11 月 17 日作。收《周作人晚年书信》。

致鲍耀明信

  1961 年 11 月 20 日作。收《周作人晚年书信》。

致鲍耀明信

  1961 年 11 月 22 日作。收《周作人晚年书信》。

致鲍耀明信

  1961 年 11 月 24 日作。收《周作人晚年书信》。

致鲍耀明信

  1961 年 11 月 28 日作。收《周作人晚年书信》。

致鲍耀明信

  1961 年 12 月 1 日作。收《周作人晚年书信》。

致鲍耀明信

  1961 年 12 月 2 日作。收《周作人晚年书信》。

致鲍耀明信

  1961 年 12 月 11 日作。收《周作人晚年书信》。

致鲍耀明信

  1961 年 12 月 13 日作。收《周作人晚年书信》。

致鲍耀明信

  1961 年 12 月 15 日作。收《周作人晚年书信》。

致鲍耀明信

  1961 年 12 月 20 日作。收《周作人晚年书信》。

致鲍耀明信

1961 年 12 月 23 日作。收《周作人晚年书信》。

致鲍耀明信

1961 年 12 月 27 日作。收《周作人晚年书信》。

致鲍耀明信

1961 年 12 月 28 日作。收《周作人晚年书信》。

1962年

致鲍耀明信

　　1962年1月1日作。收《周作人晚年书信》。

致鲍耀明信

　　1962年1月4日作。收《周作人晚年书信》。

致鲍耀明信

　　1962年1月5日作。收《周作人晚年书信》。

致鲍耀明信

　　1962年1月7日作。收《周作人晚年书信》。

致鲍耀明信

　　1962年1月10日作。收《周作人晚年书信》。

致鲍耀明信

　　1962年1月12日作。收《周作人晚年书信》。

致郑子瑜

　　1962年1月16日作,见《文类编》第10卷。

致鲍耀明信

　　1962年1月18日作。收《周作人晚年书信》。

致鲍耀明信

  1962 年 1 月 23 日作。收《周作人晚年书信》。

致鲍耀明信

  1962 年 1 月 25 日作。收《周作人晚年书信》。

致鲍耀明信

  1962 年 1 月 26 日作。收《周作人晚年书信》。

致鲍耀明信

  1962 年 1 月 29 日作。收《周作人晚年书信》。

致鲍耀明信

  1962 年 1 月 30 日作。收《周作人晚年书信》。

致鲍耀明信

  1962 年 2 月 2 日作。收《周作人晚年书信》。

致郑子瑜

  1962 年 2 月 7 日作,见《文类编》第 10 卷。

致鲍耀明信

  1962 年 2 月 9 日作。收《周作人晚年书信》。

致鲍耀明信

  1962 年 2 月 15 日作。收《周作人晚年书信》。

致鲍耀明信

  1962 年 2 月 16 日作。收《周作人晚年书信》。

致郑子瑜

  1962 年 2 月 19 日作,见《文类编》第 10 卷。

致鲍耀明信

  1962 年 2 月 22 日作。收《周作人晚年书信》。

致鲍耀明信

  1962 年 2 月 25 日作。收《周作人晚年书信》。

致郑子瑜

  1962 年 3 月 1 日作,见《文类编》第 10 卷。

致鲍耀明信

  1962 年 3 月 2 日作。收《周作人晚年书信》。

致鲍耀明信

  1962 年 3 月 3 日作。收《周作人晚年书信》。

致鲍耀明信

  1962 年 3 月 7 日作。收《周作人晚年书信》。

致鲍耀明信

  1962 年 3 月 8 日作。收《周作人晚年书信》。

致鲍耀明信

  1962 年 3 月 13 日作。收《周作人晚年书信》。

致鲍耀明信

  1962 年 3 月 16 日作。收《周作人晚年书信》。

致鲍耀明信

  1962 年 3 月 16 日作。收《周作人晚年书信》。

致鲍耀明信

  1962 年 3 月 18 日作。收《周作人晚年书信》。

致鲍耀明信

  1962 年 3 月 23 日作。收《周作人晚年书信》。

致鲍耀明信

  1962 年 3 月 24 日作。收《周作人晚年书信》。

致郑子瑜

  1962 年 3 月 24 日作,见《文类编》第 10 卷。

致鲍耀明信

  1962 年 3 月 27 日作。收《周作人晚年书信》。

致鲍耀明信

  1962 年 3 月 30 日作。收《周作人晚年书信》。

致鲍耀明信

  1962 年 4 月 1 日作。收《周作人晚年书信》。

致鲍耀明信

  1962 年 4 月 5 日作。收《周作人晚年书信》。

致鲍耀明信

  1962 年 4 月 6 日作。收《周作人晚年书信》。

致鲍耀明信

  1962 年 4 月 8 日作。收《周作人晚年书信》。

致鲍耀明信

  1962 年 4 月 8 日作。收《周作人晚年书信》。

致鲍耀明信

  1962 年 4 月 14 日作。收《周作人晚年书信》。

致鲍耀明信

  1962 年 4 月 17 日作。收《周作人晚年书信》。

致青木正儿

  1962 年 4 月 20 日作,见梁国豪《周作人写给青木正儿的信》,载 1976 年 5 月香港《明报》第 125 期。

致鲍耀明信

  1962 年 4 月 21 日作。收《周作人晚年书信》。

致鲍耀明信

  1962 年 4 月 24 日作。收《周作人晚年书信》。

致曹聚仁

  1962 年 4 月 25 日作。收《周曹通信集》。

致鲍耀明信

  1962 年 5 月 3 日作。收《周作人晚年书信》。

致鲍耀明信

  1962 年 5 月 4 日作。收《周作人晚年书信》。

致鲍耀明信

  1962 年 5 月 10 日作。收《周作人晚年书信》。

致孙五康

  1962 年 5 月 12 日作,见《文类编》第 10 卷。

致鲍耀明信

  1962 年 5 月 16 日作。收《周作人晚年书信》。

致鲍耀明信

  1962 年 5 月 21 日作。收《周作人晚年书信》。

致孙五康

  1962 年 5 月 25 日作,见《文类编》第 10 卷。

致鲍耀明信

  1962 年 5 月 31 日作。收《周作人晚年书信》。

致鲍耀明信

  1962 年 6 月 3 日作。收《周作人晚年书信》。

致鲍耀明信

  1962 年 6 月 6 日作。收《周作人晚年书信》。

致鲍耀明信

  1962 年 6 月 8 日作。收《周作人晚年书信》。

致鲍耀明信

  1962 年 6 月 14 日作。收《周作人晚年书信》。

致鲍耀明信

  1962 年 6 月 16 日作。收《周作人晚年书信》。

致鲍耀明信

  1962 年 6 月 22 日作。收《周作人晚年书信》。

致鲍耀明信

  1962 年 6 月 26 日作。收《周作人晚年书信》。

致鲍耀明信

  1962 年 7 月 3 日作。收《周作人晚年书信》。

致郑子瑜

  1962 年 7 月 9 日作,见《郑子瑜墨缘录》。

致鲍耀明信

  1962 年 7 月 9 日作。收《周作人晚年书信》。

致鲍耀明信

  1962年7月16日作。收《周作人晚年书信》。

致鲍耀明信

  1962年7月18日作。收《周作人晚年书信》。

致鲍耀明信

  1962年7月24日作。收《周作人晚年书信》。

致鲍耀明信

  1962年7月27日作。收《周作人晚年书信》。

致鲍耀明信

  1962年7月29日作。收《周作人晚年书信》。

《木片集》小引(遗作)

  1962年7月30日作,署名启明。拟收《木片集》。见《文类编》第9卷。

致鲍耀明信

  1962年8月1日作。收《周作人晚年书信》。

致鲍耀明信

  1962年8月5日作。收《周作人晚年书信》。

致鲍耀明信

  1962年8月7日作。收《周作人晚年书信》。

致青木正儿

  1962年8月8日作,见梁国豪《周作人写给青木正儿的信》,载1976年5月香港《明报》125期。

致鲍耀明信

  1962年8月14日作。收《周作人晚年书信》。

致鲍耀明信

  1962年8月15日作。收《周作人晚年书信》。

致鲍耀明信

  1962年8月22日作。收《周作人晚年书信》。

致鲍耀明信

　　1962年8月24日作。收《周作人晚年书信》。

致鲍耀明信

　　1962年8月25日作。收《周作人晚年书信》。

致鲍耀明信

　　1962年8月28日作。收《周作人晚年书信》。

致鲍耀明信

　　1962年8月31日作。收《周作人晚年书信》。

关于《守常全集》的一点旧闻

　　载1962年8月31日《人民日报》，署名难明。

致鲍耀明信

　　1962年9月8日作。收《周作人晚年书信》。

致鲍耀明信

　　1962年9月11日作。收《周作人晚年书信》。

致鲍耀明信

　　1962年9月16日作。收《周作人晚年书信》。

致鲍耀明信

　　1962年9月19日作。收《周作人晚年书信》。

致鲍耀明信

　　1962年9月23日作。收《周作人晚年书信》。

致鲍耀明信

　　1962年9月27日作。收《周作人晚年书信》。

致鲍耀明信

　　1962年10月10日作。收《周作人晚年书信》。

一点回忆

　　1962年10月11日作，载1962年12月4日《民间文学》1962年第6期（总第87期），署名周启明。

致鲍耀明信

　　1962年10月16日作。收《周作人晚年书信》。

致鲍耀明信

　　1962 年 10 月 20 日作。收《周作人晚年书信》。

致鲍耀明信

　　1962 年 10 月 21 日作。收《周作人晚年书信》。

致鲍耀明信

　　1962 年 10 月 23 日作。收《周作人晚年书信》。

致鲍耀明信

　　1962 年 10 月 28 日作。收《周作人晚年书信》。

致鲍耀明信

　　1962 年 10 月 31 日作。收《周作人晚年书信》。

致鲍耀明信

　　1962 年 11 月 8 日作。收《周作人晚年书信》。

致鲍耀明信

　　1962 年 11 月 12 日作。收《周作人晚年书信》。

致鲍耀明信

　　1962 年 11 月 14 日作。收《周作人晚年书信》。

致鲍耀明信

　　1962 年 11 月 17 日作。收《周作人晚年书信》。

致鲍耀明信

　　1962 年 11 月 23 日作。收《周作人晚年书信》。

致鲍耀明信

　　1962 年 11 月 30 日作。收《周作人晚年书信》。

致鲍耀明信

　　1962 年 12 月 1 日作。收《周作人晚年书信》。

致鲍耀明信

　　1962 年 12 月 3 日作。收《周作人晚年书信》。

致鲍耀明信

　　1962 年 12 月 4 日作。收《周作人晚年书信》。

致鲍耀明信

    1962 年 12 月 5 日作。收《周作人晚年书信》。

致鲍耀明信

    1962 年 12 月 8 日作。收《周作人晚年书信》。

致鲍耀明信

    1962 年 12 月 18 日作。收《周作人晚年书信》。

致鲍耀明信

    1962 年 12 月 19 日作。收《周作人晚年书信》。

致鲍耀明信

    1962 年 12 月 23 日作。收《周作人晚年书信》。

《药堂谈往》序

    1962 年 12 月 30 日作。收《知堂回想录》。

致鲍耀明信

    1962 年 12 月 31 日作。收《周作人晚年书信》。

1963年

致鲍耀明信

1963年1月6日作。收《周作人晚年书信》。

致鲍耀明信

1963年1月9日作。收《周作人晚年书信》。

致鲍耀明信

1963年1月11日作。收《周作人晚年书信》。

鲁迅佚文及注解

载1963年1月17日《光明日报》,署名仲密。

致鲍耀明信

1963年1月18日作。收《周作人晚年书信》。

致鲍耀明信

1963年1月23日作。收《周作人晚年书信》。

致鲍耀明信

1963年2月1日作。收《周作人晚年书信》。

致鲍耀明信

1963年2月2日作。收《周作人晚年书信》。

致鲍耀明信

  1963年2月8日作。收《周作人晚年书信》。

致鲍耀明信

  1963年2月8日作,载1973年8月香港《明报月刊》第92期。

致孙五康

  1963年2月13日作,见《文类编》第10卷。

致鲍耀明信

  1963年2月14日作。收《周作人晚年书信》。

致鲍耀明信

  1963年2月16日作。收《周作人晚年书信》。

致鲍耀明信

  1963年2月20日作。收《周作人晚年书信》。

致鲍耀明信

  1963年2月22日作。收《周作人晚年书信》。

致鲍耀明信

  1963年2月28日作。收《周作人晚年书信》。

致鲍耀明信

  1963年3月8日作。收《周作人晚年书信》。

致鲍耀明信

  1963年3月14日作。收《周作人晚年书信》。

致鲍耀明信

  1963年3月19日作。收《周作人晚年书信》。

《唐宋诗醇》与鲁迅旧诗

  载1963年3月20日香港《文汇报》,署名启明。

中央亚西亚的故事

  载1963年3月27日《文汇报》,署名仲密。

致鲍耀明信

  1963年3月28日作。收《周作人晚年书信》。

关于鉴真和尚

1963年4月1日作,载同年5月5—7日香港《新晚报》,署名岂明。

致鲍耀明信

1963年4月3日作。收《周作人晚年书信》。

致鲍耀明信

1963年4月4日作。收《周作人晚年书信》。

致鲍耀明信

1963年4月6日作。收《周作人晚年书信》。

致鲍耀明信

1963年4月7日作。收《周作人晚年书信》。

致鲍耀明信

1963年4月14日作。收《周作人晚年书信》。

致鲍耀明

1963年4月16日作,见1973年8月香港《明报月刊》第92期。

关于《日本之黑雾》

载1963年4月17日香港《文汇报》,署名槐寿。

致鲍耀明信

1963年4月17日作。收《周作人晚年书信》。

致鲍耀明信

1963年4月25日作。收《周作人晚年书信》。

致鲍耀明信

1963年4月29日作。收《周作人晚年书信》。

致鲍耀明信

1963年5月7日作。收《周作人晚年书信》。

致鲍耀明信

1963年5月8日作。收《周作人晚年书信》。

致鲍耀明信

1963年5月13日作。收《周作人晚年书信》。

致鲍耀明信

　　1963年5月19日作。收《周作人晚年书信》。

致鲍耀明信

　　1963年5月21日作。收《周作人晚年书信》。

花旦艺术

　　载1963年6月22日香港《文汇报》,署名启明。

致鲍耀明信

　　1963年5月24日作。收《周作人晚年书信》。

致鲍耀明信

　　1963年5月27日作。收《周作人晚年书信》。

致鲍耀明信

　　1963年5月30日作。收《周作人晚年书信》。

致鲍耀明信

　　1963年6月7日作。收《周作人晚年书信》。

致鲍耀明信

　　1963年6月9日作。收《周作人晚年书信》。

致鲍耀明信

　　1963年6月16日作。收《周作人晚年书信》。

美系日人(日本西野辰吉作)

　　载1963年6月19日香港《文汇报》,署周丰一译。

致鲍耀明信

　　1963年6月21日作。收《周作人晚年书信》。

致鲍耀明信

　　1963年6月26日作。收《周作人晚年书信》。

致鲍耀明信

　　1963年6月28日作。收《周作人晚年书信》。

日本人谈中国酒肴(日本青木正儿作)

　　载1963年6月29日香港《新晚报》,署槐寿译。

致鲍耀明信

  1963年7月5日作。收《周作人晚年书信》。

致鲍耀明信

  1963年7月7日作。收《周作人晚年书信》。

致鲍耀明信

  1963年7月21日作。收《周作人晚年书信》。

许寿裳之死

  载1963年7月30日香港《新晚报》,署名启明。

致鲍耀明信

  1963年8月8日作。收《周作人晚年书信》。

致鲍耀明信

  1963年8月8日作。收《周作人晚年书信》。

水乡怀旧

  载1963年8月11日香港《新晚报》,署名启明。

几封信的回忆

  1963年8月15日作,载当年12月《文艺世纪》,署名启明。

致鲍耀明信

  1963年8月15日作。收《周作人晚年书信》。

关于通奸

  载1963年8月20日香港《新晚报》,署名启明。

烙印(日本西野辰吉作)

  载1963年8月21日香港《文汇报》,署周丰一译。

反映日本民情的笑话

  载1963年8月25日香港《新晚报》,署名槐寿。

致鲍耀明信

  1963年8月28日作。收《周作人晚年书信》。

致鲍耀明信

  1963年9月4日作。收《周作人晚年书信》。

致鲍耀明信

　　1963 年 9 月 5 日作。收《周作人晚年书信》。

致鲍耀明信

　　1963 年 9 月 12 日作。收《周作人晚年书信》。

名人的日记

　　载 1963 年 9 月 16 日香港《新晚报》,署名岂明。

郁达夫的书简

　　载 1963 年 9 月 26 日香港《新晚报》,署名岂明。

致鲍耀明信

　　1963 年 9 月 26 日作。收《周作人晚年书信》。

许地山的旧话

　　载 1963 年 9 月 29 日香港《新晚报》,署名岂明。

致鲍耀明信

　　1963 年 10 月 2 日作。收《周作人晚年书信》。

阿 Q 的兄弟

　　载 1963 年 10 月 9 日香港《新晚报》,署名启明。

致曹聚仁

　　1963 年 10 月 9 日作。收《周曹通信集》。

麟凤龟龙

　　载 1963 年 10 月 11 日香港《新晚报》,署名岂明。

致鲍耀明信

　　1963 年 10 月 11 日作。收《周作人晚年书信》。

致孙五康

　　1963 年 10 月 19 日作,见《文类编》第 10 卷。

致鲍耀明信

　　1963 年 10 月 19 日作。收《周作人晚年书信》。

致鲍耀明信

　　1963 年 10 月 21 日作。收《周作人晚年书信》。

一角兽之有无

　　载 1963 年 10 月 21 日香港《新晚报》,署名启明。

鲁迅的杂文

　　载 1963 年 10 月 23 日香港《文汇报》,署名启明。

致鲍耀明信

　　1963 年 10 月 23 日作。收《周作人晚年书信》。

世上是有雪人吗?

　　载 1963 年 10 月 28 日香港《新晚报》,署名槐寿。

杜少陵与儿女

　　载 1963 年 10 月 31 日香港《新晚报》,署名岂明。

致鲍耀明信

　　1963 年 10 月 31 日作。收《周作人晚年书信》。

致鲍耀明信

　　1963 年 11 月 2 日作。收《周作人晚年书信》。

致鲍耀明信

　　1963 年 11 月 4 日作。收《周作人晚年书信》。

致鲍耀明信

　　1963 年 11 月 5 日作。收《周作人晚年书信》。

致鲍耀明信

　　1963 年 11 月 25 日作。收《周作人晚年书信》。

致钟叔河(手稿)

　　1963 年 11 月 29 日作,见《文类编》第 10 卷。

致鲍耀明信

　　1963 年 11 月 30 日作。收《周作人晚年书信》。

致鲍耀明信

　　1963 年 12 月 2 日作。收《周作人晚年书信》。

致鲍耀明信

　　1963 年 12 月 16 日作。收《周作人晚年书信》。

致鲍耀明信

    1963 年 12 月 18 日作。收《周作人晚年书信》。

杨贵妃的子孙

    载 1963 年 12 月 21 日香港《新晚报》,署名岂明。

书房里的游戏

    载 1963 年 12 月 30 日香港《新晚报》,署名岂明。

致鲍耀明信

    1963 年 12 月 31 日作。收《周作人晚年书信》。

1964 年

致鲍耀明信

1964 年 1 月 9 日作。收《周作人晚年书信》。

致鲍耀明信

1964 年 1 月 13 日作。收《周作人晚年书信》。

致鲍耀明信

1964 年 1 月 15 日作。收《周作人晚年书信》。

《古文观止》

载 1964 年 1 月 16 日香港《新晚报》,署名岂明。

《四库全书》

载 1964 年 1 月 22 日香港《新晚报》,署名岂明。

致鲍耀明信

1964 年 1 月 26 日作。收《周作人晚年书信》。

吃茶

载 1964 年 1 月 27 日香港《新晚报》,署名知堂。

爱啬精气

载 1964 年 1 月 29 日香港《新晚报》,署名岂明。

新唐诗选
　　载 1964 年 1 月香港《文艺世纪》1 月号,署名知堂。

亚当的肚脐
　　载 1964 年 2 月 2 日香港《新晚报》,署名岂明。

致鲍耀明信
　　1964 年 2 月 2 日作。收《周作人晚年书信》。

冬至九九歌
　　载 1964 年 2 月 11 日香港《新晚报》,署名启明。

致鲍耀明信
　　1964 年 2 月 11 日作。收《周作人晚年书信》。

致鲍耀明信
　　1964 年 2 月 19 日作。收《周作人晚年书信》。

悭的手法
　　载 1964 年 2 月 22 日香港《新晚报》,署名岂明。

《越谚》的作者范啸风
　　载 1964 年 2 月香港《文艺世纪》2 月号,署名知堂。

致鲍耀明信
　　1964 年 3 月 5 日作。收《周作人晚年书信》。

八十自寿诗
　　1964 年 3 月 6 日作。收《知堂杂诗抄》。

致郑子瑜
　　1964 年 3 月 7 日作,见《文类编》第 10 卷。

《八十自寿诗》说明
　　1964 年 3 月 8 日作。收《知堂杂诗抄》。

致鲍耀明信
　　1964 年 3 月 12 日作。收《周作人晚年书信》。

八十心情——放翁适兴诗
　　载 1964 年 3 月 15 日香港《新晚报》,署名知堂。

致鲍耀明信

   1964年3月26日作。收《周作人晚年书信》。

从《猥亵的歌谣》谈起

   载1964年3月香港《文艺世纪》3月号,署名知堂。

致鲍耀明信

   1964年4月3日作。收《周作人晚年书信》。

向日葵的神话

   载1964年4月7日香港《新晚报》,署名岂明。

致鲍耀明信

   1964年4月14日作。收《周作人晚年书信》。

鬼念佛

   载1964年4月27日香港《新晚报》,署名岂明。

致鲍耀明信

   1964年5月5日作。收《周作人晚年书信》。

猫打架

   载1964年5月5日香港《新晚报》,署名岂明。

关于日本的落语

   载1964年5月13日香港《文汇报》,署名岂明。

致鲍耀明信

   1964年5月13日作。收《周作人晚年书信》。

致鲍耀明信

   1964年5月13日作。收《周作人晚年书信》。

致鲍耀明信

   1964年5月23日作。收《周作人晚年书信》。

致鲍耀明信

   1964年5月26日作。收《周作人晚年书信》。

无鬼论

   载1964年5月28日香港《新晚报》,署名岂明。

致鲍耀明信

  1964 年 5 月 29 日作。收《周作人晚年书信》。

宙斯被盘问（古希腊路喀阿诺斯作）

  载《世界文学》1964 年第 5 期,署周启明译。

今年的天气

  载 1964 年 6 月 4 日香港《新晚报》,署名岂明。

致鲍耀明信

  1964 年 6 月 8 日作。收《周作人晚年书信》。

致鲍耀明信

  1964 年 6 月 10 日作。收《周作人晚年书信》。

罗振玉这学者

  载 1964 年 6 月 11 日香港《新晚报》,署名岂明。

致鲍耀明信

  1964 年 6 月 20 日作。收《周作人晚年书信》。

鸟声

  载 1964 年 6 月 22 日香港《新晚报》,署名岂明。

致鲍耀明信

  1964 年 6 月 24 日作。收《周作人晚年书信》。

致鲍耀明信

  1964 年 6 月 27 日作。收《周作人晚年书信》。

致鲍耀明信

  1964 年 6 月 29 日作。收《周作人晚年书信》。

致鲍耀明信

  1964 年 7 月 2 日作。收《周作人晚年书信》。

解放后译著书目

  1964 年 7 月 3 日作,载 1973 年 1 月香港《南北极》第 56 期。

致鲍耀明信

  1964 年 7 月 7 日作。收《周作人晚年书信》。

致鲍耀明信

  1964 年 7 月 11 日作。收《周作人晚年书信》。

致郑子瑜

  1964 年 7 月 12 日作,见《文类编》第 10 卷。

致鲍耀明信

  1964 年 7 月 13 日作。收《周作人晚年书信》。

闲话毛笋

  载 1964 年 7 月 14 日香港《新晚报》,署名岂明。

知堂年谱大要

  1964 年 7 月 15 日作,载 1975 年 1 月香港《南北极》第 56 期。

致鲍耀明信

  1964 年 7 月 18 日作。收《周作人晚年书信》。

致鲍耀明信

  1964 年 7 月 24 日作。收《周作人晚年书信》。

致鲍耀明信

  1964 年 7 月 28 日作。收《周作人晚年书信》。

致孙五康

  1964 年 7 月 28 日作。收《文类编》第 10 卷。

致鲍耀明信

  1964 年 8 月 2 日作。收《周作人晚年书信》。

致鲍耀明信

  1964 年 8 月 5 日作。收《周作人晚年书信》。

致鲍耀明信

  1964 年 8 月 12 日作。收《周作人晚年书信》。

致鲍耀明信

  1964 年 8 月 16 日作。收《周作人晚年书信》。

致鲍耀明信

  1964 年 8 月 22 日作。收《周作人晚年书信》。

帮会的片鳞

  载 1964 年 8 月 24 日香港《新晚报》,署名知堂。

致鲍耀明信

  1964 年 8 月 28 日作。收《周作人晚年书信》。

致鲍耀明信

  1964 年 9 月 6 日作。收《周作人晚年书信》。

致鲍耀明信

  1964 年 9 月 15 日作。收《周作人晚年书信》。

致常维钧

  1964 年 9 月 24 日作,藏北京鲁迅博物馆。

致鲍耀明信

  1964 年 9 月 28 日作。收《周作人晚年书信》。

致鲍耀明信

  1964 年 9 月 29 日作。收《周作人晚年书信》。

致孙五康

  1964 年 10 月 5 日作,见《文类编》第 9 卷。

愉快的工作

  载 1964 年 10 月 5 日香港《新晚报》,署名启明。

致鲍耀明信

  1964 年 10 月 12 日作。收《周作人晚年书信》。

致鲍耀明信

  1964 年 10 月 16 日作。收《周作人晚年书信》。

致鲍耀明信

  1964 年 10 月 17 日作。收《周作人晚年书信》。

致鲍耀明信

  1964 年 10 月 21 日作。收《周作人晚年书信》。

现今的龙

  载 1964 年 10 月 28 日香港《新晚报》,署名启明。

致鲍耀明信

  1964年10月30日作。收《周作人晚年书信》。

致鲍耀明信

  1964年11月7日作。收《周作人晚年书信》。

致鲍耀明信

  1964年11月16日作。收《周作人晚年书信》。

致鲍耀明信

  1964年11月29日作。收《周作人晚年书信》。

致鲍耀明信

  1964年12月3日作。收《周作人晚年书信》。

致鲍耀明信

  1964年12月5日作。收《周作人晚年书信》。

致鲍耀明信

  1964年12月15日作。收《周作人晚年书信》。

致鲍耀明信

  1964年12月31日作。收《周作人晚年书信》。

1965 年

致鲍耀明信

  1965 年 1 月 7 日作。收《周作人晚年书信》。

致鲍耀明信

  1965 年 1 月 11 日作。收《周作人晚年书信》。

致鲍耀明信

  1965 年 1 月 13 日作。收《周作人晚年书信》。

致鲍耀明信

  1965 年 1 月 14 日作。收《周作人晚年书信》。

致鲍耀明信

  1965 年 1 月 19 日作。收《周作人晚年书信》。

致鲍耀明信

  1965 年 1 月 27 日作。收《周作人晚年书信》。

致鲍耀明信

  1965 年 1 月 30 日作。收《周作人晚年书信》。

致鲍耀明信

  1965 年 2 月 3 日作。收《周作人晚年书信》。

致鲍耀明信

  1965年2月11日作。收《周作人晚年书信》。

致鲍耀明信

  1965年2月18日作。收《周作人晚年书信》。

致鲍耀明信

  1965年2月22日作。收《周作人晚年书信》。

致鲍耀明信

  1965年3月6日作。收《周作人晚年书信》。

致鲍耀明信

  1965年3月10日作。收《周作人晚年书信》。

致鲍耀明信

  1965年3月20日作。收《周作人晚年书信》。

致鲍耀明信

  1965年4月4日作。收《周作人晚年书信》。

致鲍耀明信

  1965年4月11日作。收《周作人晚年书信》。

关于卢奇安

  1965年4月20日作。收1991年人民文学出版社版《卢奇安对话集》。

致鲍耀明信

  1965年4月21日作。收《周作人晚年书信》。

致鲍耀明信

  1965年4月22日作。收《周作人晚年书信》。

致鲍耀明信

  1965年4月28日作。收《周作人晚年书信》。

致鲍耀明信

  1965年5月2日作。收《周作人晚年书信》。

致鲍耀明信

  1965年5月15日作。收《周作人晚年书信》。

致鲍耀明信

  1965 年 5 月 24 日作。收《周作人晚年书信》。

致曹聚仁

  1965 年 5 月 30 日作。收《周曹通信集》。

致鲍耀明信

  1965 年 5 月 30 日作。收《周作人晚年书信》。

致鲍耀明信

  1965 年 6 月 9 日作。收《周作人晚年书信》。

致鲍耀明信

  1965 年 6 月 25 日作。收《周作人晚年书信》。

致鲍耀明信

  1965 年 6 月 26 日作。收《周作人晚年书信》。

致曹聚仁

  1965 年 7 月 2 日作。收《周曹通信集》。

致鲍耀明信

  1965 年 7 月 6 日作。收《周作人晚年书信》。

致孙五康

  1965 年 7 月 12 日作,见《文类编》第 9 卷。

致鲍耀明信

  1965 年 7 月 20 日作。收《周作人晚年书信》。

致鲍耀明信

  1965 年 7 月 24 日作。收《周作人晚年书信》。

致鲍耀明信

  1965 年 7 月 29 日作。收《周作人晚年书信》。

致鲍耀明信

  1965 年 8 月 7 日作。收《周作人晚年书信》。

致鲍耀明信

  1965 年 8 月 9 日作。收《周作人晚年书信》。

致鲍耀明信

  1965 年 8 月 21 日作。收《周作人晚年书信》。

致鲍耀明信

  1965 年 8 月 25 日作。收《周作人晚年书信》。

致鲍耀明信

  1965 年 9 月 12 日作。收《周作人晚年书信》。

致鲍耀明信

  1965 年 9 月 19 日作。收《周作人晚年书信》。

致曹聚仁(手迹影印)

  1965 年 9 月 23 日作,见《知堂回想录》。

致曹聚仁

  1965 年 9 月 24 日作。收《周曹通信集》。

致曹聚仁

  1965 年 9 月 28 日作。收《周曹通信集》。

致鲍耀明信

  1965 年 10 月 1 日作。收《周作人晚年书信》。

致鲍耀明信

  1965 年 10 月 3 日作。收《周作人晚年书信》。

致鲍耀明信

  1965 年 10 月 6 日作。收《周作人晚年书信》。

致鲍耀明信

  1965 年 10 月 14 日作。收《周作人晚年书信》。

致鲍耀明信

  1965 年 10 月 18 日作。收《周作人晚年书信》。

致鲍耀明信

  1965 年 10 月 21 日作。收《周作人晚年书信》。

致鲍耀明信

  1965 年 11 月 1 日作。收《周作人晚年书信》。

致鲍耀明信

    1965年11月8日作。收《周作人晚年书信》。

致鲍耀明信

    1965年11月23日作。收《周作人晚年书信》。

致青木正儿

    1965年11月26日作,见1975年6月《明报月刊》第114期。

致曹聚仁

    1965年12月2日作。收《周曹通信集》。

致鲍耀明信

    1965年12月5日作。收《周作人晚年书信》。

致鲍耀明信

    1965年12月10日作。收《周作人晚年书信》。

致鲍耀明信

    1965年12月16日作。收《周作人晚年书信》。

致鲍耀明信

    1965年12月23日作。收《周作人晚年书信》。

致鲍耀明信

    1965年12月28日作。收《周作人晚年书信》。

现代的诺亚方舟

    1865年作,见《文类编》第4卷。

1966年

《知堂回想录》后序
  1966年1月3日作。收《知堂回想录》。

致鲍耀明信
  1966年1月8日作。收《周作人晚年书信》。

致鲍耀明信
  1966年1月12日作。收《周作人晚年书信》。

致鲍耀明信
  1966年1月19日作。收《周作人晚年书信》。

致鲍耀明信
  1966年1月20日作。收《周作人晚年书信》。

致鲍耀明信
  1966年2月2日作。收《周作人晚年书信》。

致鲍耀明信
  1966年2月8日作。收《周作人晚年书信》。

致徐訏书
  1966年2月10日作,载1968年1月香港《笔端》第1期,署名周作人。

致鲍耀明信

  1966年2月10日作。收《周作人晚年书信》。

致鲍耀明信

  1966年2月19日作。收《周作人晚年书信》。

致曹聚仁

  1966年2月27日作。收《周曹通信集》。

致鲍耀明信

  1966年3月1日作。收《周作人晚年书信》。

致曹聚仁

  1966年3月4日作。收《周曹通信集》。

致鲍耀明信

  1966年3月9日作。收《周作人晚年书信》。

致孙五康

  1966年3月10日作,见《文类编》第6卷。

致鲍耀明信

  1966年3月15日作。收《周作人晚年书信》。

致曹聚仁

  1966年3月18日作。收《周曹通信集》。

致鲍耀明信

  1966年3月19日作。收《周作人晚年书信》。

致鲍耀明信

  1966年3月23日作。收《周作人晚年书信》。

致鲍耀明信

  1966年3月23日作。收《周作人晚年书信》。

致鲍耀明信

  1966年4月5日作。收《周作人晚年书信》。

致鲍耀明信

  1966年4月14日作。收《周作人晚年书信》。

致鲍耀明信
  1966 年 4 月 23 日作。收《周作人晚年书信》。
致鲍耀明信
  1966 年 5 月 8 日作。收《周作人晚年书信》。
致鲍耀明信
  1966 年 5 月 14 日作。收《周作人晚年书信》。

  本目录所著录篇目以写作日期为序,干支纪年和民国纪年均换算为公元。写作日期不详者,则以发表日期为序。仅知月者,排在月末;仅知年者,排在年末;跨年月连载者,以起始日著录。不能确定日月年份者附在全编之后,其中有些篇目,根据内容及日记记录,也许不难确定写作时间。惟后期日记尚未发表,只好留存待定。

  专著不列入本目录,另见著译简目。与他人合著、合署者,用圆括号标明。致他人信函,略去周作人姓名,简为"致×××"。

  诗歌、小说、戏剧题材著译,以圆括号标明,不标注者均为散文和杂文。

  除书信外,生前未发表过的著译标为"遗作"。也有至今尚未发表的少数篇目,例如鲁迅博物馆所藏,均予注明。需要说明的是,这些多为私人无偿捐献。周作人致许寿裳和许世瑛信件的捐献者为陶伯勤、许世玮;周作人致王士菁信件的捐献者为王士菁。

·周作人著译目录·

縄文人打日本

著作

《孤儿记》,小说林出版社 1906 年 6 月第一版,署平云著。

《异域文谈》,墨润堂书坊 1915 年第一版,署周作人著。

《欧洲文学史》,上海商务印书馆 1918 年 10 月第一版,署周作人著。

《自己的园地》,北京晨报社 1923 年 9 月第一版,署周作人著。

《雨天的书》,北京北新书局 1925 年 12 月第一版,署周作人著。

《泽泻集》,北京北新书局 1927 年 9 月第一版,署周作人著。

《谈龙集》,上海开明书局 1927 年 12 月第一版,署周作人著。

《谈虎集》(上、下),上海北新书局 1928 年 1 月、2 月第一版,署周作人著。

《永日集》,上海北新书局 1929 年 5 月第一版,署周作人著。

《过去的生命》,上海北新书局 1929 年 11 月第一版,署周作人著。

《艺术与生活》,上海群益书社 1931 年 2 月第一版,署周作人著。

《儿童文学小论》,上海儿童书局 1932 年 3 月第一版,署周作人著。

《中国新文学的源流》,北京人文书店1932年9月第一版,署周作人著。

《看云集》,上海开明书店1932年10月第一版,署周作人著。

《知堂文集》,上海天马书店1933年3月第一版,署周作人著。

《周作人书信》,上海青光书局1933年7月第一版,署周作人著。

《苦雨斋序跋文》,上海天马书店1934年3月第一版,署周作人著。

《夜读抄》,上海北新书局1934年9月第一版,署周作人著。

《苦茶随笔》,上海北新书局1935年10月第一版,署周作人著。

《苦竹杂记》,上海良友图书公司1936年2月第一版,署周作人著。

《风雨谈》,上海北新书局1936年10月第一版,署周作人著。

《瓜豆集》,上海宇宙风社1937年3月第一版,署周作人著。

《秉烛谈》,上海北新书局1940年2月第一版,署周作人著。

《药堂语录》,天津庸报社1941年5月第一版,署周作人著。

《药味集》,北京新民印书馆1942年3月第一版,署周作人著。

《药堂杂文》,北京新民印书馆1944年1月第一版,署周作人著。

《书房一角》,北京新民印书馆1944年5月第一版,署周作人著。

《秉烛后谈》,北京新民印书馆1944年9月第一版,署周作人著。

《苦口甘口》,上海太平书局1944年11月第一版,署周作人著。

《立春以前》,上海太平书局1945年8月第一版,署周作人著。

《鲁迅的故家》,上海出版公司1953年3月第一版,署周遐寿著。

《鲁迅小说里的人物》,上海出版公司1954年4月第一版,署周遐寿著。

《鲁迅的青年时代》,中国青年出版社1957年3月第一版,署周启明著。

《过去的工作》,澳门大地出版社1959年第一版,署周作人著。

《知堂乙酉文编》,香港三育图书文具公司1961年第一版,署周作人著。

《周作人晚年手札一百封》,香港太平洋图书公司1972年5月第一版,署周作人著。

《周曹通信集》(一、二),香港太平洋图书公司1973年8月第一版,署周作人著。

《儿童杂事诗》(遗著),香港崇文书店1973年第一版,署周作人著。

《知堂回想录》,香港三育图书文具公司1974年4月第一版,署周作人著。(另有多种版本,最新版为河北教育出版社自编文集,据手稿校订本。)

《知堂杂诗抄》(遗著),郑子瑜藏稿,岳麓书社1987年1月版。

《周作人晚年书信》(周作人、鲍耀明通信集),香港真文化出版公司1997年10月版。

《木片集》(遗著),河北教育出版社2002年1月版。

《老虎桥杂诗》(遗著),谷林抄本,止庵校订,河北教育出版社2002年1月版。

《周作人与鲍耀明通信集》(周作人、鲍耀明通信集,增订排印本),河南大学出版社2004年5月版。

译作

《侠女奴》,女子世界社1905年第1版,署萍云女士译。

《玉虫缘》(小说,美国亚伦·坡原著),翔鸾社1905年5月第一版,署碧萝女士译。

《匈奴奇士录》(小说,匈牙利育河摩耳原著),商务印书馆1908年9月第1版,署周逴译。

《炭画》(小说,波兰显克微支原著),北京文明书局1914年4月第一版,署周作人译。

《点滴》(短篇小说集),北京大学出版部1920年8月第一版,署周作人译。

《陀螺》(希腊诗歌小品集),北大新潮社1925年9月第1版,署周作人译。

《狂言十番》(日本狂言),北京北新书局1926年9月第一版,署周作人译。

《冥土旅行》(希腊、法国等国散文集),北京北新书局1927年2月第一版,署周作人译。

《玛加尔的梦》(小说,俄国科罗连科原著),北京北新书局1929年3月第一版,署周作人译。

《黄蔷薇》(小说,匈牙利育珂摩耳原著),上海商务印书馆 1927年8月第1版,署周作人译。

《两条血痕》(短篇小说集,日本石川啄木原著),上海开明书店 1927年10月第一版,署周作人译。

《空大鼓》(短篇小说集),上海开明书店 1928年11月第1版,署周作人译。

《儿童剧》(剧本集),上海儿童书局 1932年11月第一版,署周作人编译。

《希腊拟曲》(古希腊海罗达斯、谛阿克列多思原著),上海商务印书馆 1934年1月第一版,署周作人译。

《希腊的神与英雄》(英国劳斯原著),上海文化生活出版社 1950年11月第一版,署周遐寿译。

《希腊女诗人萨波》(英国韦格耳原著),上海出版公司 1951年8月第一版,署周遐寿译。

《俄罗斯民间故事》(英国培因编译),香港大公书局 1952年11月第一版,署周启明译。

《乌克兰民间故事》(英国培因编译),香港大公书局 1953年1月第一版,署周启明译。

《伊索寓言》,人民文学出版社 1955年2月第一版,署周启明译。

《日本狂言选》,人民文学出版社 1955年4月第一版,署周启明译。

《浮世澡堂》(日本式亭三马原著),人民文学出版社 1958年9月第一版,署周启明译。

《浮世澡堂·浮世理发馆》(日本式亭三马原著),人民文学出版社 1989年11月版。

《古事记》(日本安万侣原著),人民文学出版社 1963年2月第一版,署周启明译。

《枕草子》(日本清少纳言原著),原收入人民文学出版社 1988

年出版之《日本古代随笔》。

《卢奇安对话集》（古希腊卢齐安原著），人民文学出版1991年第一版，署周作人译。

《如梦记》（日本文泉子原著），文汇出版社1997年6月第一版，署周作人译。

《全译伊索寓言集》（根据手稿整理本），中国对外翻译出版公司1999年1月第一版。署周作人译。

《希腊神话》（阿波罗多洛斯原著，根据手稿整理本），中国对外翻译出版公司1999年1月第一版。署周作人译。

《财神·希腊拟曲》（古希腊阿里斯托芬、海罗达思、谛阿克列多思原著），中国对外翻译出版公司1999年1月第一版。署周作人译。

《古事记》（根据手稿整理本），中国对外翻译出版公司2001年1月第一版。署周作人译。

《平家物语》（根据手稿整理本），中国对外翻译出版公司2001年1月第一版。署周作人译。

《狂言选》（原有人民文学出版社1954年印本《日本狂言选》，根据手稿整理本），中国对外翻译出版公司2001年1月第一版。署周作人译。

《浮世澡堂》（根据手稿整理本），中国对外翻译出版公司2001年1月第一版。

《浮世理发馆》（原收入人民文学出版社1989年《浮世澡堂·浮世理发馆》中，根据手稿整理本），中国对外翻译出版公司2001年1月第一版。署周作人译。

《欧里庇得斯悲剧集》（上、中、下三册，部分根据手稿整理本），中国对外翻译出版公司2003年1月第一版。署周作人译。

《路吉阿诺斯对话集》（原有人民文学出版1991年版《卢奇安对话集》。根据手稿整理本），中国对外翻译出版公司2003年1月第一版。署名周作人译。

与人合译作品

《红星佚史》(小说,英国哈葛德、安特路朗原著),上海商务印书馆,1907年11月第一版,署周逴译(与鲁迅合译)。

《域外小说集》(第一集),东京神田印刷所1909年3月第一版,署会稽周氏兄弟纂译。

《域外小说集》(第二集),东京神田印刷所1909年7月第一版。署会稽周氏兄弟纂译。

《现代小说译丛》(第一集),上海商务印书馆1922年5月第1版,署周作人译(鲁迅、周作人、周建人合译)。

《现代日本小说集》,上海商务印书馆,1923年6月第一版,署鲁迅、周作人译。

《阿里斯托芬喜剧集》,人民文学出版社,1954年11月第一版,署周启明、罗念生等译。

《欧里庇得斯悲剧集》(第一集),人民文学出版社,1957年2月第一版,署周启明、罗念生译。

《欧里庇得斯悲剧集》(第二集),人民文学出版社,1957年11月第一版,署周启明、罗念生译。

《欧里庇得斯悲剧集》(第三集),人民文学出版社,1958年9月第一版,署周启明、罗念生译。

《石川啄木诗歌集》,人民文学出版社1962年1月第一版,署周启明、卞立强译。

《平家物语》,人民文学出版社1984年6月第一版,署周启明、申非译。

辑录、校订的古籍

《苦茶庵笑话选》,上海北新书局1933年10月第一版,署周作人编。

《明清笑话四种》,人民文学出版社1958年3月第一版,署周启明校订。

各种周作人著作文集、选本

《周作人散文钞》,章锡琛编,上海开明书店1932年8月版。

《周作人文选》,少侯编,上海仿古书店1936年4月版。

《周作人选集》,徐沉泗、叶忘忧编,上海万象书局1936年4月版。

《周作人进作精选》,徐逸如选辑,文林书局1936年版。

《周作人代表作选》,张均编,上海全球书店1937年3月版。

《周作人代表作》,上海三通书局1941年2月版。

《周作人论文集》,黄志清编,汇文阁书店1972年9月版。

《周曹通信集》(一、二),南天书业公司1973年8月版。

《周作人先生文集》,里仁书局1982年6月版。

《周作人全集》,蓝灯文化公司1982年11月版。

《周作人文选》,杨牧编,洪范书店1983年7月版。

《周作人与儿童文学》,王泉根编,浙江少年儿童出版社1985年版。

《知堂书话》(上、下),钟叔河编,岳麓书社1986年4月版。

《知堂序跋》,钟叔河编,岳麓书社1987年2月版。

《周作人散文选集》,张菊香编,百花文艺出版社1987年6月版。

《知堂集外文》(《亦报》随笔),陈子善编,岳麓书社1988年1月版。

《知堂集外文》(1949年以后),陈子善编,岳麓书社1988年8月版。

《周作人散文欣赏》,张恩和编,广西教育出版社1989年12月版。

《女性的发现——知堂妇女论类抄》,舒芜编,文化艺术出版社1990年编。

《知堂谈吃》,钟叔河编,中国商业出版社1990年12月版。

《〈儿童杂事诗〉图笺》,诗·周作人、图·丰子恺,文化艺术出版社1991年5月版。

《恬适人生——周作人小品》,何乃平编,花城出版社1991年10月版。

《知堂小品》,刘争编,陕西人民出版社1991年11月版。

《雨中的人生》,李文编,湖南文艺出版社1991年11月版。

《周作人抒情散文》,张毅编,文化艺术出版社1992年1月版。

《周作人散文》(四卷),张明高、范桥编,中国广播电视出版社1992年4月版。

《周作人妙语录》,华君编,中国广播电视出版社1992年8月版。

《周作人小品散文》,尚海、夏小飞编,中国广播电视出版社1992年8月版。

《周作人早年佚简笺注》,张挺、江小蕙编注,四川文艺出版社1992年9月版。

《看云集》,开明出版社1992年12月。

《周作人晚期散文选》,止庵编,湖北人民出版社1994年3月版。

《饭后随笔》(上、下),陈子善,鄢锟编,河北人民出版社1994

年9月版。

《知堂书信》,黄开发编,华夏出版社1994年9月版。

《闲适渡沧桑——周作人》,尚同庆编,中国青年出版社1994年12月版。

《理性与人道——周作人文选》,高瑞泉编,上海远东出版社1994年12月版。

《周作人诗全编笺注》,王仲三编注,上海学林出版社1995年1月版。

《谈龙集》(典藏本),中国青年出版社1995年2月版。

《苦茶——周作人回想录》,敦煌文艺出版社1995年4月版。

《周作人集外文》(上、下),陈子善、张铁荣编,海南国际新闻出版社1995年9月版。

《周作人金句漫画》,戴逸如编,上海书店1995年10月版。

《谈龙集》,中国青年出版社1995年11月版。

《周作人文选》(四卷),钟叔河编,广州出版社1995年12月版。

《苦雨——周作人小品精华》,商友敬编,上海书店1996年3月版。

《周作人书话》,黄乔生编,北京出版社1996年10月版。

《周作人日记》(影印1898—1934,上、中、下),大象出版社1996年12月版。

《周作人绝妙小品文》(上、下),梅中泉编,时代文艺出版社1997年3月版。

《知堂书话》(上、下,增订重编本),钟叔河编,海南出版社1997年7月版。

《周作人文类编》(10卷),钟叔河编,湖南文艺出版社1998年9月版。

《关于鲁迅》,止庵编,新疆人民出版社1997年版。

《中国散文珍藏本——周作人卷》,陶良华编,人民文学出版社

2000年1月版。

《中国名家百年经典散文》，兰州大学出版社2000年2月版。

《周作人散文》，钱理群编，浙江文艺出版社1999年4月版。

《周作人批评文集》，扬扬编，珠海出版社1998年10月版。

《往事随想》，唐文一、刘屏编，四川人民出版社2000年版。

《周作人作品集》（四卷），群众出版社2000年版。

《周作人自编文集》，止庵校订，河北教育出版社2002年版。

《周作人讲演集》，止庵编，河北人民出版社2004年1月版。

  本简目著录的是周作人的著作和译作单行本，只录初版，再版及之后版本不予著录。但改动较大的版本也加以收录并作说明，如《卢奇安对话集》先有人民文学出版1991年本，但本世纪初又有了中国翻译出版公司根据手稿整理本。

  后附他人所编选本和校订本等，借可了解周作人著作流布情况。

周作人研究专著及论文集目录

因人而治音乐教本表目录

《周作人论》,陶明志编,北新书局1934年12月版。

《周作人先生的事》,(日)方纪生编,日本光风馆1944年版。

Chou Tso Jen, by Ernst Wolff, New York, Twayne Publishers, 1971.

A Chinese Look at Literature: the literary values of Chou Tso-jen in Relation to the Tradition, by David Pollard, Berkley, University of California Press, 1973.

(一个中国人的文学观——周作人的文学思想(英)大卫·卜立德著,陈广宏译,复旦大学出版社2001年版)。

《周作人著作及研究资料》(一、二),香港九龙实用书局。

《北京苦住庵记——日中战争时代的周作人》,(日)木山英雄著,日本筑摩书房1978年版。

《周作人年谱》,张菊香、张铁荣编,南开大学出版社1985年版。

《周作人研究资料》(上、下),张菊香、张铁荣编著,天津人民出版社1986年版。

《周作人评析》,李景彬著,陕西人民出版社1986年版。

《周作人概观》,舒芜著,湖南人民出版社1986年版。

《鲁迅周作人比较论》,李景彬著,南开大学出版社1987年版。

《周作人散文欣赏》,张恩和编著,广西教育出版社1989年版。

《寻找精神家园——周作人的文化思想与审美追求》,赵京华著,中国人民大学出版社1989年版。

《中国的叛徒与隐士——周作人》,倪墨炎著,上海文艺出版社1990年版。

《周作人传》,钱理群著,北京十月文艺出版社1990年版。

《凡人的悲哀——周作人传》,钱理群著,台北业强出版社1991年版。

《周作人论》,钱理群著,上海人民出版社1991年版。

《周作人》,张恩和编著,台北海风出版社1991年版。

《东洋人的悲哀——周作人与日本》,刘岸伟著,日本河出书房新社1991年版。

《周作人的是非功过》,舒芜著,人民文学出版社1993年版。

《解读周作人》,刘绪源著,上海文艺出版社1994年版。

《周作人诗全编笺注》,王仲三编著,上海学林出版社1995年版。

《在家的和尚——周作人》,萧南编,四川文艺出版社1995年版。

《苦境故事——周作人传》,雷启立著,上海文艺出版社1996年版。

《周作人平议》,张铁荣著,天津人民出版社1996年版。

《周作人传》,李景彬、邱梦英著,重庆出版社1996年版。

《闲话周作人》,陈子善编,浙江文艺出版社1996年版。

《周作人印象》,刘如溪编,学林出版社1997年版。

《周作人——名家简传系列之一》,钱理群著,中国华侨出版社1997年版。

《兄弟文豪》,叶羽晴川编著,四川人民出版社1997年版。

《鲁迅与周作人》,孙郁著,河北人民出版社1997年版。

《周作人》,余斌著,江苏文艺出版社1998年版。

《人在旅途——周作人的思想和文体》,黄开发著,人民文学出版社1999年版。

《苦雨斋主》,刘绪源编,上海东方出版中心1999年版。

《五四时期周作人的文学理论》,(新加坡)徐舒虹著,上海学林出版社1999年版。

Zho Zuoren and An Alternative Chinese Response to Modernity, By Susan Daruvala, Harvard University Press, 2000.

《周作人评说80年》,程光炜编,中国华侨出版社2000年版。

《周作人的是非功过》(修订版),舒芜著,辽宁教育出版社2000年版。

《周作人年谱》(修订版),张菊香、张铁荣编著,天津人民出版社2000年版。

《翻译家周作人》,王友贵著,四川人民出版社2001年版。

《读周作人》,钱理群著,天津古籍出版社2001年版。

《周作人与日本近代文学》,于耀明著,日本翰林书房2001年版。

《苦雨斋识小》,止庵著,东方出版社2002年版。

《苦雨斋主人周作人》,倪墨炎著,上海人民出版社2003年版。

《周作人和他的苦雨斋》,孙郁著,人民文学出版社2003年版。

《周氏三兄弟》,朱正著,东方出版社2003年版。

由于篇幅所限,这里只著录研究专著和论文集,单篇研究论文索引俟诸异日。外文著作,有中译本者紧跟在原文条目之后,无中译本者仅列原文书名及版本信息,并不译成中文,以方便读者查找。

编后记

我总觉得,编年体的文集对研究一个作家非常重要,正因为如此,我一直为鲁迅著作没有编年体文集而遗憾。古代作家的诗文集,有分类的,五言七言,五古七古,章奏书启,论议传赞,确实有利于揣摩文章;但正如鲁迅所说,要知人论世,是非看编年的文集不可的。实际上,鲁迅和周作人的自编文集大多为逐年编定。但周作人与鲁迅的不同之处在于,周作人刊落了大量文章,未收入文集。他自己说是因为那些文章殊少温柔敦厚之气。因此,周作人佚文很多,遗文也不少,我们只看他的自编文集,是很难知道他在与现代评论派和甲寅派的论战中还写过那么多言辞犀利的文字,战斗力简直不亚于鲁迅。

这个著译系年目录应该说是编年文集的初步准备。

编索引目录之类确非易事。周作人的作品很多,而且多是短篇,所以条目的数量也就非常可观。所幸周作人的著作出版很多,有自编文集、文类编、集外文,还有佚文、书信的大量出现,为编目工作带来了极大的便利。张菊香、张铁荣二先生编撰的《周作人年谱》和《周作人研究资料》(其中就有一个200来页的著译系年),是周作人研究的基础性成果,钟叔河先生编辑的《周作人文类编》(10卷)收录不少未刊稿,对编目工作帮助很大,这是要特别说明,并表示感谢的。

因为周作人著译数量多,尽管看了很多材料,费时颇久,肯定免不了遗漏和错误。读者如果发现,敬请赐告,以便修改补充,使其趋于完备。

研究专著、论文集和各种选本可能也有遗漏,这里只好向编著者致歉,期待再版时来补充了。

编者

2004年5月5日于北京